생각 vs 생각

생각 VS 생각

2014년 11월 28일 초판 1쇄
2019년 11월 22일 초판 6쇄

지은이 | 전국사회교사모임

편　집 | 김희중, 이민재
디자인 | 이창욱
제　작 | 영신사

펴낸이 | 장의덕
펴낸곳 | 도서출판 개마고원
등　록 | 1989년 9월 4일 제2-877호
주　소 | 경기도 고양시 일산동구 호수로 662 삼성라끄빌 1018호
전　화 | (031) 907-1012, 1018
팩　스 | (031) 907-1044
이메일 | webmaster@kaema.co.kr

ISBN 978-89-5769-283-7 43330

• 책값은 뒤표지에 표기되어 있습니다.
• 파본은 구입하신 서점에서 교환해 드립니다.

생각
vs
생각

전국사회교사모임 지음

개마
고원

사회를 보는 눈 키우기

우리 사회는 수많은 생각이 모인 거대한 생각 집합체입니다. 이런 생각, 저런 생각이 모여 세상은 돌아가지요. 사람들의 생각은 자신이 가진 가치관과 신념에 따라 만들어집니다. 같은 그림을 보고도 사람마다 다른 느낌을 가질 수 있습니다. 하나의 사건인데도 바라보는 입장에 따라 다른 판단을 하고, 때로는 전혀 반대의 주장까지 펼치기도 합니다.

이렇다 보니 같은 사안을 두고 서로 다른 생각들이 얽혀 논쟁으로 비화되는 경우도 많습니다. 이를 잘 들여다보면, 우리 사회를 움직이는 거대한 생각의 집합이 어떤 흐름을 타고 있는지도 알 수 있습니다. 하지만 제대로 된 이해 없이 사안의 논란 그 자체만 따라가다 보면, 혼돈에 빠져 자기 의견을 갖지 못하게 되거나 중심을 잃고 편향된 논리에 휘둘리거나 할 위험이 있습니다. 그렇게 되면 나와 다른 생각에 대한 포용력도 그만큼 약해지겠지요.

이 책은 우리 사회의 다양한 이슈에 대해 청소년들이 보다 복합적이고 깊이 있는 안목을 갖도록 하는 데 도움을 주려 합니다. 같은 사안에 대해 서로 충돌하는 주장들이 구체적으로 어떤 지점에서 대립되고 있으며, 또 각각의 주장들이 어떤 논리적 근거에 바탕을 둔 것인지 찬찬히 살펴보고 있습니다. 단순한 찬성과 반대의 논리를 넘어서 해당 사안에 대한 보다 입체적인 이해를 통해, 세상이 흑백논리로만 구성되어 있지 않다는 것도 깨달을 수 있을 것입니다. 지금 이 순간에도 치열한 입장차이로 문제가 되고 있는 사회적 쟁점들을 한 걸음 더 깊게 이해함으로써 세상을 바라보는 청소년들의 생각이 보다 성숙해지고 진지해지길 기대해봅니다.

지지난해 봄, 출판사의 기획제안서를 받으며 출발된 이 책의 작업이 많은 우여곡절 끝에 이제야 마무리되었습니다. 전국사회교사모임 선생님들의 오랜 집필 노력과 출판사의 기다림이 만들어 낸 결실입니다. 책이 나오기까지 3년 가까운 기간 동안 인내와 배려로 함께했을 저자 가족들에게 먼저 고마움을 전합니다. 아울러 김희중 팀장님을 비롯한 출판사 편집진의 수많은 조언에도 감사의 마음을 전하며, 특히 유빈·유나 쌍둥이 남매의 출산과 육아 중에도 책의 집필에서 가장 큰 몫을 감당한 박은선 선생님의 노고에 깊은 고마움을 남깁니다.

전국사회교사모임 저자 대표

김혜자

3부 생각 나누기

1부 이런 생각 저런 생각

동화주의 vs 다문화주의

다인종·다민족 사회가 오고 있다

영화 〈완득이〉에서 완득이 엄마는 필리핀 사람입니다.(원작 소설에서는 베트남 여성이었지만.) 그녀는 장애를 가진 남편과 별거하여 따로 산 지 오래입니다. 그래서 아빠의 손에서 자란 주인공 완득이는 학교에서 친구에게 먼저 말을 건 적이 별로 없는 그런 아이로 자랐습니다. 학교생활에는 적응을 잘 못하고 주먹질은 잘 해대는 문제아지요. 이 영화는 서울 변두리에서 빈곤층으로 살아가는 다문화多文化 가족(외국인이 한국인 배우자와 결혼하게 되면 서로 다른 문화권의 사람들이 만나 한가족을 이룬 것이므로, 그들을 '다문화 가족'이라 부르기도 합니다.)의 고단한 일상을 잘 보여줍니다.

영화에서 완득이 엄마 역할을 맡았던 이자스민, 지금은 대한민국 19대 국회의원이 되었죠. 새누리당 비례대표로 대한민국 국회의원이 되는 데 성공한 이자스민은 이제 국제결혼한 이주여성의 상징이 된 듯합니다.

한국에 체류중인 외국 여성들이 서로 경험담을 나누는 〈미녀들의 수다〉, 일명 '미수다' 프로그램이 방송에서 제법 인기를 끈 적도 있었지요. 이제 '미수다' 출신들은 이런저런 방송 드라마에 출연하거나 MC로도 활약하는 등 단일민족임을 자랑하는 대한민국의 TV를 종횡무진 누비고 있습니다. 요즘엔 결혼이주여성이 시어머니와 겪는 문화적 갈등을 주로 다루고 있는 〈다문화 고부열전〉(EBS), 다문화 가족의 감동 휴먼 스토리를 내세우고 있는 〈러브 인 아시아〉(KBS) 같은 프로그램도 인기리에 방영중이지요.

사소한 듯 보이는 우리 사회의 이런 변화는 한편으로는 대한민국의 인구 지도가 달라지고 있음을 보여줍니다. 세계화와 함께 진행된 국제 이주 물결은 우리 사회의 인구 구성에도 많은 변화를 가져왔습니다. 2018년 말 기준으로 우리나라에 체류하는 외국인의 수는 236만 명을 넘어섰습니다. 이는 우리나라 전체 인구의 4.6%에 해당하는 것으로, 주요 선진국의 경우(10.3%)보다는 낮지만 개발도상국의 평균 수준(1.5%)은 이미 넘어선 수치입니다.

다문화 가정의 자녀수도 2008년 6만 명에서 2017년 22만 명으로, 불과 9년 사이에 3배 넘게 폭증했습니다. 2011년 21만 명이었던 결혼이민주 수는 2017년 현재 33만 명에 이르고 있습니다. 외국인 인구가 이렇게 늘어나는 이유는 기업이 필요로 하는 외국인 노동자의 유입과 국제결혼의 증가, 해외동포(주로 '중국동포')에 대한 문호가 확대되었기 때문입니다.

이로 인해 다문화 관련 논쟁 또한 우리 사회를 뜨겁게 달구고 있습니다. 마치 다문화가 대유행이 된 것처럼 다문화 열풍이 요란합니다. 언론을 통해 이주노동자, 결혼이민자, 다문화 가정 자녀들이 겪고 있는 부당한 대우와 인권 침해, 사회문화적 적응의 어려움 등이 알려지면서 불과 2~3년 사이에 다문화 문제가 주요 사회적 이슈가 되었습니다.

그렇게 된 까닭을 좀더 들여다보면, 출산율이 낮아져 점점 일할 사람이 모자라게 된 우리의 현실을 만나게 됩니다. 이 모자라는 노동력을 채울 가장 현실적인 방법은 외국인 노동자를 데려오는 것이지요. 또한 농촌 총각들이 아내를 구하지 못하는 문제는 국제결혼을 통하는 게 유일한 대안처럼 보입니다. 하지만 외국인 이주민의 증가는 치러야 할 비용도 큰 '양날의 칼'일 수밖에 없습니다.

이런 가운데 우리 정부의 이주민 정책은 뚜렷한 방향을 정하지 못하고 있습니다. 정책의 방향을 '동화주의'로 하느냐 '다문화주의'로 하느냐는 매우 중요한 문제입니다. 동화주의는 외국인 이민자들이 자신들의 언어와 문화 등 고유성을 지키기보다는 새로 터전으로 삼은 나라의 문화를 전적으로 받아들임으로써 토착민과의 차이를 없애는 것이 낫다는 쪽입니다. 반면 다문화주의는 인종이나 문화가 다른 이민자들의 고유성을 인정하고 받아들여 기존의 토착민 사회와 서로 공존하게 하는 것이 풍부한 다양성을 만들어내므로 더 낫다는 쪽입니다. 이주민 정책의 이런 두 가지 방향은 각기 장단점을 안고 있습니다. 어떻게 하느냐에 따라 문화적 다양성과 경제 활력이 만들어지기도 하고, 사회적 갈등과 혼란 같은 문제가 발생하기도 합니다. 그래서 선택이 쉽지 않은 것입니다.

그렇다면 여기서 이주민이 급증하면서 나타나는 우리 사회의 변화를 불편하게 바라보는 사람들, 그들의 생각을 먼저 들어볼까요.

[이런 생각] '다문화'는 불가피하고 바람직한 것인가?

단일사회의 장점, 가볍지 않다

결혼이주여성인 이자스민이 국회의원 선거에 나섰을 때 누리꾼들로부터 "매매혼이 늘어날 것이다" "불법체류자가 판을 치게 됐다"며 '퇴출서명운동'까지 벌어졌던 적이 있습니다. 이방인에 대한 우리 사회의 깊은 불안감을 나타낸 사례일 것입니다. 그만큼 우리 사회는 아직 외국인을, 다민족·다문화 사회를 자연스럽게 받아들일 준비가 안 되어 있다는 걸 알 수 있습니다.

그런데도 지금 한국이 과연 다문화 사회입니까? 그렇게 단정 짓는 건 무리입니다. 다문화 사회란 전체 인구의 10% 이상을 원래 있던 주민과는 문화가 다른 이주민 집단이 차지하게 된 사회를 말합니다. 그러나 우리의 경우는 아직 이주민의 수가 전체의 2% 남짓한 수준이기 때문에 다문화 사회라고 규정하는 것은 섣부른 생각입니다. 또한 다문화 사회가 마치 정치적으로 올바른, 사회적으로 바람직한 것처럼 여겨지는 것도 문제입니다. 서유럽 국가들에서 나타나는 심각한 인종·민족 갈등과 늘어나는 외국인 범죄를 보더라도 다민족·다문화 사회가 얼마나 위험한 사회인지 알 수 있지 않나요?

지난 2005년 10월, 파리 외곽의 이민자 집단거주지역에서 벌어진 폭동 사태가 그 좋은 예일 것입니다. 사회적 차별로 인한 오랜 실업자 생활에 지친 이주민 2,3세 청년들이 거리로 쏟아져 나와 자동차에 불을 지르는 등 폭동을 일으켜 프랑스 사회에 큰 충격을 준 바 있습니다. 같은 해 영국에서도 이슬람 이주민 가정 2세대에 의한 폭탄 테러가 일어났었지요. 영국 주류 사회에 적응하지 못한 이민자의 갈등이 빚어낸 비극이었습니다. 90여 명의 목숨을 앗아갔던 2011년의 노르웨이 총기 난사 사건은 또 어떻고요. 외국인 혐오현상(제노포비아)이 일종의 증오범죄로 나타난 끔찍한 사건이었지요. 다문화 사회가 교육과 캠페인만 잘하면 별다른 갈등 없이 평화롭게 유지될 것 같지만, 현실은 이렇게 호락호락하지 않습니다. 그런데도 '같은 핏줄'이란 의식이 특히나 강한 한국에서, 지금처럼 다문화 사회로의 전환이 아무런 준비 없이 진행된다면 다른 나라보다 더 심각한 갈등 상황이 일어날 수 있습니다.

대한민국이 '단일민족국가'로서 그동안 민족이나 인종 갈등이 없었던 것은 크나큰 축복입니다. 우리의 이러한 특성을 가벼이 여긴 나머지, 외국인 이주민이 우리 사회에 섞여듦으로써 일어날 수 있는 사회적 갈등에 무신경해서는 안 됩니다. 다문화 사회에서 인종·민족 간 마찰과 갈등은 언제든 일어날 수 있고, 그것이 또 언제든 사회·정치적 위기로 이어질 수 있다는 사실을 놓쳐서는 안 됩니다.

"이곳에 살려고 왔으면 완전히 이곳 사람이 되라!"

자기가 원해서든 어떤 필요 때문이든 외국인이 대한민국으로 이주해왔다면 한국 사회에 동화되어 살아가는 것이 자신을 위해서도 당연히 좋은 일 아닌가요? 이따금 텔레비전에 비춰지는 외국인들을

이주민들과 내국인들 사이에는 부정할 수 없는 벽이 존재한다. 이 벽을 허물고 한 나라의 일원으로 포용하기 위해서는 동화주의 정책이 필요하다.(헤럴드경제, 2013년 7월 30일)

보더라도 한국에 동화되는 정도에 따라 삶의 모습이 매우 다르게 나타납니다. 한국인의 언어·관습·사고방식 등을 적극 자기 것으로 받아들인 사람들은 우리 사회에서도 주인의식을 가진 채 별로 불편함을 겪지 않고 잘 살아갑니다. 하지만 이주해오기 이전 자기가 살던 곳의 문화와 정체성을 고집스럽게 지키려는 사람들은 잘 섞여들지 못한 채, 때로는 갈등을 빚으며 우리 사회의 주변인처럼 소외되어 살아가는 모습을 볼 수 있지요. 그래서 세계 여러 나라에서 이주민 정책은 대체로 동화주의를 택하고 있는 것 아니겠습니까.

프랑스는 '모든 인간은 프랑스인이 될 수 있다'며 세계에서 가장 강력한 동화주의 정책을 펴고 있는 나라입니다. 그 자신이 이민 2세이기도 한 니콜라스 사르코지 전前 대통령은 어느 방송 인터뷰에서 "당신이 프랑스로 왔다면 (프랑스라는) 사회에 녹아드는 것을 받아들여야 한다"고 말한 적도 있습니다. 그는 이슬람 여성들의 전통의상인 '부르카(눈만 보이게 하고 전신을 가리는 통옷)'를 공공장소에서 입지 못하도록 하는 법안을 통과시키기도 했지요.

사실 프랑스는 제2차 세계대전 이후 경제 재건과 산업화에 필요한 노동력을 얻기 위해 외국인들을 대거 받아들이기 시작했습니다. 이들이 프랑스 사회에 터를 잡고 살면서 자신들이 단순히 외국인 노동자라기보다는 이주 정착민임을 깨닫고, 점차 자기들 고유의 문화적·종교적 권리를 요구하게 됐습니다. 하지만 이들의 주장과 요구는 당연히 받아들여지지 않았습니다. 왜냐면, 그럴 경우 프랑스 내에 이질적인 집단을 용인하게 됨으로써 프랑스 전체가 공유하고 있던 가치와 정체성이 쪼개질 수도 있기 때문이지요. 예컨대 가톨릭을 믿는 유럽인이라면 '우리 선조 골루아'로부터 시작되는 역사책의 서술을 자연스럽게 받아들일 겁니다. 그렇지만 아프리카 출신이나 무슬림에게 이러한 역사교육은 상당한 혼란을 주겠지요. 이들의 역사와 문화는 프랑스 사회의 것과 많이 다르니까요. 하지만 이들이 자신들의 역사를 가르쳐달라고 요구할 수는 없습니다. 프랑스에 살고자 한다면, 이질적일 수밖에 없는 자신들의 문화를 고수할 경우 문제가 생길 수 있다는 점을 인정해야 합니다.

그러지 않을 경우에는 이민자들의 문화와 프랑스 문화 사이의 장벽만 높아지게 됩니다. 예를 들어, 무슬림의 문화를 유지할 수 있도록 정책이 이루어진다면 그들만의 문화공동체가 형성되어 프랑스 사회에서 이질 집단으로 남을 겁니다. 이는 장차 프랑스라는 하나의 공동체에 균열을 일으키는 위협이 될 수 있습니다. 앞서 얘기한 사르코지의 부르카 금지 법안은 바로 그런 시각에서 나온 것이죠. 이 법은 개개인의 종교 자유는 인정하지만 학교와 같은 공공장소에서는 특정한 종교적 색채를 드러낼 수 없도록 했습니다. 물론 사적인 곳에서는 가능하도록 허용했지만, 한 공동체의 미래 세대를 길러내는 학교 안에서는 특정 종교 냄새가 나서는 안 된다는 것이 특히 강조되었습니다. 결국 프랑스 사회의 요구는 이주민들이 프랑스 사회가 요구하는 규칙과 제도를 받아들이고 동화되어 완전한 프랑스인이 되라는 것입니다.

'이민자의 나라' 미국의 경우도 크게 다르지 않습니다. 미국 동전들을 살펴보면 어느 것에나 '에 플루리부스 우눔'이라는 라틴어 문구가 적혀 있습니다. '여럿으로부터 하나'라는 뜻인데, 많은 인종과 민족이 모여 이루어진 미국의 건국이념을 잘 보여줍니다. 그래서 '문화적 용광로'라고 불리는 미국의 전통적인 이주민 정책은 녹아서 하나가 되는 동화주의입니다. 다종다양한 이주민들을 미국이란 용광로를 통해 하나로 통합시키는 정책이지요. 바꿔 말하면, 미국 문화가 용광로처럼 작용하여 여러 다양한 이주민의 문화를 녹여 하나가 되게 한다는 뜻입니다. 따라서 외국인 이민자들을 백인 주류사회에 빠르게 적응하게 해서 새로운 미국인으로 만드는 게 바로 미국의 동화주의 정책인 것입니다. 이를테면 누구는 아프리카 출신 흑인으로, 누구는 남미 출신 히스패닉으로 사는 게 아니라 그냥 모두를 '미국인'으로 살게 하는 것이랄까요.

전체 국민의 약 9%에 해당하는 720만 명 정도가 이민자들(그중 약 200만 명이 터키계 이주민)인 독일도 동화주의 색채를 띤 이민자 사회통합정책을 펴고 있습니다. 호주, 네덜란드, 일본, 대만 역시 동화주의에 기초한 이주민 정책이기는 마찬가지입니다.

이렇듯 우리보다 한참 먼저 다문화 사회를 경험한 나라들의 사례를 보더라도, 대부분의 국가가 동화주의를 택하고 있지 않습니까? 이는 세계화의 흐름 속에 다문화 현상을 거스를 수 없다면 이주민 정책은 동화주의가 최선이라는 것을 말해줍니다. 외국인의 이주 물결 속에 한 나라의 문화적 정체성을 유지·보존하기 위해서는 동화주의로 갈 수밖에 없다는 것이지요. 따라서 외국인 노동자나 결혼이주여성 등에 대한 우리의 이주민 정책도 이미 그들이 떠나온 곳의 문화적 정체성을 굳이 유지하도록 하기보다는 한국 사회의 가치와 문화를 받아들여 완전한 한국인으로 살아가도록 하는 동화주의 정책이 바람직합니다. 그러는 것이 불필요한 사회 갈등이 생기지 않게 하는 길입니다. 동시에 그들을 외국인 차별과 혐오 따위에 고통받지 않게 하는 길이기도 하고요. 이렇듯 동화주의 정책은 외국인 이주민들이 자신이 태어난 나라 사람도, 대한민국 사람도 아닌 애매한 정체성으로 살아가며 갈등을 겪는 일도 줄여줄 것입니다. 동시에 대한민국 국민으로서의 정체성은 더 잘 갖추게 해줄 것이고요.

한편, 이런 동화주의가 명백한 한계를 갖고 있다고 보는 사람들도 역시 많습니다. 세계화 시대를 맞아 이주노동과 국제결혼이 늘어나면서 다민족·다문화 사회가 피할 수 없는 추세라면, 모든 걸 하나의 색깔로 통합하는 동화주의는 오히려 잘못된 방향이라는 입장입니다. 다름과 차이를 인정하고 공존할 때 더 나은 사회가 얼마든지 가능한데, 왜 군이 획일적인 통합을 지향하느냐는 것이지요. 따라서 이주민 정책의 기조 역시 '다문화주의'라는 전혀 다른 방향에서 접근합니다. 이제 이들의 주장도 한번 들어볼까요.

[저런 생각] 우리는 모두 이주민이다

겉은 다문화, 속은 동화주의

우선, 다민족·다문화 사회가 되면 세상이 대단히 시끄러워지고 문제투성이가 될 것이라는 생각부터가 편견이라는 걸 알아야 합니다. 대표적인 게 그런 사회가 되면 외국인 범죄와 이주민 2세 범죄가 엄청 늘어날 것이라는 주장입니다. 어느 사회에나 있게 마련인 '소수자의 고통으로 인해 발생하는 문제'라는 반성이 오히려 필요한 대목인데도 말이죠.

2012년 5월, 한국인 아버지와 러시아인 어머니 사이에서 태어난 다문화 2세 소년이 주택가를 돌아다니면서 방화를 한 사건으로 한동안 떠들썩했습니다. 이 소년은 혼혈에 대한 주변의 편견으로 학교에 적응하지 못한 채 외톨이 생활을 했다고 합니다. 상처받은 다문화 2세들이 사회에 적응하지 못하고 주변화되고 있다는 우려가 확인된 사건이었죠. 그런데 이런 사건은 한 번 일어날 때마다, 세상이 온통 '외국인 범죄 천국'이 되어간다는 식의 논의로 쉽게 옮아가버리곤 합니다. 이것이 반복되다 보면 그런 편견도 마치 사실인 양 굳어져 버립니다.

그러나 객관적 사실은 그런 생각에 별 근거가 없다는 걸 보여줍니다. 통계청 자료를 인용한 한 경제연구소의 분석에 따르면, 외국인 범죄율은 한국인의 범죄율에 비해 훨씬 낮습니다. 또한 외국인 관련 범죄의 가해자와 피해자의 국적을 구분해보더라도 외국인이 피해자인 범죄 건수가 외국인이 가해자인 범죄 건수보다 훨씬 많습니다.(설동훈, 「다문화 사회의 이중잣대」, 『경향신문』)

사실이 이러함에도 우리 사회에서 그런 편견이 특히 힘을 발휘하는 까닭은 뭘까요? '단일민족국가'라는 말이 상징하듯 우리 사회의 전前근대적 순혈주의와 배타적 민족주의를 지목하지 않을 수 없습니다. 하지만 이 역시도 고대 사학자와 인류학자의 말을 빌자면, 본래 북방민족과 남방민족이 서로 섞여 한민족이 구성되었다는 점에서 우리를 단일민족이라고 하는 것 자체가 무리입니다. 게다가 호란과 왜란 같은 무수한 외침으로 대규모 이주와 혼혈이 이뤄져왔다는 점을 감안하면 더욱 그렇지요. 이런 관점에서 본다면 사실상 '전인류는 모두 이주민'이라고 말할 수 있을 겁니다. 아니 그렇게 거창하게 말할 것도 없이, 이미 체류 외국인이 230만 명을 넘고 전체 결혼 건수 가운데 국제결혼의 비중이 10%에 육박하는 이 나라에서 굳이 민족주의 운운하며 고리타분하게 굴 필요가 있을까요? 국경이 사실상 무의미해진 시대에 '단일민족국가'란 이미 허상일 뿐입니다.

그래도 대한민국이라는 하나의 통합되고 안정된 사회에 이질 집단이 끼어드는 것이 싫다는 사람에게는 이런 답변도 가능할 것입니다. 무엇보다 결혼이민자나 이주노동자들이 우리의 필요 때문에 들어왔다고 말이죠. 그들 자신의 이주 필요에 앞서, 노총각으로 사는 우리 삼촌들과 인력이 없는 우리 중소기업들을 위해 문을 열어 그들을 불러들였다는 것이지요. 그들은 주로 음식점 종업원, 가사도우미, 간병인, 건설노동자 등으로 공사장, 공장, 양계장, 양돈장, 도축장처럼 내국인들이 기피하는 3D업종에 종사하면서 국내 노동시장의 빈자리를 메워주고 있지 않습니까.

이미 이렇게 우리 사회의 한 부분으로 깊숙이 자리한 이주민들, 그들과의 공존공생은 이제 싫든 좋든 받아들일 수밖에 없는 현실입니다. 그래서도 다름을 이유로 차별하지 않으며 평등을 이유로 똑같아질 것을 강요하지 않는 사회가 필요한 겁니다. 이것이 바로 '다문화주의'의 철학이기도 합니다. 다민족·다문화 사회의 단점보다는 장점에 더 주목하는 관점이지요. 사실 '다문화'란 말 자체에 서로 다른 인종과 민족이 한 사회 안에서 다채로운 무늬를 그리며 삶을 풍요롭게 하는 모습이 담겨 있습니다. 따라서 이주민의 문화적 정체성을 존중하여 그 이질성이 다양성의 테두리 안에서 조화롭게 공존할 수 있도록 하는 이주민 정책이 필요합니다.

사실 우리나라의 이주민 정책은 '다문화 정책'이란 껍질을 쓰고 있지만, 그 알맹이는 이주민을 낯선 이질적 존재로 보고 특별히 관리하고 통제해야 할 대상으로 간주하는 것이었습니다. 이주민을 위한 한글교실을 열거나 결혼이주여성에게 한국의 전통양식과 세시풍속, 한복 입는 법 따위를 가르치는 걸로 '다문화 정책입네~' 해왔던 것입니다. 하지만 이는 전형적인 동화주의 정책의 하나일 뿐입니다.

동화주의, 왜 문제인가?

보건복지부의 실태조사에 따르면, 다문화 가정의 60%가 월평균 가구소득 200만 원 미만인 빈곤계층에 해당합니다. 결혼이민자의 대부분이 미숙련 · 단순 노무직에 종사하는 터라 안정된 소득을 얻기 힘든 상황입니다. 따라서 이런 다문화 가정의 아이들은 집단따돌림과 소극적인 대인관계, 정체성 혼란 문제 등 사회적 · 심리적 부작용을 경험하는 경우가 많습니다. 부모들의 불안한 신분과 경제적 어려움, 거기다 학교에서의 차별적 분위기로 인해 일반 가정의 아이들에 비해 취학률도 현저히 낮지요. 초등학교 취학률은 67%, 중학교는 53%, 고등학교 23%에 머뭅니다. 일반 가정 아이들과의 충돌 및 갈등이 점점 많아지는 탓에 다문화 가정 자녀들은 성장 후 사회부적응 집단이 될 우려도 있습니다.

우리 사회가 동화주의 정책을 취해왔음에도 현실은 왜 이런 걸까요? 그 답은 바로 사회의 편견과 배제의 시선에 있습니다. 서로 다른 걸 같게 만든다는 동화同化의 이면은 '다름'을 그 자체로 존중하고 인정해주는 게 아니라 그 다름을 아예 없애버리려는 의식입니다. 이것이 '무시와 차별'로 나타나든 '보호와 도움'으로 나타나든 기본적으로 그들을 함께 사는 '이웃'이 아니라 '이방인'으로 구분해버린다는 점에서는 차이가 없습니다. 이러니 그야말로 완전히 '같은 하나'가 되기 전까지 그들은 영원히 이방인일 수밖에 없는 것이죠. 인간의 정체성이란 그리 쉽게 바뀔 수 없는 것임에도 말입니다.

고교 사회 교과서에 담긴 '그들'…

동화주의 정책은 명백히 존재하는 다양성을 무시하고 있으며, '우리'와 '그들'을 구별하는 한계가 존재한다. 다르다는 이유로 차별하지 않으려면 다양성을 그대로 인정하고 받아들이는 다문화주의를 적극 실현할 필요가 있다. © 미디어카툰(www.metoon.co.kr) 장재혁 작가

이러니 아무리 정부에서 통합을 위한 각종 제도를 마련해 다문화 가정에 이런저런 혜택을 준다고 한들, 같게 만들기 위해 '다른 존재'로 이미 규정된 이들인데 얼마나 통합이 잘 되겠습니까. 이런 사회적 분위기 속에서는 다문화 2세들이 정상적으로 고등교육을 받고 이 사회의 구성원으로 자리잡기 힘듭니다. 이런 상황이 지속되는 한 다문화 2세들은 아마도 대부분 우리 사회의 하층민으로 살아가게 될 것입니다. 그렇게 이들의 삶이 '게토화'하게 되면, 프랑스 외곽지역의 폭동과 같은 사태가 한국 땅에서도 일어나지 말라는 법이 없습니다.

동화주의 정책은 이렇게 사회 분열을 더 심화시킬 수 있는 것입니다.

흔히 '용광로Melting Pot'에 비유되는 동화주의에 맞서 다문화주의는 '샐러드 그릇Salad Bowl'으로 이야기됩니다. 모든 게 하나로 녹아드는 용광로가 아니라, 한 그릇 안에 다양한 야채가 들어가 각기 고유한 맛을 내는 샐러드처럼 다양한 문화와 가치가 잘 섞여 공존하는 게 '다문화주의'라는 것이지요. 그러므로 우리의 이주민 정책도 이주민들을 문화적 용광로에 녹여서 한국인으로 그저 복제해내기보다는 비빔밥처럼 나름의 특성을 간직한 채 우리 사회의 한 구성원으로 섞여들 수 있도록 하는 쪽으로 나아가야 합니다. 이로써 만들어지는 사회의 다양성은 풍부한 창의적 에너지로도 작용할 것입니다. 이렇게 다문화 포용의 수준이 높아지면 다문화의 부작용은 오히려 줄어들고, 적은 예산으로도 정책 효율은 훨씬 높게 나타날 것입니다.

우리가 가장 성공한 이주민 정책을 펼친 것으로 평가되는 캐나다의 사례에 주목하는 것도 그래서입니다. 캐나다는 원주민이든 이주민이든, 소수민족 간의 공존이 이뤄지도록 각 소수민족의 언어와 문화를 국가가 정책적으로 강력하게 지원합니다. 그래서 미국의 동화주의가 '인종의 도가니'라고 불리는 데 비해, 캐나다의 이런 다문화주의는 '인종의 모자이크'라고 이야기됩니다. 여러 소수민족의 문화를 녹여 하나로 만드는 게 아니라, 화려한 모자이크 문양이 그렇듯 각 문화가 나름의 독자적 정체성을 살리면서 조화를 이루게 한다는 뜻이지요.

이렇게 자신의 문화적 정체성이 존중받는다는 자긍심이야말로 자존감의 원천입니다. 한 사회의 구성원으로서 당당해지는 데 그런

자존감은 큰 힘이 됩니다. 그러는 가운데 이주민이 정치경제적으로도 떳떳한 한국인으로 설 수 있다는 점에서, 다문화주의야말로 더 큰 의미의 사회 통합을 이뤄내는 정책의 근본이라 할 수 있을 것입니다.

✲✲ 생각 정리 ✲✲

이렇게 동화주의와 다문화주의라는 두 입장 사이의 거리는 꽤나 멀어 보입니다. 그런 만큼 현명한 선택이 필요하겠지요. 이 문제에 신중할 수밖에 없는 이유도 여기에 있습니다.

동화주의는 사회적 갈등과 문제를 가져올 것이라며 다문화 사회를 불편하게 바라보는 쪽입니다. 그래서도 외국인 이주민에게 철저히 그 사회의 일원으로 탈바꿈하라고 요구합니다. 프랑스와 독일, 미국과 같은 선진국에서도 동화주의를 택해 이질성과 다양성을 최소화하는 통합을 강조합니다. 문화적 다양성을 존중하라는 다문화주의는 그저 이상적인 구호에 불과하고, 현실은 그로 인해 외국인 이주민에게 정체성의 혼란만 가져다준다고 비판합니다. 다양성이라고 해서 마냥 다양한 게 좋기만 하냐고 되묻는 셈입니다. 이질 집단이 들어와서 일으키는 불협화음을 가벼이 여겨도 되느냐는 것이지요.

그러나 다문화주의의 눈으로 보자면, 동화주의 정책은 이주민을 똑같은 사회구성원으로 보기보다는 이방인으로 바라보는, 차별과 배제의 정책일 뿐입니다. 이주민이 자기 고유의 정체성을 포기하는 것을 너무 쉬운 일로 여기는 것도 문제라고 비판하지요. 소수집단이 다수집단에 일방적으로 흡수되는 걸 당연시 해도 되는 거냐고 되묻습니다. 때문에 동화주의에는 인종차별의 요소도 강하게 들어 있다고 문제를 제기하기도 합니다.

선뜻 어느 한쪽 주장의 손을 들어주기가 쉽지 않지요? 두 가지 정책 모두 각각 장단점이 있고, 다문화 사회를 바라보는 입장이 첨예하게 다르기 때문에 어떤 정책이 더 낫다고 쉽사리 단정 짓기가 어렵습니다. 또한 그 둘을 동시에 충족시키는 것 역시 쉬운 일은 아닐 것입니다.

그렇지만 여러분이 만약 낯선 땅에서 살아가는 해외동포라면 어떨까요? 그래서 왜 우리말을 할 줄 모르느냔 다그침을 받는다면 어떤 느낌일까요? 오랜 타국 생활에서도 한국의 전통과 관습을 지켜가고 있으면 훌륭하다고 칭찬하기도 하지요. 이러면서 한국 땅에서 살아가는 외국인들에게 그들의 전통을 버리고 동화주의에 따르라고 한다면 앞뒤가 안 맞는 노릇이 아닐까요. 그렇다고 막대한 다문화 비용을 치르고 있는 선진국의 사례를 무시할 수는 없습니다. 우리가 그들의 전철을 밟지 않기 위해서는 한국 상황에 맞는 이주민 정책을 도대체 어디로 이끌어가야 할까요? 여러분의 깊은 고민이 필요한 대목입니다.

보호의 시선 vs 감시의 시선

CC-TV의 두 얼굴

범행 모습이 고스란히 담긴 CC-TV(특정한 사람만 수신할 수 있는 텔레비전 전송시스템, 일종의 상황관찰기) 화면 덕분에 범인을 잡았다는 내용의 뉴스를 보면 CC-TV가 참 고맙게 여겨집니다. 발각되지 않았을 범죄자를 CC-TV 덕분에 처벌할 수 있으니까요. 발달된 정보통신기술을 상징하는 도구들 중 하나인 CC-TV는 이제 안전을 위해 우리 사회에서 없어선 안 되는 존재, 그 수가 많을수록 더 좋은 존재인 듯합니다.

그런데 이렇게 든든해 보이는 CC-TV가 위험하다고 경고하는 이들도 적지 않습니다. 이들은 사실 범인을 잡고 범죄를 막는 데 CC-TV가 기대만큼 효율적이지도 효과적이지도 않다고 주장합니다. 설사 어느 정도 효과가 있다 해도, 우리 사회를 인권과 자유의 영역에선 몇 단계나 퇴보시키는 위험한 도구라고 경고합니다.

CC-TV를 두고 어떤 이들은 고마운 도구라고도 하고 또 다른 이들은 위험한 도구라고도 하니 이것 참 아리송합니다. 이렇게 정반대의 얘기를 하는 것은 범죄 해결과 예방에 대해 서로 다른 사실을 근거로 들기 때문입니다. 이는 또 CC-TV의 시선에 대한 평가와도 연결되는데요, CC-TV 카메라를 범죄 등으로부터 우리를 보호하는 시선으로 볼 것인지 그보다는 위험이 더 큰 감시의 시선으로 평가해야 하는지 하는 문제입니다.

여러분이 하루에도 수십 번 마주치는, 그리고 무심히 지나쳐버리는 CC-TV에 이렇게 간단치 않은 문제가 숨어 있습니다. 미처 생각해보지 않았거나 무관심했던 문제일지라도 이 자리에서는 한번 곰곰이 생각해볼까요?

[이런 생각] CC-TV는 감시사회를 만든다

CC-TV가 있어도 범죄는 발생한다

CC-TV는 범죄 해결의 열쇠가 되곤 해왔습니다. 금은방 도둑, 농산물 절도, 노상강도, 차량사고 등을 비롯해 무단쓰레기투기, 노상방뇨, 전단살포, 주정차 위반 등 사소한 범법행위까지 속속 잡아내니 현재 우리의 수사기관에게는 CC-TV만큼 효자도 없습니다. CC-TV가 범죄를 해결하고 또 예방하는 데 큰 도움이 된다며 더 많이 설치해야 한다고 주장되는 이유입니다. 일반인들 사이에서도 그런 생각을 하는 이들이 적지 않지요. 하지만 'CC-TV가 많이 설치될수록 사회가 한층 안전해진다'는 것은 아직 객관적으로 검증되지 않은 견해입니다.

2011년 이후부터 지하철 객차 한 칸당 2대 이상의 CC-TV를 설치하도록 의무화되기 시작했습니다. 지하철에서 성추행 같은 범죄가 잘 일어나니 지하철 내부를 관찰하고 감시해 성범죄를 막으려는 취지였죠. 하지만 이 CC-TV 설치는 생각보다 큰 효과가 없었습니다. 왜냐하면 지하철 성범죄는 주로 출퇴근 시간에 일어나는데, 이 시간대는 지하철이 만원이라 CC-TV로 성추행 상황과 범죄자를 파악하기가 어렵거든요. 성범죄가 가장 많이 발생할 시간에 지하철 천장의 CC-TV에는 승객들의 머리 윗부분만 찍힐 뿐이니, 당연히 그 범죄 예방이나 해결에 그리 큰 역할을 하지는 못하는 것입니다.

지하철 CC-TV가 이런 맹점을 갖고 있다면, 상점이나 골목의 CC-TV는 사각지대 때문에 무력해집니다. 요즘은 기술이 좋아져 CC-TV의 화질이 줌인을 해도 또렷할 뿐 아니라 360도 회전까지 된다지만, 그래도 CC-TV가 모든 곳을 다 비출 수는 없지요. 사각지대는 존재하고 범죄를 치밀하게 계획하는 이들은 카메라의 각도를 고려해가며 얼마든지 범죄를 저지를 수 있습니다. 또 CC-TV 자체를 가리거나 망가뜨릴 수도 있고요. 현실이 이러니, CC-TV를 이용해 범행이나 범인을 밝혀내는 것도 생각만큼 쉽지는 않은 일입니다.

범죄를 예방하는 효과도 기대에 미치지 못합니다. 영국은 CC-TV의 수가 420만 대(2009년 상원 보고서)에 이르러 'CC-TV의 천국'이라 불려왔는데요, 우리나라도 이에 못지않습니다. 안전행정부는 범죄 예방용 등의 공공 CC-TV가 56만5700여 대(2013년 말)라지만, 민간에서 임의로 설치한 것들을 다 포함할 경우 시민사회단체 추정으로는 약 450만 대의 CC-TV가 나라 전역에 설치돼 있다고 합니다. 시민 14명당 1대씩 설치돼 있는 꼴이죠. 그런데 '주요 국가의 범죄 발생 추세 비교'(2004년 형사정책연구원 발표)를 보면, 2002년도에 발생한 총 범죄는 인구 10만 명당 영국이 1만1240건인 데 비해 우리나라는 1674건입니다. 이는 CC-TV의 수와 범죄 발생 빈도 사이에 밀접한 상관관계가 있는 건 아니란 뜻입니다.

실제로 학계에서도 CC-TV의 범죄 감소 효과가 시원찮다는 주장이 적지 않습니다. 특히 학자들은 살인과 같은 중범죄는 대부분 CC-TV 같은 걸 신경 쓰지 않으면서 충동적으로 저지르는 우발적 범행이기 때문에 더욱 효과가 없다고 설명합니다. 차라리 어두침침한 골목길을 밝고 화사하게 바꾸는 게 범죄 감소 효과가 더 크다고 하고요. 또 치밀하게 계획된 범죄의 경우도 CC-TV의 예방 효과는 그리 높지 않습니다.

상황이 이러함에도 'CC-TV만 달아놓으면 범죄를 해결하고 예방할 수 있을 것'이란 단순한 기대심리 때문에 CC-TV 설치를 마냥 늘리는 것은 낭비가 아닐 수 없습니다. CC-TV 한 대를 설치하는 데 2000만 원대의 돈이 든다고 합니다. 여기에다 그걸 운영하는 데 드는 인건비도 생각해야지요. CC-TV가 짐작과 달리 그리 효과적이지 않다면 그 많은 비용을 들여서 설치·운영할 필요가 있을까요? 그 돈으로 경찰 인력을 더 고용하거나 훈련시키는 것이 더 나은 일 아닐까요?

런던은 세계에서 CC-TV가 가장 많이 설치된 도시로 꼽히지만, 범죄 예방 효과는 뜨거운 감자다. 영국의 사생활 보호단체인 빅브라더워치는 영국에 최대 600만 대의 CC-TV가 있지만, 큰 범죄를 줄이지는 못하며 교통위반 등의 경범죄만 잡아낸다고 비판한다.(서울신문, 2014년 11월 10일)

CC-TV, 나를 감시하는 불쾌한 시선

아울러 CC-TV로 인해 침해되는 시민들의 권리를 생각해볼 때 CC-TV를 계속 확대하는 것이 과연 바람직한가 하는 의심이 듭니다.

CC-TV는 범죄 장면만을 찍는 게 아닙니다. 작동하는 동안 카메라에 잡히는 장면은 뭐든 다 촬영하지요. 범죄를 저지른 적도 없고 앞으로도 그럴 계획이 없는 무고한 시민의 얼굴과 지극히 개인적인 행동도 낱낱이 기록된다는 의미입니다. 안전한 사회를 만들기 위해 그 정도는 참을 수 있지 않느냐고요? 그렇지만 범죄 감시를 명분 삼아 우리의 행동거지 하나하나를 감시한다면 어떨까요? 이런 우려는 현실로 나타나고 있습니다.

정부 정책에 반대하는 집회나 시위에 참여한 시민들을 CC-TV로 감시한 사례가 심심찮게 드러나고 있습니다. 얼마 전에는 경찰이 서울 광화문과 시청, 세종로 일대의 교통단속용 CC-TV를 통해 세월호 추모집회 참가자들을 감시한 일이 들통 나 비판받은 바도 있었지요. 이는 교통단속, 시설보호, 화재예방 등을 위해 설치·운용되는 CC-TV가 그 본래 목적에서 벗어나 무고한 시민을 범죄자로 취급하며 권력자의 감시도구로 활용될 수 있음을 잘 보여줍니다.

국가만 CC-TV를 감시 용도로 사용하는 것도 아닙니다. 일부 회사에서도 CC-TV를 이용해 직원들이 제대로 일하나 시시때때로 감시하는 경우가 있습니다. 지난해 한 버스회사에선 관리자가 버스 내 설치된 CC-TV로 기사들을 감시하며 불법 운행을 강요해온 사실이 밝혀지며 사생활 침해 문제가 도마에 올랐습니다. 애초 버스회사는 CC-TV 설치 목적이 승객들의 폭력으로부터 기사들을 보호하는 데 있다고 했지만, 사실은 전혀 다른 방향으로 활용된 거죠. 또 모 언론기관에선 CC-TV로 직원들 책상을 촬영해, 그 영상을 가지고 직원들의 근무태도를 지적한 일도 있었습니다. 회사 경영자 입장에선 직원들을 잘 부리기 위한 수단이겠지만, 항상 사장이 내가 일하는 모습을 지켜보고 있다 생각하면 얼마나 신경 쓰이고 짜증나겠어요? 그래서 그 회사 직원들은 심한 스트레스로 정신과 치료까지 받았다고 합니다.

물론 이 사례들은 모두 CC-TV 자체의 문제라기보다는 CC-TV를 잘못 사용하는 문제라고 할 수도 있습니다. 본래 목적과는 어긋난 사용이니까요. 하지만 우리가 이런 악용 가능성을 어떻게 막을 수 있을까요? CC-TV를 관리하는 사람들은 언제든, 누구든 촬영된 화면을 볼 수 있는데 말입니다. 더욱이 CC-TV의 오용과 악용을 감시하고 규율해야 할 공권력 자체가 CC-TV를 악용할 땐 더더욱 이 문제를 해결할 방법이 없는 것 아닐까요? 이런 점에서 볼 때 CC-TV의 폐해를 '잘못 사용한 사람이 문제'라고 축소 해석할 수만은 없는 겁니다. 개인의 사생활이 침해되고 개인의 신상정보가 악용되는 문제는 관련법의 미비나 소수 사람들만이 문제가 아니라 CC-TV 자체에 있는 본질적인 문제인 거죠.

CC-TV가 만드는 감시사회

이처럼 누군가 나의 얼굴과 사생활을 마음대로 들여다보며 감시하는 것은 단순한 불쾌감을 넘어 인권적 차원에서 많은 문제들을 지니고 있습니다. 그런데 그보다 더 무서운 것은 한미디로 '불감증'이라 할 수 있습니다. 갑자기 웬 불감증이냐고요? 우리 사회에서 이렇게 CC-TV의 수가 계속 늘어난다면 우리가 감시받는 일에 익숙해져 버릴 수 있다는 이야기입니다. 그렇게 되면 이 사회는 감시하고 감시받는 게 당연한 통제사회가 돼버릴 수도 있지요. 그런데 감시에 익숙해진다는 것은 '감시의 내면화'가 이뤄진단 얘기입니다.

'감시의 내면화'란 프랑스의 미셸 푸코라는 학자가 『감시와 처벌』이란 책에서 '판옵티콘('모두'를 뜻하는 'pan'과 '본다'는 뜻의 'opticon'의 합성어)'이란 비유를 들어 설명한 개념인데요, 죄수를 효과적으로 감시하기 위해 설계한 원형감옥을 가리킵니다. 이 원형감옥은 가운데에 높은 감시탑이 있고, 감방은 최대한 밝게 감시탑은 최대한 어둡게 조명 처리를 해서 교도관들이 한눈에 죄수들을 감시할 수 있습니다. 반면 죄수들은 감시탑 안을 볼 수가 없지요. 그러면 죄수들은 감시탑에 교도관들이 있건 없건, 알아서 행동을 조심하게 됩니다. 저 감시탑 안의 누군가가 보내는 감시의 시선이 나의 일상생활 깊숙이 자리하게 되는 것입니다. 이런 게 바로 감시의 내면화입니다.

좀더 쉽게 설명해볼까요? "모두 눈을 감으세요. 실눈 뜨다 발견되면 교실 뒤로 내보낼 거예요." 초등학교 저학년 시절, 선생님의 그 말에 눈을 꼭 감고 조마조마하던 경험이 있을 겁니다. 실눈을 떴을 때 안 들키면 다행이지만 만에 하나 선생님 눈에 띄게 되면 여지없이 벌을 받게 될 터, 감히 눈을 뜰 수가 없었죠.

이 원리가 감시의 내면화입니다. 나는 볼 수 없지만 그는 나를 볼 수 있다면 나는 그를 두려워하며 조심할 수밖에 없는 겁니다.

CC-TV는 마치 이런 판옵티콘처럼 기능합니다. 길을 걷다 무심코 올려다본 가로등에 매달린 CC-TV로 누군가 나를 지켜보고 있습니다. 그는 항상 우리를 지켜볼 수 있습니다. 그 때문에 우리는 원형 감옥에 갇힌 죄수처럼 항상 조심할 수밖에 없는 거죠.

그런 나머지 범죄를 저지르려는 이들이 주눅 들어 범행을 단념한다면 아주 좋은 일일 수 있습니다. 하지만 그 감시의 시선이 범죄자만이 아니라 무고한 대부분의 시민들도 주눅 들게 한다면 이건 다른 문제입니다. 집회에 나간 것을 CC-TV로 찍고 나중에 시비를 걸어 처벌한다면, 사람들은 애당초 집회에 나갈 생각을 하지 못하게 될 겁니다. 엄연히 우리 헌법이 집회결사의 자유를 기본권으로 보장하고 있는데도 말입니다. 이러다 보면 우리의 일상생활도 자유롭지 못하고 항상 감시의 눈길을 의식하며 살아가게 될지도 모릅니다.

그렇게 되면 우리는 사실 어디서든 24시간 내내 감시당하며 살게 되는 겁니다. 이런 사회는 조지 오웰의 소설 속 '빅브라더(『1984년』에 등장하는, 사회 곳곳을 텔레스크린을 통해 지켜보며 감시하고 통제하는 존재. 이로부터 빅브라더는 정보의 독점으로 사회를 통제하는 관리 권력, 혹은 그러한 사회체계를 일컫는 대명사가 되었다)'가 지배하는 통제 사회에 다름 아니며, 범죄는 물론 자유까지도 없는 사회가 되어버릴 겁니다.

[저런 생각] CC-TV는 안전사회를 만든다

CC-TV, 나를 지켜주는 고마운 시선

은행이나 편의점, 후미진 골목에 설치된 CC-TV는 범죄가 발생했을 때 범인을 알아내는 데 그 진가를 발휘합니다. 범행의 전모를 알아내고 범인을 파악하는 데 당시 상황이 낱낱이 녹화된 영상만큼 중요한 것은 없으니 말입니다. 그러나 이보다 더 중요한 것은 범죄 예방 효과입니다. 경찰관이 두 눈 부릅뜨고 지키고 선 상점을 털 만큼 강심장인 도둑이 있을까요? 상점에 설치된 CC-TV는 상점을 털 계획을 품고 있는 사람 입장에선 무서운 경찰관과 다를 바 없을 겁니다. 당연히 CC-TV가 설치된 곳에선 범죄를 포기할 가능성이 더 높지요. CC-TV는 범죄가 일어난 뒤 범인을 잡는 데 도움을 줄 뿐만 아니라 범죄가 일어나지도 않게 해주는 겁니다. 따라서 CC-TV 설치가 확대될수록 우리는 보다 더 안전한 사회에 살게 되는 거지요.

시민을 보호하는 데 이처럼 CC-TV의 기여가 상당한데도 우려의 목소리는 나옵니다. CC-TV가 개인의 초상권을 침해하고 사생활을 감시하는 등 인권을 침해할 수 있으며, CC-TV를 통해 수집된 신상정보를 악용할 수도 있다는 게 이유입니다. 그럴 여지가 아예 없지는 않습니다. 자칫 잘못 사용되면 정말 그와 같은 문제들을 가져올 수 있습니다. 그런데 이 말은 뒤집어보면, 잘못 사용할 때에만 문제가 된다는 뜻이죠.

우리 사회엔 CC-TV와 관련해서 엄격한 규정이 있습니다. 관련 법에 따르면, 공공기관이 어떤 장소에 CC-TV를 설치하려면 일단 공청회를 열어 동의를 얻어야 하고 사람들이 CC-TV 설치 여부를 쉽게 알 수 있도록 안내판 등을 설치해야 합니다. 공청회에 모인 전문가와 이해관계자들은 CC-TV 설치 장소와 관련해 심사숙고한 뒤 설치에 동의할 것이고, CC-TV가 설치된 장소엔 안내판이 세워져 지나가는 이들은 "아, 여기에서 나의 얼굴과 움직임이 촬영되고 공개될 수 있구나" 하고 행동을 조심할 수 있기 때문이죠. 이를테면 CC-TV가 설치된 장소에서는 남부끄러운 행동을 안 하면 되는 거죠. 또 규정 가운데엔 CC-TV가 설치 목적을 넘어 사용되어선 안 되며, 이를 위해 녹음기능의 사용이 제한된다는 내용 등이 포함돼 있습니다. 이것으로 개인의 신상정보 조작과 악용에 대한 우려도 잠재울 수 있지 않을까요.

물론 이 규정이란 게 완벽한 건 아닙니다. 규정이 잘 지켜지고 있는지 제대로 감시하지 못해 CC-TV 조작으로 개인들이 피해를 입는 일이 발생하기도 하고, 규정을 어겼을 때 처벌이 너무 약하다는 문제도 있고요. 하지만 우리 사회에 CC-TV가 도입된 것이 그리 오랜 일이 아니란 것을 생각한다면 이런 시행착오 정도는 이해하고 넘어갈

골목에 CC-TV가 설치된 걸 알면서도 범행을 감행할 간 큰 강도가 얼마나 될까? 주택 건물에 CC-TV가 있다는 걸 알면 여자 혼자 사는 집이라도 들어갈 생각을 접게 될 것이다. CC-TV는 범행을 저지르려는 사람에게 보내는 강력한 경고의 메시지라 할 수 있다. "너 여기서 나쁜 짓 하기만 해봐!" © 미디어카툰(www.metoon.co.kr) 장재혁 작가

수 있지 않을까요? CC-TV는 본래 누군가의 초상권이나 사생활을 침해하기 위해서가 아니라 오히려 그 반대의 목적으로 도입된 도구입니다. 따라서 그런 부작용들은 현재의 규정을 좀 더 나은 방향으로 바꿔나감으로써 장래에는 충분히 해결 가능하리라 보입니다.

CC-TV만이 감시의 주체? 우리도 감시한다!

CC-TV가 개인의 얼굴과 행동에 대한 자유와 권리를 침해한다고 말하는 이들은 더 나아가 CC-TV의 시선이 감시의 시선이며, 이는 우리 사회를 감시가 횡행하는 통제사회로 만들 수 있다고 말하기까

지 합니다. 하지만 이런 주장 역시 작은 것에만 매달려 큰 그림을 보지 못하는 시각입니다. 이런 주장을 하는 이들은 CC-TV가 원형감옥 감시탑 안의 교도관이며, CC-TV 카메라가 죄수들을 쫓는 감시자의 눈이 될 수 있다고 말합니다. 그런데 그렇다고 해서 반드시 우리 사회의 시민들이 감시받으며 불편하고 불쾌한 삶을 산다고 말할 수 있을까요?

CC-TV를 제대로 평가하기 위해서 이들이 예를 들곤 하는 판옵티콘을 조금 달리 생각해봅시다. 원형감옥 대신 평화로운 작은 마을을, 죄수들 대신 다수의 시민들과 소수의 죄수를 대입해보자는 것이죠. CC-TV가 감시하는 게 시민 전부일까요? 아니죠. CC-TV가 주목하는 것은 범죄와 관련된 이들만입니다. 이렇게 보면 CC-TV는 여전히 날카로운 눈으로 죄수를 감시하는 감시탑 속 교도관이겠지만, 시민들은 이에 대해 공포를 느낄 필요도 불만을 가질 이유도 없습니다. 자신들의 삶에 위협이 되는 죄수를 끊임없이 누군가 감시하고 통제해주는 것은 시민들로서는 오히려 안심이 되는 일입니다.

이처럼 CC-TV라는 도구는 감시받는 이들에겐 불편하고 불쾌하겠지만 대다수의 선량한 이들에겐 오히려 고마운 존재입니다. 그러니 CC-TV는 실보다 득이 훨씬 더 크며, 감시의 시선이 아니라 보호의 시선을 보낸다고 할 수 있습니다.

한편 사람들은 CC-TV로 감시의 대상이 되기만 하는 게 아닙니다. 스스로 감시의 주체가 되기도 합니다. 공공장소에서 무례한 행동을 하거나 사회적·도덕적으로 잘못된 일을 하는 사람들의 모습이 CC-TV에 잡혀 단죄되곤 합니다. 노인에게 폭행과 욕설을 한 청년이나 종업원을 막 대하는 손님 등이 이런 영상의 단골 주인공이죠. 물론 기업인들이 국회의원이나 고위 공무원에게 '입법 로비'하는 장면이 CC-TV에 걸려 폭로되기도 하지요. 취조실이나 어린이집의 CC-TV는 혹여 있을지도 모르는 수사관이나 보모의 가혹행위를 거꾸로 감시하는 역할을 하는 것이기도 합니다. 이런 사례들은 시민이 스스로 감시에 참여하는 새로운 사회의 모습을 보여준다고 할 수 있습니다.

한마디로 조지 오웰이 하나만 알고 둘은 몰랐던 겁니다. 수십 년 전의 그는 시민들은 권력자에게 감시당하기만 할 줄 알았지만, 놀랍게도 더욱 발달된 정보사회에선 시민들 스스로가 빅브라더들이 될 수도 있는 것이죠. 한쪽만 일방적으로 감시하는 것이 아니라 서로가 서로를 지켜보고 있는 셈입니다. 따라서 현대사회에서 팍옵티콘이니 빅브라더니 하는 말들은 엄살이고 과장이란 거죠. 노르웨이의 범죄학자 토마스 매티슨은 바로 이와 같이 다수의 시민과 소수의 권력이 동시에 서로를 감시하는 사회를 시놉티콘synopticon이라 이름 지었습니다. 이런 사회에서는 권력이 일방적으로 시민들을 통제하지는 못하고 사회는 보다 민주화됩니다. 그러니 CC-TV가 통제사회를 만든다며 겁먹을 필요는 없습니다.

∗∗ 생각 정리 ∗∗

〈에너미 오브 스테이트〉는 정보사회에서 '시선'이 얼마나 무시무시한 것인지 우리에게 생생하게 보여주는 영화입니다. 영화에서 주인공은 누명을 쓰고 도망을 갑니다. 그런데 도망가는 내내 곳곳에서 추적자들이 등장합니다. 따돌리고 따돌려도 어떻게 알았는지 곧 주인공을 쫓아옵니다. 그것은 국가기관이 지구 밖 인공위성을 통해 주인공을 볼 수 있기 때문입니다. 그리고 그 도구가 되는 것은 대부분 CC-TV입니다. 길거리에도, 백화점에도, 기차역에도 언제나 존재하는 CC-TV. CC-TV 카메라는 빅브라더의 두 눈동자가 되고 그 카메라가 존재하는 한 주인공은 완전히 달아날 수도, 어디로 꽁꽁 숨어버릴 수도 없습니다.

숨을 곳 없이 시선에 둘러싸이는 이런 상황은 사생활의 침해이고 불쾌한 일입니다. 하지만 만일 그가 영화 속 선량한 주인공이 아니라 연쇄살인범이나 폭탄테러범이라면 어떨까요? 그런 범죄자의 숨통을 조이는 CC-TV는 우리를 지켜주는 고맙고도 고마운 존재가 아닐까요? 또 그런 점에서 범죄로부터 우리를 지킬 수만 있다면 곳곳에 자신을 지켜보는 카메라가 있다 해도 참고 넘길 수 있지 않을까요? CC-TV에 대한 평가는 이렇듯 무엇을 우위에 두느냐에 따라 달라질 수 있습니다.

정리하자면, 사생활 보호와 범죄 해결·예방 중 무엇을 우위로 두느냐에 따라 CC-TV에 대한 판단은 달라집니다. CC-TV의 시선을, 우리 사회를 통제사회로 만드는 것으로 보는지 아니면 우리를 보호해주는 고마운 것으로 보는지에 따라서도 CC-TV에 대한 전망은 또 달라지고요. 어떤 가치가 다른 가치보다 무조건 더 중요할 수는 없을 겁니다. 그 가치들 사이에서 어떻게 균형을 잘 잡을 것이냐가 보다 중요한 일이겠지요.

표현의 자유 vs 반사회적 행동

도대체 어디까지가 허용 가능한 선일까

'일베(일간베스트 저장소, 이하 일베)'는 지금 한국에서 가장 인기 있는 사이트 중 하나라고 할 만합니다. 모르긴 해도 여러분 가운데도 일베를 이용해본 이들이 적지 않을 것입니다. 그런데 언제부턴가 우리 사회에선 일베를 청소년유해물로 지정해야 한다거나 아예 폐쇄해야 한다는 목소리가 적잖습니다. 일베에서 흘러나오는 비상식적이고 엽기적인 이야기들과 일베 이용자('일베충')들의 돌출 행동을 더이상 좌시해서는 안 된다면서 말입니다. 일개 커뮤니티 사이트일 뿐인 일베가 대체 왜 이렇게 사회적 논란거리가 된 걸까요?

일베는 일단 네티즌들이 재미있는 사진, 동영상, 글 등을 공유하는 인터넷 유머 사이트로 분류할 수 있습니다. 하지만 거기서 나오는 이야기들은 그냥 유머가 아닙니다. 소수이긴 하지만, 강간을 모의하거나 장애 아동을 성추행했다는 경험 등을 자랑처럼 늘어놓는 등 사회적 비난을 넘어 범죄행위로 볼 수 있는 이야기까지 오갑니다. 또한 특정 개인이나 집단에 대해 무차별적인 혐오와 조롱이 횡행하기도 합니다. 특히 잘 알려진 것은 고인이 된 김대중·노무현 두 전 대통령에 대한 매도와 조롱이지요. 이 두 정치인의 삶과 죽음을 웃음거리로 삼고, 그들의 사진을 동물과 합성하기도 합니다.

여성, 장애인 등 사회적 약자에 대한 혐오와 호남지역에 대한 근거 없는 비하도 여기에선 너무 당연한 일입니다. 그야말로 '성역 없는 조롱'이 무시로 행해집니다. 최근에는 온 국민을 분노와 실의에 빠뜨린 세월호 참사와 관련해 "단원고 학생들 SKY(명문대 아닌 하늘) 많이 가서 좋겠다 ㅋㅋ" "3일 동안 처 운 유족충들 목청도 좋네" "국기 문란시키는 세월호 '유족충' 전부 구속 수감해야 한다" 등의 글이 올라왔고, 언론에 보도된 세월호 희생자의 시신 사진을 그대로 캡쳐해 게시하면서 "세월호 희생자의 시신을 판다"는 글을 남기며 죽은 이들을 모독하기도 했습니다. 그러나 일베에서는 이런 패륜적인 게시물들이 삭제되거나 경고를 받지 않습니다. 오히려 상당한 지지를 받습니다.('산업화'라는 명칭의 추천을 받고요.) 그것이 '일베의 문화'이기 때문이죠.

문제는 이렇게 부정적인 게시물들이 많은 일베의 영향력이 계속해서 커져가고 있단 사실입니다. 일베는 개설된 지 1년여 만에 방문자 수가 4배가량 증가했고, 지금은 동시접속자 수가 3만 명을 넘고 있습니다. 디시인사이드, 오늘의 유머, 클리앙, 루리웹 등 비슷한 성격의 주요 온라인 커뮤니티 순위에서 1위를 차지하고 있고, 국내 인터넷 사이트 전체 순위에서 158위를 기록했습니다.(인터넷 비즈니스 사이트 '랭키닷컴'의 2014년 11월 조사 자료.) 이는 일부 포털 사이트나 언론사보다 높은 수치로, 일베의 영향력이 적지 않음을 의미합니다.

주 이용자는 젊은 층으로 20대 이용자가 약 60% 이상을 차지한 다고 합니다. 청소년들의 접속률도 낮지 않은데요, 그래서 일베에서 유래된 말투나 단어가 십대들 사이에서 일종의 문화로 자리 잡기도 했습니다. 일베에 자주 접속하는 게 자랑할 일은 아니라고 생각해 겉으로 드러내지 않는 경우가 많지만, 그래도 여러분 주변에는 '일밍 아웃(일베한다고 밝히는 것)'한 친구들이 적지 않을 겁니다. 이처럼 청 소년들의 이용률이 높기 때문에 일베의 반사회적인 문화가 청소년들 에게 악영향을 미치는 것을 우려해 일베에 대한 규제가 필요하다는 주장이 지속적으로 제기돼왔습니다.

그 주장에선, 청소년들의 이용을 제한하거나 일베에 올라오는 차 별적이고 폭력적인 게시글을 엄격히 처벌해야 한다는 요구가 주를 이루지만, 아예 일베를 폐쇄해버려야 한다는 목소리도 있습니다. 그 렇지만 일베는 음란물을 다루는 성인사이트도, 법으로 금지된 도박 사이트도 아닙니다. 그저 이용자들이 자발적으로 자기가 하고 싶은 이야기를 하는 유머사이트일 뿐입니다. 그런 점에서 보면 이런 식의 제재는 과도할 수 있습니다. 무엇보다 표현의 자유를 침해할 수 있 으니 말이죠. 이렇듯 인터넷 공간에서의 자유와 관련해 일베는 답을 찾기 쉽지 않은 과제를 우리에게 던져주고 있습니다.

[이런 생각] 일베는 더 이상 관용의 대상이 아니다

그냥 두기엔 너무 위험한 '일베'

일베는 인터넷 공간에서 진보적 성향이 주류를 차지하며 보수적인 성향을 보이는 네티즌을 무시하고 매도하는 분위기에 반발하여 성장했다는 시각이 있습니다. 진보적 성향의 네티즌들이 자신들은 '깨어 있는 시민'이라 자부하며 다른 의견을 지닌 사람들을 무지몽매하다고 여기는 태도 때문에 일베가 폭발적 호응을 입으며 세를 불렸단 거죠. 따라서 일베 옹호론자들은 오랫동안 좌파가 점유해온 사이버 공간에서 일베가 균형추를 맞추는 존재로서 가치가 있다는 주장을 펴기도 합니다.

하지만 아무리 그런 나름의 배경과 의미가 있다 한들 일베의 게시물들은 유해성이 너무 심각합니다. 일베에 대해 관용적인 자세를 보이는 것은 문제를 더 악화시키지 않을까요? 일베를 문제적 현상으로 봐서 엄격하게 규제해야 한다는 근거는 이렇습니다.

첫째, 일베가 범죄와 일탈행위를 부추기기 때문입니다. 일베에는 한마디로 악성 폐기물 같은 글들이 하루에도 수없이 올라옵니다. 일베 이용자들 역시 그것을 잘 알고 있는지 스스로를 '쓰레기'라거나 '일베충(일베와 벌레의 합성어)'이라고 하지요. 일베에서 올라오는 글들은 그 내용만 보자면 이미 범죄 수준입니다. '여자들을 다 강간해야 한다'든지 '전라도 사람들은 다 죽여야 한다'든지 하는 식인 거죠. 이렇듯 마약, 자살 관련 글과 강간과 살인 모의, 동참 제의 등 범죄 관련 게시물이 자주 올라오는데도 이런 글들은 일베 내에서 전혀 제재를 받지 않고 있습니다.

이에 대해 전문가들은 이런 글들은 다른 사람을 충분히 자극할 수 있다고 지적합니다. 특히 일베엔 좀 더 많은 관심을 받기 위해 거짓으로 자신이 범죄 등 일탈행위를 한 것처럼 게시물을 과장하거나 조작해 올리는 경우가 적지 않습니다. 방송통신위원회(이하 방통위)가 계속 일베 성인게시판 등을 검열해 음란물이나 마약·자살·살인·범죄 관련 게시물들을 삭제하고 있다고는 하지만 그래도 이런 게시물들은 지금도 쉽게 눈에 띕니다.

그 가장 큰 이유는 너무도 많은 게시물이 올라오기 때문일 겁니다. 2012년과 2013년에 각각 삭제된 게시물의 수를 비교하면 무려 약 400% 이상 그 수가 증가했습니다. 그러니 올라오는 속도를 삭제하는 속도가 따를 수 없는 겁니다. 교묘하게 심의를 피해가는 게시물이 적지 않다는 문제도 있습니다. 일베의 은어를 방통위가 미처 인식하지 못해 유해한 게시물이 삭제되지 않게 되는 것이죠. 또 SNS가 보편화된 오늘날엔 잠시 게시됐다가 바로 삭제된 것이라도 이를 다른 곳에 옮겨 확산시키기가 너무도 쉽습니다. 이렇게 범죄와 패륜을 부추기는 유해한 게시물들이 이용자들의 도덕성을 마비시키고, 실제로 위험한 행동으로 이끌 가능성은 충분합니다. 우리가 일베를 방치하는 것이 위험한 노릇인 까닭입니다.

둘째, 개인에 대한 인신공격과 증오범죄를 막기 위해서입니다. 유머사이트인 일베에서 진지한 글은 인기가 없습니다. 일단 재밌어야 합니다. 그런데 그 재미의 주된 성격이 '공격과 혐오를 통한 재미'입니다. 공격과 혐오의 대상은 무차별적이지만, 주로 사회적 약자를 타

깃으로 합니다. 한 여대생은 단지 학교에 대자보를 붙여 자신의 정치적, 사회적 견해를 표현했을 뿐인데도 공격 대상이 됐습니다. 같은 학교의 일베 회원이 그녀의 대자보를 찢고 일베에 인증샷을 올린 뒤, 그녀는 이른바 '신상털기'와 희롱·조롱의 대상이 되어 모욕을 당해야 했습니다. 쇼핑몰로 성공을 거두었다고 TV프로그램에 출연한 어느 여성에게도 일베는 지독한 공격을 가한 바 있습니다. 이처럼 일베의 공격은 대상을 가리지 않으며 딱히 논리적인 이유도 없습니다. 그저 '나대는' 것처럼 보인다며, '재수 없게 잘난 척하는' 것 같다며 공격을 개시하죠. 예를 들어, 앞서 나온 쇼핑몰 사장을 악의적으로 괴롭힌 일베 회원은 〈그것이 알고 싶다〉와의 인터뷰에서 피해자가 "가만히 있었으면 공격 안 당했을 것"이라고 말했습니다. 이처럼 일베에선, 상대방의 주장이나 행동을 논리적으로 반박하고 비판하는 것이 아니라 그저 '나서는' 이에 대해 인신공격을 하는 문화가 자리잡고 있습니다.

특정 집단을 대상으로 한 공격도 심합니다. 일베에서 전라도 사람들은 '전라디언', 여성은 '김치녀'으로 불리고 '외국인'과 '장애인'은 부정적 의미로 사용됩니다. 일베 검색창에 '전라도'라고 입력만 해도 인종 차별을 연상시키는 끔찍한 글들이 무수히 쏟아질 정도입니다. 그것은 마치 나치 시대의 유대인 차별이나, 백인 우월주의자들의 흑인 차별과도 같습니다. 그들이 그렇게 혐오하고 공격하는 집단은 대부분 사회적 약자입니다. 재벌이나 기업 등을 공격하는 경우는 없습니다.

이런 소수자에 대한 차별 발언을 서구에서는 증오범죄로 분류해

엄히 처벌하고 있습니다. 사회를 분열시키고 약자를 배제하는 반인권적 행위이기 때문이죠. 그러나 일베에서는 이것이 범죄는커녕, 지극히 당연하고 심지어 정의롭기까지 한 행위로 받아들여지고 있습니다. 이런 문화가 팽배한 일베를 이용하다보면, 특정 개인들에 대한 모독 행위와 소수자 차별 정서가 자연스레 내면화될 수 있다는 것이 과연 그저 기우일 뿐일까요?

이들에게 경종을 울리기 위해서라도 일정한 규제가 필요합니다. 일베 회원들 대부분은 그 안에서 오가는 이야기를 전혀 심각하게 받아들이지 않습니다. 그저 '재미'로 그런 글을 올리고 보면서 논다는 것이죠. 실제로 그렇게 할 생각은 아니니 심각한 문제가 아니라면서요. 재미로 그런 이야기를 한다는 것도 문제이긴 하지만, 그래도 온라인 속에서만 그런다면 어느 정도 너그러울 수도 있을 것 같습니다. 그런데 이들의 생각이 정말 온라인에만 머물러 있을까요? 그렇지 않습니다. 실제로 현실에서 표출되기도 합니다. 일베에 관한 기사를 썼던 기자가 받았던 공격이 그런 예입니다. 일베 회원들은 자신들에게 우호적이지 않은 한 언론사 기자에게 전화로 언어폭력을 가하고 스토킹했을 뿐 아니라, 그의 전화번호를 사이버 공간 곳곳에 뿌려 엄청난 전화 테러에 시달리게 했습니다. 그리고 이런 모든 성과(?)를 사진과 녹음, 영상 기록으로 만들어 일베에 자랑스레 게시했습니다. 그저 '재미로' 말이죠.

특정 집단에 대한 조롱과 비하는 그래도 사이버상의 '악취미'에 그치고 있었지만, 최근 그조차 세상 밖으로 나오고 있습니다. 시작은 가족을 잃은 유가족 집단에 대한 조롱이었습니다. 단식투쟁을 하는

일베의 일탈 행위는 점점 도를 더해가고 있다. 더 과격한 행동으로 옮겨가기 전에 제재가 필요하다는 목소리가 높다. ⓒ 미디어카툰(www.metoon.co.kr) 장재혁 작가

세월호 참사 유가족들, 이들과 함께하는 지지자들 앞에서 일베의 일부 회원들이 모여 치킨과 피자를 먹고 캔맥주로 건배를 하며 파티를 연 겁니다. 역시 '재미로' 말이죠.

이런 흐름대로라면 일베가 일본의 '넷우익'처럼 되지 않으리란 보장은 없습니다. 혐한嫌韓 문화를 특징으로 하는 넷우익도 처음엔 인터넷 공간 속에서만 증오와 분노와 공격성을 드러내며 그들만의 은밀한 사이버 일탈행위를 했다고 합니다. 하지만 언젠가부터 그들은 거리로 나오기 시작했고, 이제는 정치권도 무시하지 못할 만한 세력이 돼 거리를 활보하고 있습니다. "한국 여자는 강간해도 된다" "한국인은 모두 죽어라"와 같이 끔찍한 구호를 외치면서 말이죠. 한국에서 일베가 그런 식의 집단행동을 시작하기 전에 막아야 합니다.

생각 VS 생각

당장 시급한 역사왜곡 중단 ·

선정적이지도, 폭력적이지도 않지만 일베 속 역사왜곡 게시물들은 가장 심각한 문제 중 하나입니다. 그런 게시물들은 그 성격상 매우 가치중립적인 것으로 보이기 때문입니다. 음란물이나 특정인, 특정집단을 혐오하는 게시글의 경우는 재미있어 하면서도 한편으론 '잘못된 것'임을 어렴풋하게나마 느낍니다. 하지만 역사는 사실 그 자체로 다가옵니다. 이런저런 사료에서 뜯어낸 조각들을 정교하게 꿰맞추고 조작한 뒤 그럴듯하게 합성된 사진까지 첨부해 탄생한 '일베발發 사료'는 진실인 양 받아들여질 가능성이 너무도 높습니다. 특히 제대로 된 역사를 배우지 않은 청소년들에게 그렇습니다.

허구임이 분명한 사극 드라마조차도 역사적 사실과 다른 내용이 담기면 "아이들이 역사를 잘못 배울 수 있다"는 항의를 받기 일쑤입니다. 그런데 일베 속 역사 게시물들은 그 내용이 사실이라고 강변합니다. 그것도 교과서나 부모님의 얘기보다 훨씬 더 생생하고 상세하게 말이죠. 또 청소년들이 이렇게 일베 게시물들을 사실인 양 정독하며 왜곡된 역사교육을 받는 동안 부모님도 선생님도 누구도 옆에서 그것이 잘못되었다고 짚어줄 수가 없습니다. 모두가 보는 데서 대놓고 일베 사이트에 접속하는 경우는 많지 않을 테니까요.

그 결과, 1980년 5월 18일 전라도 광주에서 있었던 역사적 사실을 학교에서 배우기도 전에 (또는 배운 후에라도) 일베를 통해 배우다 보니 '북한군이 개입해 선동된 광주 시민에 의해 우리 군인들이 살해당한 사태'로 이해하는 경우가 생기게 됩니다. 실제로 한 시사프로 인터뷰에서 일베 회원인 몇몇 중학생들이 "학교에선 5 · 18에 대해 거

짓을 가르친다. 광주는 폭동이었다"고 흥분하며 말하기도 했습니다. 이들이 그렇게 주장하는 근거 중 하나는 시민군들이 '북조선'이라는 글자가 새겨진 폭탄을 가지고 있는 모습의 사진을 일베에서 봤다는 것이었죠. 이 사진은 합성된 것이지만 학생들은 조작됐다는 사실조차 믿지 않을 만큼 단단히 세뇌되어 있었습니다.

물론 역사교육을 철저히 해서 이런 잘못된 역사의식을 바로잡는 것이 필요하겠죠. 하지만 그것은 단시간 내에 가능한 일이 아닙니다. 많은 청소년들이 일베를 통한 왜곡된 역사교육에 노출되어 있는 마당에, 그저 교육만 잘하면 된다고 느긋하게 바라볼 일이 아니라는 이야기입니다. 예컨대 일본의 한반도 지배가 정당했다는 주장이 상식으로 통하는 집단, 위안부들은 자발적으로 성매매를 했다는 게 진실인 사이트를 그대로 용납해도 되는 걸까요? 일베에서 이뤄지고 있는 역사왜곡도 이와 다름없습니다. 국가 차원의 단호한 대응이 필요한 이유입니다.

표현의 자유에도 한계는 있다

민주사회에선 다양한 의견을 제시할 수 있는 표현의 자유가 보장되어야 합니다. 하지만 표현의 자유에도 한계는 존재합니다. 허용 범위를 벗어난 표현에는 법과 제도적 제약이 불가피합니다. 이는 현실사회뿐 아니라 온라인 게시판이라는 가상공간에서도 마찬가지입니다.

몇 해 전 일베에는 5·18 희생자의 관 옆에서 오열하는 유족의 사진에 택배운송장을 합성해 "아이고 우리 아들 홍어 택배 왔다. 착불이요"라는 내용의 게시물이 올라온 일이 있었습니다. 이는 5·18 희생자와 유족의 분노를 사기에 충분했고, 글 게시자들에게 결국 사자死者에 대한 명예훼손으로 소송이 제기됐지요. 일베엔 연예인의 성적 수치심을 유발하기 충분한 글이나 사진을 게시하는 일도 흔합니다. 또 고인이 된 대통령의 죽음을 오래전 CF에서 유행한 '운지'라는 문구와 관련지어 희화화한 것 역시 사람의 죽음을 두고 저럴 수 있는가 하는 사회적 공분을 자아냈습니다.

아무리 표현의 자유가 중요하다 해도 그것이 다른 사람의 인격에 상처를 주고 명예를 훼손하는 범위까지 무한대로 보장받을 수는 없습니다. 표현의 자유를 중시한 존 스튜어트 밀이 "표현의 자유는 최대로 보장돼야 한다"고 주장하면서도 "내 자유는 타인의 자유를 침해하기 직전에 멈춘다"고 말한 것은 바로 이 같은 맥락에서입니다. 그런데 일베는 이러한 원칙을 깡그리 무시하고 있습니다. 대상의 인격을 존중하지 않고 무조건 자극적인 게시물을 올리는 것이 문화가 돼버린 일베, 엄격한 제재가 없다면 문제는 계속 반복될 뿐입니다.

또한 일베 회원들은 자신들이 올린 게시물에 책임을 지지 않습니다. 일베 회원들은 근거가 희박하고 검증되지 않은 글을 마구 올리고, 이를 누가 읽고 어떻게 받아들일지에는 무신경하고 무책임한 태도를 취할 뿐입니다. 5·18을 민주항쟁이 아니라 북한군이 개입한 폭동이라고 주장할 뿐 객관적으로 검증하려고 하지 않는 것처럼요.

무책임한 태도는 일베의 운영진에게도 마찬가지로 나타납니다. 운영진은 사이트를 제공할 뿐 이용자들이 올린 게시물의 내용과 자신들은 아무 관계가 없다고 주장하며, 표현의 자유의 허용 한계를 벗어난 글을 삭제하거나 수정을 권고하지 않고 방치합니다. 아니 방치에 그치지 않고 '민주화'라는 용어를 게시글에 대한 '반대' 표시 버튼으로 꾸며놓는 등 그릇된 인식을 오히려 부채질합니다. 이처럼 자정 능력은 물론이요 운영진에 의한 여과 장치조차 존재하지 않는 일베는 어떤 피해가 발생하고 어떤 위험이 초래되어도 누구도 책임지지 않는 공간입니다. 이곳에서 표현의 자유를 무제한적으로 인정하는 것은 너무도 위험한 일입니다.

[저런 생각] 일베도 우리 사회의 목소리 중 하나

닭 잡는 데 소 잡는 칼을 쓸 필요는 없다

일베의 게시물들 중 청소년들에게 바람직하지 않은 것들이 있다는 것을 부인할 수는 없을 겁니다. 그렇지만 일베의 게시물들 모두가 다 유해한 악성 게시물인 건 아닙니다. 하루에도 수만 명의 회원들이 접속해 남기는 수많은 게시글들 중엔 건강한 유머글이나 미담글도 있고 스마트폰·컴퓨터 등에 대한 유용한 정보글도 있습니다. 일베를 비판하기 위해 일부러 사이트에 가입한 이들이 남긴 상식적인(?) 글도 더러 있습니다. 또 일베라는 곳은 기본적으로 여러 사람이 모인 커뮤니티 사이트이고 다양한 의견이 존재하기 때문에 (어느 한쪽 의견이 주를 이룬다고 해도) 전체를 악의 소굴로 취급할 수는 없습니다.

무엇보다 중요한 것은 일베를 폐쇄하거나 이용을 제한하는 건 이용자들의 권리를 지나치게 침해하는 일이라는 점입니다. 그래도 일베에는 문제가 많으니 어쩔 수 없지 않냐고요? 그렇지 않습니다. 조금만 구체적으로 제어한다면 일베의 문제들도 해결 가능합니다.

예컨대 단순히 음란물이 올라온다고 해서 유해 사이트라고 한다면, 한국의 인터넷 공간 대부분이 아마 문제가 될 겁니다. 그런 식으로 인터넷상의 모든 일탈 행동을 규제하려 든다면 수많은 인터넷 공간을 폐쇄해야 한단 얘깁니다. 타인에 대한 욕설과 비난, 협박 등등도 일베만이 아니라, 익명성이 있는 거의 모든 사이트에 존재하니까요.

그래서 방통위는 상식에 따라 성인게시판만 청소년들의 접근을 차단하는 것입니다. 그저 다른 게시판들에도 음란물 등 성인용 게시물들이 올라오진 않는지 감시하면서 말이죠. 일베만을 예비 범죄군으로 특별 취급하는 게 아니라 다른 사이트들과 평등하게 대하고 있는 것입니다. 물론 처리 속도가 빠르지 않아 삭제되기 전에 글을 볼 수 있다는 문제는 다소 남겠지만, 이는 방통위가 보다 잘 기능하면 될 문제입니다. 또 마약, 범죄모의 및 범죄경험담, 자살 예고 등과 관련한 게시물들은 개별적인 경찰 수사를 통해 해결해나가면 됩니다. 나머지 대부분의 게시물들은 실제와 달리 게시자가 일베식으로 표현하면 '관심병'에 따라 그저 과시하고자 거짓으로 올린 데 지나지 않기 때문에 너무 민감해할 필요는 없습니다.

일베 속 여성·전라도·외국인·장애인과 같은 특정 집단에 대한 혐오는 분명 우리가 심각하게 생각하고 대처할 문제입니다. 하지만 이것 역시 일베만의 문제일까요? 매우 잘못된 것일망정 전라도에 대한 지역차별은 예전부터 한국 사회에 널리 퍼진 것이었습니다. 과거에는 전라도 출신이라는 이유로 취업에서 불이익을 겪거나 결혼을 반대당하기도 했지요. 남녀평등을 주장하면서도 금전적으로는 남자에게 기대려는 여성들에 대한 미움 역시 일베만이 아니라 보편적으로 나타납니다. 물론 일베에서 극단적인 형태로 나타나는 경우가 많지만, 정도와 횟수가 차이 날 뿐 소수자 혐오가 일베만의 현상은 아니라는 이야기입니다.

그래서 문제시해야 할 것은 일베에서 이뤄지는 소수자 혐오 발언만이 아니라, 모든 인터넷 공간에 나타나고 있는 소수자 혐오입니다. 일베만을 주시하고 문제 삼을 게 아니라는 이야기죠. 이것이 왜 잘못됐는지 알리고, 심한 경우는 일베만이 아니라 어디를 막론하고 규제하고 처벌할 필요가 있습니다. 다행히 이제는 이런 특정 집단에 대한 혐오와 공격성을 담은 게시물들도 방통위의 심의 대상이 되어 수시로 삭제되고 있습니다. 앞으로 포괄적 차별금지법 등이 제정되면, 소수자 차별에 대해 더욱 강한 경종을 울릴 수 있을 것입니다.

일베에서 특정 인물을 인신공격하고 명예훼손하는 문제도 마찬가지입니다. 이런 일이 비단 일베에서만 이뤄질까요? 사이버 공간 어디에서나 이 같은 일은 발생합니다. 배우 최진실 씨를 죽음에 이르게 한 원인들 중 하나라는 악성 댓글 문화는 일베가 생기기도 전부터 있던 것입니다. 인신공격성 게시물들에 문제가 없단 얘기가 아닙니다. 이런 인신공격 문화는 일베만 아니라 사이버 공간 어디에나 있는 것인데, 왜 일베만 문제시해야 하냐는 거지요. 일베에서 유독 심해서 문제라고 하지만, 제대로 잘잘못을 따지자면 일베에서 그런 게시글을 올리는 사람만을 처벌하면 되는 게 아닐까요?

예를 들어, 5·18 희생자와 유족에 대해 '홍어 택배' 등의 표현으로 모욕하는 행위들에 5·18 관련 단체가 강력 대응해 게시자들을 처벌하고 자신들의 명예를 지킨 일이 있습니다. 이렇듯, 좀 피곤한 일이더라도 일베라는 거대 사이트(와 그 안의 다수의 사람들) 자체를 문제 삼기보다 잘못을 저지른 사람들을 가려내 처벌하는 것이 보다 정의에 가까운 일이 될 겁니다.

실제로 한 방송인이 자신과 가족을 모욕한 사람들에게 무려 80여 건의 고소를 하면서 자신의 SNS에 "정상적인 우리의 힘으로 바꿔갈 수 있다는 걸 보여줘야 하지 않을까요"라는 고소 이유를 밝혔는데, 실제로 그 뒤 공격성 게시물들이 상당히 많이 사라졌다고 합니다. 아무리 강력 대응을 해도 그 처벌 수위가 높지 않으니 일탈행위를 자랑으로 여기는 이들에게 큰 압박이 되지 못할지 모릅니다. 하지만 다른 공간에도 이런 문제들이 있는데, 일베만 특별히 제재하는 것은 '왜 우리만 탄압하느냐'는 일베 회원들의 불만만 가중시킬 뿐입니다.

대부분의 일베 회원들은 혐오와 일탈을 유머화하는 타인의 게시물을 보며 웃고 때론 자신도 그런 게시물을 올리며 즐길 뿐입니다. 그런 정도라면 문제될 게 없지 않나요? 아직 누군가에게 구체적인 피해를 주지도 않았는데 그런 이야기를 했더라는 것만 가지고서 미리 처벌한다는 건 말이 안 되는 일이죠.

일베 회원들이 진짜로 그런 말을 행동으로 실천한다면 여러 가지 대응을 해야 할 겁니다. 하지만 이때에도 괴롭힘 당하는 이가 힘들더라도 그들을 경찰에 신고하는 노력을 기울여 해당 일베 회원들이 첫

값을 치르고 반성할 수 있게 하면 됩니다. 그 이상 일베 전체에 족쇄를 채우는 것은 과도한 제재입니다.

물론 최근 세월호 유가족들의 단식 시위를 조롱하며 이들이 벌인 폭식투쟁이란 집단행동이 사회적으로 문제를 낳기도 했지만, 이경우도 엄밀히 따지면 도의적 문제일 뿐 법에 어긋남 없는 평화로운집회와 시위였을 뿐입니다. 모욕의 정도가 심하다면, 모욕을 느낀 당사자들이 그들을 고발하면 되는 문제고요. 결국 일베가 일본의 넷우익이 될 수 있다고 미리 예단해 싹을 자르자는 것은 성급하고도 불합리한 일입니다.

일베의 역사왜곡이 교육적으로 악영향을 미치는 것도 분명한 사실입니다. 그렇다고 해서 그 해결책이 오로지 무작정 차단하고 막는것뿐일까요? 그러면 오히려 일베 이용자들이 '국가 혹은 모종의 세력이 일베 속 역사를 보지도 듣지도 못하게 막는다. 그 이유는 진실이 알려지는 게 두렵기 때문'이라는 식의 엉뚱한 반발감만 갖게 되지않을까요?

따라서 왜 일베에서 그렇게 왜곡된 현대사가 진실로 받아들여지는지를 먼저 고민하는 게 순서입니다. 거기엔 여러 이유가 있겠지만,지식 나열 위주의 역사교육이 학생들의 흥미를 끌지 못했던 것도 중요한 이유일 겁니다. 또 현대사에 대한 교육이 부족하다는 분석도가능합니다. 일베에서 어떤 사람이 지구가 평평하다고 주장해도 그걸 믿을 사람은 거의 없을 것입니다. 하지만 5·18은 북한군이 선동한 폭동이라는 주장은 왜 많은 사람이 받아들일까요? 그건 우리 사회에서 5·18과 같은 현대사에 대한 역사인식이 확실히 자리 잡지 못했다는 증거라 할 수 있습니다. 따라서, 특히 현대사를 중심으로 진실된 역사를 알리는 것이 가장 근본적인 대책이겠지요. 이때 일베 회원들의 머릿속에서 이미 진실로 굳어져버린 왜곡된 현대사에 대해 그 내용의 무엇이 잘못된 것인지 하나씩 짚어주며 눈을 바로 뜰 수 있도록 해주어야 합니다.

일베의 어떤 게시물들은 분명 나쁘죠. 우리 사회의 건강한 가치 관을 위협하는 측면도 분명 있습니다. 하지만 물고기 몇 마리 죽었 다고 호수 전체를 매립하는 게 과연 최선일까요? 일베는 우리 사회 의 문제입니다. 하지만 단순히 일베를 없애버린다고 해서 그 문제의 근본 원인이 사라지는 것은 아닙니다.

나는 네가 말할 자유는 뺏지 않아

『관용론』의 저자 볼테르는 "나는 당신이 하는 말에 찬성하지 않 는다. 하지만 당신이 그렇게 말할 권리를 지켜주기 위해서라면 내 목 숨이라도 기꺼이 내놓겠다"고 했습니다. 개인의 사상과 의견을 표명 할 권리의 보장은 민주사회를 위해 반드시 필요하며 다양한 생각들 이 자유로이 오갈 때 사회가 발전될 수 있기 때문에 볼테르는 이런 말을 한 것이죠.

대부분의 상식적인 사람들은 일베에 들어가 단 몇십 분 정도만 게시물들을 봐도 충격을 받게 됩니다. 음란물·폭력물 등의 문제는 차지하고라도 저속한 표현과 서로를 존중하지 않는 문화, 서로 또 스스로 비하하고 혐오하는 문화를 보면 이런 저속한 사이트는 없어 져야 마땅하다는 생각도 듭니다. 하지만 일베의 그런 표현과 문화 또한 누군가에게는 의미 있을 수 있습니다.

이십여 년 전 소설가 마광수는 소설이 "지나치게 야하다"는 이유로 출판금지 판정을 받자 "야한 책도 책"이라며 반론을 제기한 바 있습니다. 그는, 예술세계는 지나치게 선정적이거나 지나치게 폭력적이라 해도 사회의 규제를 받아서는 안 된다고 주장했습니다. 그런 의미에서 보면 상식적인 사람들이 보기엔 아무리 선정적이고 혐오스러워도 규제해선 안 되며 표현의 자유를 최대한 인정해야 하는 것이죠. 볼테르가 말했듯 '찬성하지 않는다 해도' 말이죠.

이런 관점으로 일베를 바라보면 어떨까요? 일베의 게시물들도 어떤 의미에선 가치를 갖게 되지 않을까요? 진지한 사회과학책뿐 아니라 야한 책도 책이고, 명작이라 칭송받는 영화뿐 아니라 B급 속류 영화도 영화이듯, 진지한 인터넷 언론 사이트뿐 아니라 (그들 용어대로) '병신짓'이 난무하는 '나쁜 사이트도 사이트'인 겁니다. 그런데 어떻게 저속하고 일탈적이란 이유만으로 그 표현의 자유를 본질적으로 침해할 수 있겠는지요.

그럼에도 불구하고 기어코 일베를 강제로 규제하게 된다면 우리 사회에 나쁜 선례가 될 겁니다. 누군가에게 유해하다고 국가가 판단하면 얼마든지 탄압할 수 있다는 선례 말입니다. 국가는 이제 (누군가에게) 유해할 수 있다며 사람들의 생각과 의견을 통제할 수 있다는 명분을 얻게 되는 것이죠. 이는 자유로운 사상의 교류와 의사소통을 막게 됩니다. 그리고 이런 통제야말로 민주주의의 가장 큰 적이라고 할 수 있습니다.

따라서 일베의 유해성 문제를 해결하는 길은 차단과 폐쇄가 아님

"일탈적 놀이 즐기는 누리꾼일 뿐이냐, 세력화 가능한 여론집단이냐"

'일베 현상'에서
한국 사회를 본다

③ 일베 현상을 바라보는 시각

일탈적 하위문화, 익명성과 리더십 부재로 오프라인 세력화 가능성 적어	특정 정치세력에 이용당하거나 융합되면 극우세력으로 성장할 수도	언론이 일베를 '극우'로 호명해 이들에게 없던 정체성 만들어줘	언론이 진지하게 경고해야 극우세력 성장 막는 사회적 여론 형성돼	일베 운영금의 가처분 신청 검토, '표현의 자유'도 최소한의 원칙 지켜야	명예훼손 적용은 '표현의 자유 위축'시키는 부메랑 될 것 차별금지법부터 만들어야
이동재	정태종	이길호	아스다 고이치	신경민	박경신
카이스트 교수	국민대 교수	인류학 대학원 기자	시사IN 편집장 기자	민주당 최고위원	고려대 교수

1 "인터넷 하위문화다" 대 "하나의 여론 형성 집단이다"

2 "일시적 현상으로 곧 줄어들 것" 대 "온라인상에서 반복·확대 출현 지속성 있어"

3 "오프라인 세력화 예측은 시기상조" 대 "오프라인으로 세력화될 가능성"

"일베 '극우' 규정 논란… 사이트 폐쇄보다 사회적 논쟁으로 정리해야"

'일간베스트저장소'(일베)의 이용자를 낮춰 부르는 말인 '일베충'을 캐릭터화한 '베충이'가 지난달 16, 23일 연세대문화의 고려대에 나타났다. 본

'일베 현상' 원인은
강퍅한 삶에
불안·분노
배신감을
'놀이'형태
왜곡 표현

4 "언론이 호들갑 떠는 게 더 큰 문제" 대 "무시한다고 해결 안된다. 진지하게 바라봐야"

5 "표현의 자유는 지켜져야" 대 "불법적인 발언은 제재해야"

일베를 둘러싼 논란에서 일베의 여러 일탈적 행위를 놓고 일베만을 비난해서는 안 된다는 목소리도 높다. 그것들은 일베만의 문제가 아니라 우리 사회의 극단적인 한 단면이라는 것이다. 일베는 문제의 원인이 아니라 결과일 수 있다는 이야기다. 그렇다면 일베에 대한 일방적인 제재만으로는 일베 문제를 해결할 수 없을 것이다.(경향신문, 2013년 6월 5일)

니다. 오히려 일베의 그릇된 게시물에 노출되어도 그것을 비판적으로 걸러 수용할 수 있도록 제대로 된 교육을 하는 게 진정한 답입니다. 그렇게 되면 사람들은 일베, 아니 일베보다 더한 괴물을 만나더라도 스펀지처럼 흡수하지 않고 적절히 걸러낼 수 있을 겁니다.

✱✱ 생각 정리 ✱✱

일베 이용자들이 여러 사회적 물의를 일으킬 때마다 일베를 가만히 둬서는 안 된다는 주장이 솟구칩니다. 아예 폐쇄해야 한다는 강력한 요구가 나오기도 하고 최소한 청소년 이용만은 막아야 한다는 단계적 방책이 제시되기도 합니다. 분명 일베는 우리 사회의 문제적 현상임에 틀림없습니다. 발본색원拔本塞源이라는 옛말이 있습니다. 반대로 빈대 잡으려다가 초가삼간 다 태운다는 옛말도 있습니다. 우리는 일베의 악영향을 해결하기 위해 어느 편을 선택해야 할까요.

괴물이 등장했을 때는 그 처치방법을 모색하는 것도 중요한 일이지만, 우리 사회의 무엇이 그런 괴물을 만들어냈는지를 돌아보는 것도 그 못지않게 중요합니다. 그래서 일베가 왜 탄생했고, 사람들은 왜 그리 일베에 열광했는지도 고민해볼 필요가 있습니다.

일베의 탄생 배경에 대해서는 '진보가 점령한 사이버 공간 속에서 결집된 우파'라는 분석 외에 또 다른 주장도 있습니다. 『우파의 불만』이란 책에서 저자는, 일베의 탄생은 '박탈감'에서 비롯되었다고 합니다. 청소년 시절을 치열하게 경쟁하며 보내지만 정작 졸업 후 취업이 쉽지 않아 연애도 결혼도 출산도 포기해야 하는 우리 사회 젊은이들이 많습니다. 바로 그들이 원하는 것을 얻지 못하는 박탈감과 그로 인한 분노를 약자와 소수자에 대한 공격성으로 나타내고 있다는 이야기입니다. 불만은 가득하지만 자신이 속하고자 하는 사회와 국가 자체를 비판하기란 쉽지 않고, 정권이나 재벌 기업 등 기득권층에 대한 대항은 두려우니 애먼 약자들을 적으로 삼아 폭력적인 게시물을 올리는 현상이 벌어졌다는 거죠.

이런 분석에 동의한다면 일베 관련 문제들은 일베라는 곳을 아예 범죄시하여 폐쇄 등 엄격한 규제를 하는 것이나 단발적 소송과 고발, 교육 등으로 노력을 기울이는 것 모두 완전한 대안은 아닐 겁니다. 불만에 가득 찬 청년들을 만들어내는 사회에서는 일베 같은 괴물이 언제든 출현할 것입니다. 일베라는 공간이 우리 사회의 구조적 문제와 이처럼 맞물려 있음을 인정한다면, 우리는 눈앞의 일베 문제에 대한 답을 고민하는 한편 '일베인'을 만들어낸 우리 사회의 원인과 해결책에 대해서도 고심해야 할 것입니다.

저작권 침해 vs 창조적 정보공유

카피라이트와 카피레프트, 어느 쪽이 옳은가?

요즘 유행하는 아이돌 그룹의 멋진 춤을 배워보고 싶을 때, 여러분은 어떻게 하나요? 댄스학원에 가거나, 인터넷에 올라온 영상을 보며 따라 춰보기도 할 겁니다. 그런데 아이돌 그룹의 춤에도 저작권이 있다는 사실, 알고 있나요? 유명 걸그룹의 안무를 가르치며 학원 홈페이지에 안무 동영상을 올린 한 댄스학원이 저작권 침해로 걸린 일이 있었거든요. 다른 사람이 만든 춤을 돈 받고 가르쳤기 때문에 그에 합당한 보상을 하라는 판결인 것입니다. 하지만 교육적 목적의 이용은 저작권 침해로 보지 않는 의견도 있기 때문에 학원 입장에서는 억울한 면도 있을 겁니다.

저작권은 저작물에 대한 권리를 말합니다. 그리고 저작물이란 "인간의 사상 또는 감정을 표현한 창작물"입니다. 안무 역시 누군가 열심히 생각해서 만든 것이니 저작권이 있습니다. 소설·시·논문·

강연·각본·음악·연극·미술·설계도·사진·영상·지도·게임 등 누군가 창작한 것들에는 다 저작권이 있습니다.

저작권은 영어로 '카피라이트'인데, 이는 copy(복사)와 right(권리)가 합쳐진 말로 복제할 권리라는 뜻입니다. 내가 그린 그림이나 내가 만든 음악을 복제해서 다른 사람에게 줄 권리는 나한테 있다는 거지요. 저작권의 이런 측면을 가리켜 특별히 지적재산권이라고 합니다. 자신의 지식과 창조력으로 만들어낸 '재산'이라는 의미죠. 그래서 이 '재산'을 남이 허락 없이 가져다 쓰면 재산을 훔치는 절도 행위로 봅니다. 그리고 최근에 인터넷으로 각종 정보와 창작물들이 엄청 빠르게 퍼져나가면서 저작권을 둘러싼 다툼이 증가하고 있습니다. 아마 여러분들도 음악 파일을 다운받았거나, 영화 파일을 공유했거나 하는 경험들이 있겠죠?

전세계적으로도 저작권을 둘러싼 다툼이 거세지고 있습니다. 인터넷을 통해 자료들이 마구 돌아다니게 되면서 저작권자측이 자기 권리를 더 강력하게 보호하려 하고 있죠. 특히 지식정보산업이 발달한 미국이 저작권 강화의 대표 주자라고 할 수 있습니다. 한국을 비롯한 세계 여러 나라에서 저작권은 창작자가 죽은 이후 50년까지 보장되어왔습니다. 그러나 미국은 창작자가 죽은 뒤 70년까지 저작권을 보호하기로 법을 바꾸었으며, 미국과의 자유무역협정을 맺은 우리나라도 보호기간이 70년으로 늘어났습니다.

하지만 이렇게 저작권을 보호하는 것이 오히려 자유로운 창작활동에 해가 된다면 어떨까요? 모방은 창조의 어머니인 법인데 카피라이트를 엄격히 고수해 지식과 정보를 일부 소수가 독점하게 되면, 새로운 창조가 일어나지 않는다는 것이죠. 이런 생각에서 모든 지식과 정보의 공유를 주장하는 운동이 힘을 얻고 있습니다. 이를 일컬어 카피레프트Copyleft라고 합니다. 유럽에서는 카피레프트 운동이 정당으로까지 발전했습니다. 2006년에 설립된 스웨덴 해적당을 필두로 한 해적당 인터내셔널은 기술진보에 따라 저작물의 자유로운 복사 가능성이 현실이 되었다는 것을 이제는 받아들여야 하며, 저작권법의 제약만 없다면 지식의 유통은 더욱 효과적으로 이루어질 것이라고 주장합니다. 유럽에서는 이들의 주장에 지지를 보내는 사람들이 점점 늘고 있으며, 유럽의회에서 스웨덴 해적당이 2개의 의석을 확보하기도 했습니다.

이렇듯 저작권 인정이 당연시 되거나 더욱 강화되는 사회가 있는 반면, 저작권에 대한 '해적행위'를 불법으로 보아서는 안 된다고 주장이 지지를 얻는 사회도 있습니다. 아직까지는 남의 창작물을 허락 없이 사용하는 것은 불법입니다. 카피라이트를 주장하는 사람들은 카피레프트가 남의 지적재산권에 대한 도둑질을 정당화하는 데 불과하다고 봅니다. 반면 카피레프트측은 지식과 정보의 자유로운 유통과 사용, 확산이야말로 사회의 문화를 더 풍요롭고 다채롭게 만들며, 더 많은 창작의 바탕이라고 주장합니다. 또한 하늘 아래 새로운 것은 없다는 말도 있듯이, 누구의 창작물은 또 다른 누군가의 창작물에 기대어 만들어졌으므로 독점적인 자기 권리 주장은 무리라고도 합니다. 카피레프트와 카피라이트, 어느 주장이 옳은 걸까요?

[이런 생각] 카피레프트는 저작권 침해다

저작권 보호의 필요성

오늘날 대부분의 국가는 법률을 통해 저작권을 보호하고 있습니다. 왜 그럴까요?

창작물을 만들어낸 '노동'에 '대가'를 주기 위해서입니다. 정신적인 노동으로 창조한 것 역시 육체적인 노동으로 창조된 것과 마찬가지로 창작자의 소유라고 볼 수 있겠지요. 예를 들어 훌륭한 목공 기술을 가진 사람이 한 달 동안 공들여 멋진 흔들의자를 만들었다면, 그것을 이용하거나 팔 권리가 그에게 있는 것은 당연한 일입니다. 마찬가지로 음악적 재능을 가진 사람이 몇 주 동안 고민 끝에 아름다운 음악을 만들었다면, 그것을 남에게 들려주거나 팔 권리 역시 그에게 있다고 볼 수 있습니다.

이토록 당연한 권리가 자꾸 침해되는 이유는 의자와 달리 음악은 '복제'에 제한이 없고 쉽기 때문입니다. 복제하는 데 그다지 큰 노력이 들지 않는다는 것이죠. 특히 지금 같은 디지털 시대에는 클릭한 번이면 전세계 사람들과 공유할 수도 있으니까요. 따라서 창작자의 권리를 보호하기 위해서는 오직 창작자만이 복제와 이용을 허가할 권리를 갖도록 법으로 강제해야 할 것입니다. 자신이 몇 날 며칠을 밤새워 만들어낸 음악이나 소설을 나도 모르게 다른 사람이 팔아먹거나 즐긴다면 기분이 어떨까요? 이것이 '저작권'이 필요한 이유입니다.

하지만 많은 사람들이 공공연하게 법을 어기는 것이 현실입니다.

나라마다 규제의 강도가 다르기 때문에 처벌이 약한 나라에서 저작권 침해가 더 많이 일어나는 현상도 볼 수 있죠. 중국의 인터넷 검색사이트 '바이두Baidu' '유쿠닷컴' '56.com' 등의 검색창에 한국 영화나 드라마를 검색하면 현재 상영중인 영화나 드라마의 동영상 파일을 쉽게 찾을 수 있습니다. 그 영화와 드라마를 만드느라 많은 시간과 노력과 돈을 투자한 연기자와 제작자들은 권리를 침해당한 거지요. 하지만 우리나라의 영화 공유 사이트 게시판에서도 '어느 어느 헐리웃 영화의 업로드를 자제해 달라'와 같은 경고 메시지를 종종 볼 수 있으니, 꼭 남의 나라 탓할 일만도 아닌 것 같습니다.

우리 자신의 일상만 들여다봐도 저작권에 대한 이중적인 태도를 쉽게 볼 수 있습니다. 인터넷 게시판에 자신이 찍은 사진을 올릴 때, 남들이 마음대로 사용하는 걸 막고 싶은 사람들은 사진 귀퉁이에 워터마크(자신의 이니셜이나 홈페이지 주소를 덧입혀 놓는 것)를 달아둡니다. 하지만 그러한 작업을 위해 사용하는 컴퓨터조차도 그 안에는 무단 복제된 소프트웨어가 한두 개쯤 설치되어 있을 겁니다. 평소에는 불법 다운로드의 편리함과 경제적 이로움을 즐기다가도 내 콘텐츠가 무단으로 사용되고 있거나 저작권이 침해되었다는 것을 알면 화가 나는 것이 인간의 당연한 마음입니다. 우리 마음속의 이기심과 이중성을 들여다보고 내 권리가 소중한 만큼 다른 이의 권리와 재산도 소중하다는 것을 인정해야 할 것입니다.

창작자는 당연히 대가를 받아야

저작권 보호는 지식과 정보를 독점하고자 하는 것이 아닙니다.

우리나라는 그동안 창작물에 대한 권리를 낮게 평가했다. 인터넷이 보편화되면서는 남의 글이나 그림을 무단으로 가져다 쓰는 경향이 더욱 커졌다. 저작권을 인정하고 적절한 보상을 줘야 창작이 활발해질 수 있다. ⓒ 미디어카툰(www.metoon.co.kr) 김은영 작가

창작자에게 제대로 된 보상을 하기 위해서입니다. 저작권을 보호하면 창작활동이 활발해지고 좋은 작품이나 기술도 많이 개발되어 궁극적으로 사회 전체가 이롭습니다. 이와 반대로, 창작물의 경제적 가치가 인정되지 않으면 창작자의 의욕이 감퇴되어 창작물의 질이 떨어지고 문화 발전이 지체될 것입니다.

　고사 직전의 우리나라 만화계를 떠올려보면 이러한 문제를 잘 알수 있습니다. 과거에 한국 만화계도 잘나가던 시절이 있었습니다. 그

렇지만 불법 스캔본 만화가 범람하면서 만화책 판매는 뚝 떨어졌고 만화가들은 생계조차 잇기 어려워 자신이 애초에 구상했던 만화 작업을 접어야 했습니다. 국내 만화 중 가장 잘 나간다는 『열혈강호』를 예로 들어볼까요? 이 만화가 연재되기 시작한 15년 전만 해도 잘 나가는 만화는 10만 부가량을 팔 수 있었습니다. 그렇지만 현재는 3만 부가량밖에 팔리지 않습니다. 대개 1만 부도 넘기 힘들고요. 이런 상황에서 만화를 그릴 의욕이 과연 생길까요? 똑같은 만화를 그려도 일본에서는 단행본 판매 인세로 5배 이상의 수익을 거두기 때문에 많은 작가들이 그 나라에 가서 만화를 그리고자 하는 유혹을 느낍니다. 결국 우리나라에서 작품활동을 하는 작가들은 거의 사라져가는 반면, 일본 만화계는 더욱 풍성해지고 세상의 주목을 받게 됩니다. 창작품에 대해 정당한 보상이 이뤄지지 않으니 작가들이 좋은 창작물을 내놓기 어려워지고, 좋은 창작물이 없으니 독자들이 더욱 외면하는 악순환의 고리는 한 번 만들어지면 바꾸기가 무척 어렵습니다.

문화가 아닌 기술 분야는 어떨까요? 예를 들어 한글 문서를 작성할 때 널리 사용하는 소프트웨어인 '아래아한글'은 한글 문서 작성을 편리하게 할 수 있도록 제작되어, 오늘날까지 전국민이 애용하는 소프트웨어입니다. 마이크로소프트사의 MS워드가 국내 시장을 장악하지 못하도록 막는 중요한 역할을 해왔지만 아래아한글을 만든 회사는 1998년에 부도 위기까지 맞았다가 이후 이곳저곳에 인수되는 처지가 되었습니다. 대부분의 사람들이 정식으로 구입해 쓰기보다는 불법 복제를 통해 공짜로 프로그램을 사용했기 때문입니다.

만약 모든 사람들이 정당한 대가를 지불하고 이 소프트웨어를 이용했다면, 이 회사는 지금쯤 마이크로소프트사에 필적할 만한 소프트웨어 개발업체로 성장했을지도 모릅니다. 한국어를 지원하는 프로그램들이 빠르게 개발되었을 것이고, 외국 기업에 값비싼 로열티를 지불하지 않아도 되었을 것입니다. 카피레프트 정신으로 창작물들을 나누고 자유롭게 사용하면 창작이 더 풍부해진다고요? 위에서 보았듯이, 그런 일들은 창작자의 의욕을 꺾어버리기 쉽습니다. 그게 현실이지요.

이렇듯 창작자를 격려하고 먹고살 수 있게 하며, 지속적으로 창작하도록 동기를 제공해줘야, 결과적으로 그 사회 전체가 풍요로움을 누리게 됩니다. 더구나 현대사회는 과학기술, 정보와 지식이 사회를 발전시키는 핵심요소이기 때문에 아이디어나 디자인, 특허권 같은 지식의 가치를 제대로 평가해주고, 새로운 아이디어를 소유한 사람, 창작 의지가 높은 사람, 지식 생산자를 우대해줘야만 그 나라의 경쟁력이 높아집니다.

저작권 보호가 창조를 촉진한다

지적재산권이 보호되지 않았던 옛날과 오늘날을 비교해보면, 저작권 보호가 오히려 지식의 독점을 깨고 전파와 공유를 활발하게 해준다는 사실을 알 수 있습니다. 지적재산권이 없던 시기에는 지식이나 정보를 그 생산자가 움켜쥐고 있어야 했습니다. 동서양의 장인들이 자신만의 기술을 널리 전파하기보다는 자기 자식이나 수제자들에게만 비밀리에 전승했던 일에서도 알 수 있습니다. 스승으로부터 무술 비법을 전수받기 위해 청소와 빨래부터 시작하여 오랜 세월에 걸쳐 수련을 받는 제자의 이야기를 한번쯤 들어본 적이 있을 겁니다. 애니메이션 〈쿵푸 팬더〉도 그런 익숙한 스토리를 전개하지요. 동서양을 막론하고 핵심 기술은 극소수만 공유하고 믿을 수 없는 남에게는 절대로 알려주지 않는 것이 상책이었습니다.

그러나 지적재산권이 서서히 확립돼가면서 지식이나 정보를 독점하지 않고 공개하고 나눠줌으로써 더 큰 경제적 보상을 받을 수 있는 길이 열렸습니다. 사람들은 자기가 가진 비장의 기술들을 정당한 대가를 받고 다른 이들에게 전수해줬죠. 사회 전체의 기술은 그렇게 하여 더욱 발전했습니다. 개인으로 하여금 자신의 독자적인 지식을 공개하고 전파하도록 유인하여 인류 공동의 자산이 되게 만드는 수단이 바로 지적재산권입니다. 조건 없는 공유가 지식 전파에 도움이 될 것 같지만, 진정 가치 있는 지식을 창출하기 위해서는 저작권을 존중할 필요가 있습니다.

[저런 생각] 카피레프트는 창조적 정보 공유다

저작권의 독점을 깨야 창조가 활발해진다

그렇지만 오늘날 저작권을 보호한다는 명목으로 지나치게 이익을 추구하고 있지는 않나요? 과거에는 저작권 보호가 지식 확산에 기여했을지 몰라도 지금은 방해가 되고 있지는 않을까요? 이런 문제의식에서 카피레프트 운동이 출발했습니다.

일반적인 오해와는 다르게 카피레프트는 창작자의 권리를 무시하는 것이 아닙니다. 카피레프트는 정보 공유를 추구하지만 공유하는 경우에도 출처를 밝히거나 저작자를 정확히 명시해야 한다는 기본 원칙이 있습니다. 다른 사람의 작품을 마치 내 것처럼 사용하는 도용과 카피레프트는 다른 것이죠. 카피레프트는 자본에 의한 저작권의 독점적 이용에 반대할 뿐입니다. 정보의 독점을 깰 때 더 많은 창조가 이루어질 수 있기 때문이죠.

　카피레프트란 카피라이트의 right를 '권리'가 아닌 '오른쪽'으로 비틀어 해석하고, 오른쪽에 반대하는 입장이기 때문에 왼쪽left이라고 붙인 이름입니다. 미국의 리처드 스톨먼이 1990년대 '자유소프트웨어연맹Free Software Foundation'이란 단체를 설립하고 이 운동을 제창했지요. 그는 각 국가에서 저작권을 설정하면 사용자들 간의 협력을 가로막게 되며, 소프트웨어와 저작물을 자유롭게 공유할 수 있어야 지적 생산물이 풍성해진다고 보았습니다.

　정보의 자유로운 공유와 교류가 결과적으로 발전을 촉진하는 사례는 우리 주위에서 흔히 볼 수 있습니다. 예를 들어 건축동호인의 인터넷 게시판에 누군가가 "예산 1억으로 이런 집을 지으려고 하는데요"라며 예산 내역, 건축자재의 종류, 설계도 등을 공개했다고 가정해봅시다. 사람들은 그 글을 보고 다양한 문제점과 대안을 이야기할 수 있을 겁니다. 재료는 이것보다는 저것이 더 저렴하고 튼튼하다든지, 설계도를 이런 식으로 고치면 공간을 더 넓게 사용할 수 있다든지 하는 식으로 말이죠. 애초에 정보를 공개했던 사람뿐만 아니라 다른 사람들도 그걸 보고 건축에 대해 잘 알게 되기도 합니다. 인류의 역사는 이렇게 집단지성의 힘으로 발전해왔기 때문에 정보를 가둬놔서는 안 된다는 것이 '카피레프트'의 입장입니다. 특정 개인이나 기업의 이해보다는 커뮤니티의 이타적인 정신을 중요하게 여기고, 공짜로 얻은 지식을 바탕으로 자신이 추가하거나 발견해낸 것이 있다면 이 역시 다른 사람들에게 공짜로 나누어 주어야 한다고 생각합니다.

마이크로소프트사의 윈도우 시리즈와 비교되는 운영체제인 '리눅스'는 카피레프트 운동의 대표적 결과물입니다. 리눅스는 프로그램의 설계도라 할 수 있는 소스 코드가 공개되어 있습니다. 때문에 누구나 그 소스 코드를 활용해 프로그램을 수정하거나 그 프로그램을 기반으로 한 새로운 프로그램을 만들 수 있습니다. 여러 사람이 프로그램의 개선에 참여하는 만큼 기능이 빠르게 향상되며, 이렇게 만들어진 프로그램은 대부분 무료입니다. 물론 소프트웨어를 판매할 수도 있으나 그 이익을 한 사람이 가지는 것이 아니라 대개 새로운 소프트웨어를 제작하는 기금으로 사용됩니다.

이번에는 창작자의 입장이 되어 봅시다. 이용자들은 정보를 손쉽게 얻을 수 있으니 카피레프트에 찬성하겠지만, 창작자는 이익을 취할 수 없기 때문에 무척 억울하지 않을까요? 그러나 '창작자'와 '창작물'의 관계를 곰곰이 따져보면 어떤 창작물을 꼭 특정 창작자의 것이라고만 볼 수 없다는 것도 알게 됩니다. 아무런 문화적 기반이 없는 곳에서는 어떤 창작품도 탄생할 수 없기 때문입니다. 최신 스마트폰은 일반적인 핸드폰 기술을 바탕으로 만들어졌으며, 아무리 천재적인 능력을 가진 사람도 주먹도끼를 사용하는 원시사회에서 갑자기 스마트폰을 만들어낼 수는 없습니다. 따라서 창작품은 단순히 한 개인이 만들어낸 것이 아니라 개인을 키워낸 문화적 토양이나 사회제도, 교육 등 인류가 그간 쌓아온 유산에 바탕한 것이라 할 수 있습니다. 그런 인류 유산이 특정 개인의 것이 아니기 때문에, 그 덕에 만들어진 어떠한 것도 그걸 만든 사람에게만 독점적으로 사용할 권리가 주어진다고 볼 수 없다는 것이죠.

우리가 알고 있는 대표적인 고전 작품들도 한 사람에서 다른 사람으로, 그리고 또 다른 사람으로 전파되면서 많은 사람들의 손을 거쳐 내용이 풍부해지고 아름다워졌습니다. 셰익스피어도 희곡을 쓰기 위해 당대의 다른 저작물에서 스토리를 빌렸습니다. 만일 오늘날의 저작권법이 그때 적용되었다면 셰익스피어는 '표절'이란 딱지가 붙어 『로미오와 줄리엣』이나 『햄릿』 같은 위대한 작품을 발표할 수 없었을지도 모릅니다.

과학자들은 지식을 공유하는 것이 학문의 발전에 얼마나 많이 도움이 되는지를 가장 잘 알고 있습니다. 그렇기 때문에 몇 년에 걸쳐 연구한 것을 아낌없이 학계에 발표합니다. 공개를 해야 시험과 도전을 받고 개선될 수 있기 때문입니다. 최근에는 전자공학이나 생명공학 분야에서조차 기업들이 각자의 데이터를 공유함으로써 신상품 개발에 소요되는 시간을 줄이려고 시도하고 있습니다.

유형과 무형의 차이

저작물 또한 노동의 대가를 받아야 한다는 주장은 어떨까요? 앞선 세대로부터 배운 기술이라도 자신이 보탠 노력에 대해서는 대가를 받아야 한다는 거죠. 예컨대 의자 제작공이 의자를 발명한 것은 아니지만, 그는 의자를 만들어 시장에서 팔죠. 마찬가지로 자신이 만

카피레프트는 저작권을 인정하지 않는 게 아니다. 카피레프트는 저작권의 독점적인 이용이 창작 활동을 저해하고 창작물의 가치가 확산되는 것을 막는다고 보고, 더 활발한 공유를 추구하는 운동이다.(조선일보, 2014년 9월 18일)

들어낸 창작물도 정당한 가격을 받고 팔아야 하지 않을까요?

그렇다고 해도 무형의 지식과 정보는 복제의 측면에서 유형의 생산물과는 다릅니다. 의자 100개를 만들 때는 의자 1개를 만드는 데 드는 시간과 노력과 재료의 100배가 필요하므로 가격도 그에 비례하여 정해지는 것이 당연하다고 볼 수 있습니다. 반면 앞서 예로 들었던 MP3 음악 파일을 생각해봅시다. 한번 만들어진 MP3 파일은 100명에게든 1만 명에게든 복제하여 제공할 때 추가의 시간과 노력이 거의 들지 않습니다. 그래도 가격은 100명에게 팔 때나 1만 명에게 팔 때나 똑같죠.

창작물의 경우, 시장에서 상품의 희소가치를 유지하기 위해 허가받지 않은 복제는 금지하고 처벌합니다. 그러나 이렇게 저작권을 보호하고 상품의 희소성을 유지하는 데 드는 사회적 비용 역시 만만치 않습니다. 복제자와 복제품 이용자를 일일이 찾아내어 처벌하는 것에도 비용이 들고, 복제를 막는 특수 기술을 개발하거나 적용하는 데도 비용이 듭니다.

게다가 오늘날에는 인터넷을 통한 공유 속도가 워낙 빠르다 보니, 무형의 생산물이나 지식 및 정보의 희소성을 유지하려는 노력이 손바닥으로 하늘을 가리는 것처럼 억지스럽게 느껴지는 상황이 되고 있습니다. 그래서 지적 창작물에 대한 대가는 다른 방법으로 지불되는 게 타당하지 않겠냐는 의견이 설득력을 얻는 것이죠.

"내가 제일 잘 나가~사끼 짬뽕"은 저작권 침해일까?

카피라이트측에서는 창작물에 대한 독점적 권리를 보장하면 창작이 활발해져서 궁극적으로 사회 전체를 이롭게 한다고 주장합니다. 그러나 이제는 저작권이 창작물을 특정인의 재산으로 묶어둠으로써 문화와 경제의 혁신을 가로막고 사회 발전을 더디게 만들고 있습니다. 사람들이 저작권법을 어기게 될까 봐 전전긍긍하는 사회에서는 발명과 창작이 위축될 수밖에 없습니다. 풍자와 패러디, 정보 퍼나르기도 자유롭게 할 수 없습니다. 좋은 문화 콘텐츠를 다른 사람들에게 추천할 때도 고소당하지는 않을까 걱정해야 하죠.

애초에 카피라이트의 목적은 특정 가문이나 집단 내에서만 전승돼오던 고급 정보를 일정하게 보상해주는 대신 세상 밖으로 끄집어내어 널리 퍼뜨리는 것이었습니다. 즉, 정보를 확산시키고 진보를 촉진하는 역할을 했기 때문에 지지를 받았습니다. 그러나 시간이 흐르면서 특정인의 이익만을 챙기거나 강화하는 제도로 변질되었으니 이제 그 필요성을 다시 생각해봐야 합니다.

대표적인 저작권 독점의 문제로는 비싼 의약품 사례가 있습니다. 제약회사들은 에이즈나 백혈병 치료제를 매우 비싼 값에 팔면서, 저작권을 보호해야 한다는 명분으로 값싼 복제약 제조를 막습니다. 그 결과 가난한 사람들은 약값이 없어 치료를 못 받게 되지요.

'미키마우스법'의 사례도 있습니다. 미국은 저작권 보호기간을 저작자 사후 50년에서 70년으로, 법인의 창작물인 경우 75년에서 95년으로 늘리는 저작권법을 통과시켰지요. 미키마우스의 저작권 보호 만료 기간이 얼마 남지 않은 월트디즈니사의 입김이 작용했다는 소문이 돌면서 이 법은 이른바 '미키마우스법'이라고까지 불렸죠. 이렇게 사후 보호 기간을 연장하는 것이 특정 회사의 이익에는 도움이 되겠지만 과연 창작에는 어떤 도움이 된다는 걸까요?

만약 독점적 저작권을 보호하지 않아 창작을 통해 막대한 부를 얻으리라는 기대가 없다면, 창의적인 사람들은 작품 활동을 완전히 접을까요? 사실 대부분의 창작자와 혁신가들은 경제적 보상보다는 자신이 본래 갖고 있던 관심, 흥미, 즐거움 때문에 자발적으로 움직입니다. 또한 사람들은 그저 재미를 위해서 자발적으로 창작활동을 하고, 온라인에 모여 집단지성을 발휘할 수 있습니다. 무엇이든 물어보고 답하는 놀이터가 된 '네이버 지식in'이나, 전세계인이 자신이 아는 것을 품앗이하여 제작한 백과사전 '위키피디아'를 보면 잘 알 수 있지요. 경제적 보상이 창작을 좌지우지하는 건 아니라는 겁니다.

저작권을 지나치게 강조하는 것은 정보화 시대의 대표적인 문제점인 정보 격차를 더욱 심각하게 만들 수 있습니다. 만약 모든 정보를 돈을 주고 사야 한다면, 고급 정보를 살 수 있는 부자들은 더욱 부자가 될 것입니다. 가난한 사람들은 핵심 정보를 얻지 못하고 정신적으로 물질적으로 모두 더욱 빈곤해질 겁니다.

반대로 카피레프트가 합법화된다면 각종 창작물을 저렴하게 향유할 수 있기 때문에 각 분야에 젊은 팬이 생겨나게 되고 그 팬덤 안에서 새로운 창작이 시작될 수 있습니다. 예를 들어, 현재 시시믹스터(http://ccMixter.org)라는 음원 사이트에서는 누구나 자유롭게 음원을 내려받아 가공하고, 이렇게 만든 새 음원을 다른 사용자와 공유할 수 있습니다. 이 음원을 활용해 만들어진 다양한 콘텐츠는 다른 누군가에게 또 다른 창작의 재료가 됩니다.

이처럼 젊은이와 가난한 사람들도 문화와 지식을 자유롭게 향유할 수 있다면 그 사회는 더욱 민주적인 방향으로 발전해갈 것입니다.

☆ 생각 정리 ☆

저작권을 엄격하게 보호하는 대부분의 국가들도 '사실에 대한 인용'이나 '언론의 보도'는 예외로 인정해줍니다. 학교나 도서관 등 공적 장소에서 저작물을 이용하는 것도 허용하고 있습니다. 카피레프트냐 카피라이트냐 논쟁이 벌어지고 있지만, 유용한 지식과 정보가 보다 많은 사람들에게 도움이 되어야 한다는 점은 모두가 동의하고 있는 겁니다. 공공도서관이 저작권 적용의 예외구역이라는 점은 우리에게 시사하는 바가 많습니다.

저작권의 적용에서 벗어나 있는 공공도서관의 존재는, 누구나 손쉽게 한 사회가 축적한 지식이나 기술에 접할 수 있어야 한다는 점을 그 사회가 인정하고 있음을 보여줍니다. 또한 그러한 환경을 조성하는 데 국가가 예산을 사용해야 한다고 사회의 구성원들이 동의하고 있음을 상징합니다.

사람들은 공공도서관에서 공짜로 책을 읽기도 하지만 서점에서 책을 구입해 보기도 하면서 인류 공동의 문화자산을 자유롭게 향유하는 동시에 자신이 좋아하는 저자를 응원합니다. 문화와 지식의 창작자에게는 일정한 보상이 필요하다고 생각하기 때문입니다. 사실 우리의 일상은 카피라이트와 카피레프트 간의 대립이 아닌, 평화로운 공존 위에 놓여 있습니다. 이 평화에서 힌트를 얻는다면 어떨까요?

만약 공공도서관이 책을 구입할 때 서점에 팔리는 가격의 100배 가격으로 구입을 한다면 지식의 공공성도 확보하면서 저자들의 생활 안정에 도움이 될 것입니다. 혹은 공공도서관에서 시민들이 책을 대여하는 만큼 저자에게 저작권료를 지급하는 제도를 적용할 수도 있을 겁니다. 어떤 방식으로든 지식·문화·예술적 성취의 방대한 집합에 대부분의 사람이 쉽게 접근할 수 있으면서도 창작자에게도 역시 적절한 대가가 주어지는 사회를 함께 상상해봅시다.

카피레프트의 창시자인 스톨먼은 이런 제안을 합니다. "모든 음악 플레이어에는 버튼이 있고, 그 버튼에는 '1달러를 보내라'라고 적혀 있는 상황을 상상해봅시다. 당신이 원할 때는 언제나 그 버튼을 누를 수 있으며, 그러면 1달러가 당신이 지금 듣고 있는 음악의 저작권자에게 갑니다. 당신은 버튼을 누르고 싶은 만큼 누르면 됩니다. 만일 사람들이 평균적으로 1년에 두 번만 버튼을 누른다면 1년에 한 사람당 2달러를 내는 셈이 되며, 이것만으로도 음악가들에게 혜택을 충분히 줄 수 있을 겁니다."

세계적인 인기 밴드 '라디오헤드'는 음반을 내면서 음원 다운로드 가격을 소비자들에게 맡기는 시도를 했습니다. 사람들은 자신이 지불하고 싶은 가격에, 심지어 무료로도 다운 받을 수 있었죠. 지금의 저작권 제도를 넘어서 이렇게 창작자의 권리를 다르게 보장하려는 새로운 시도들이 벌어지고 있습니다.

대학에서 연구하는 과학자들은 경제적으로 안정적인 생활을 누리면서 실컷 연구에 몰두합니다. 그 대신 그들은 자신들의 연구결과를 지적재산권으로 묶어두지 않고 전인류의 자산이 되게 합니다. 이런 조건을 다른 창작자들도 누린다면 어떨까요? 국가가 복지제도나 기금 운영을 통해 창작자들에게 안정적인 생활 기반을 마련해주는 겁니다. 그러면 성공한 소수의 창작자와 기업에게만 막대한 부를 안겨주는 지금의 저작권 제도는 없어질지도 모릅니다.

정보가 널리 확산되고 다양한 혁신과 창조가 활발히 일어나는 사회를 어떻게 만들 수 있을까요? 카피레프트를 둘러싼 논쟁은 우리에게 이런 깊은 고민을 안겨줍니다.

더 나은 교육의 도구 vs 계층 상속의 도구

사교육, 사적인 문제이자 공적인 문제

몇 해 전 우리나라 강남 학부모들 사이에서 '설소대 수술'이란 것이 유행한다고 미국 AP통신에 소개된 적이 있었습니다. '설소대'란 혀 밑과 입안을 연결하는 띠 모양의 주름으로 이것을 잘라주면 혀가 길어져 영어의 L과 R 발음을 잘하게 된다는 것이지요. AP통신은 어린아이를 대상으로 한 설소대 수술의 실상을 소개하면서 "당황한 한국 정부는 이를 막기 위해 국가인권위원회를 통해 제작한 영화에 혀 수술 장면을 담았을 정도"라고 꼬집은 뒤, "아이의 장래라는 미명 아래 우리 사회가 얼마나 어린이들의 인권을 짓밟고 있는지 보여주고 싶었다"는 영화감독의 말도 함께 보도했습니다.

영어 발음을 잘하게 한답시고 혀에다 칼을 대다니, 놀라운 교육열이라고 감탄해야 할까요? 이 사례에서 단적으로 나타나듯이 우리나라 학부모의 자녀교육에 대한 열정은 무시무시합니다. 아이가 건

기도 전부터 학습을 시작하고, 학교 공부만으로 부족하다고 느껴 이 것저것 사교육을 시킵니다. 학원 한두 곳 안 다녀본 학생이 거의 없을 정도입니다. 한국 사교육 시장 규모는 연 20조 원을 넘고, 각 가정에서 생활해가며 쓰는 모든 돈의 12%가 사교육비로 지출된답니다.

한국 사람들이 이렇게 사교육에 많이 투자하는 이유는 간단합니다. 교육이 계층 상승, 또는 유지의 중요한 수단이라 생각하기 때문이죠. 실제로 한국 사회에서는 명문대학을 나오는 것이 인생 성공의 충분조건은 아니지만, 필요조건 수준은 됩니다. 그렇기 때문에 필사적으로, 아이들의 혀를 자르면서까지, 사교육에 열심인 겁니다.

문제는 사교육은 말 그대로 개인들이 알아서 하는 교육이라는 점입니다. 즉, 돈이 많으면 좋은 교육을 원하는 대로 많이 받을 수 있고, 그렇지 않으면 받을 수 없다는 이야기죠. 국가가 책임지는 공교육과는 그 점에서 다릅니다. 사교육의 양과 질은 부모의 경제력에 비례하죠. 경제력이 높은 부모를 둔 아이는 사교육을 받으며 국제중, 특목고 등 좋은 학력을 갖게 되고 이것은 다시 명문대학 진학으로 이어져 결국에는 안정되고 보수가 많은 직업을 갖게 될 확률이 높습니다. 이와 같이 소득 수준에 따른 차별적 사교육이 계층을 더욱 고착화시키기 때문에, 사교육에 대한 비판이 높습니다. 부자가 재산 상속을 통해 자녀에게 부를 대물림하듯, 사교육이 계층과 지위를 물려주는 역할을 한다는 것이죠. 그래서 지나치게 과열된 사교육 시장을 진정시켜야 한다는 주장도 나오고 있습니다.

반면에 교육열은 우리 사회를 발전시켜왔고 또 앞으로도 발전시킬 중요한 사회적 자원이자 본받아야 할 귀감일 터, 하등 비난받아야 할 이유는 없다는 견해도 있습니다. 역사적으로도 우리 사회는 전통적으로 교육을 중시해왔고, 조선시대 한석봉의 일화는 그것을 잘 보여줍니다. 어린 자식이 글공부에 지쳐 어머니를 찾아왔음에도 단호하게 내치는 어머니의 강한 교육열이 자식과 사회를 발전시키는 중요한 원동력이라는 것입니다. 또한 '한강의 기적'이라고까지 불리는, 유례없이 급속한 발전을 이룬 배경에도 강한 교육열이 있음은 세계 누구나 인정하는 바입니다. 최근에는 세계 최강국인 미국의 대통령까지 나서서 "한국 교육을 배워야 하고, 한국 학부모의 교육열을 배워야 한다"고 말할 정도이니, 우리 사회의 높은 교육열은 나무랄 일이 아니고 더욱 장려해야 할 일이라는 거죠. 무엇보다도 자유민주주의 국가에서 능력에 따라 공부를 더 할지 말지 결정하는 것이 어떻게 사회적 규제의 대상이 될 수 있느냐고 묻습니다. 자신이 원해서 공부한다는데 누가 뭐라 할 수 있느냐는 거죠.

요컨대 교육에 대한 지나친 열의가 우리 사회의 또 다른 치부가 되고 있으며, 이것이 사회적 통합과 평등을 저해하고 있는 현실은 분명 존재합니다. 동시에 교육열이 우리 사회를 이만큼 이끌어온 원동력이며 인간의 본질적 욕구이기도 하다는 점도 사실입니다. 사교육을 둘러싼 각기 다른 이 두 개의 시선, 즉 자유로운 학습 형태이며 더 나은 교육을 위한 도구일 뿐이므로 지나친 비난과 규제를 해서는 안 된다는 주장과 더 이상 방치하다가는 계층의 고착화를 가져와 사회 통합에 커다란 걸림돌이 될 수 있으므로 빨리 이에 대한 대책을 마련해야 한다는 시각. 자, 여러분의 생각은 어디로 기우나요?

[이런 생각] 사교육은 더 나은 교육을 위한 도구일 뿐이다

더 나은 교육에 대한 욕구는 자연스러운 것

'맹모삼천지교孟母三遷之敎'라는 말을 들어봤겠죠? 위대한 학자인 맹자의 어머니가 아들의 교육을 위하여 세 번이나 이사 다녔다는 유명한 고사입니다. 하지만 자식 교육에서는 맹자 어머니보다 더한 게 한국 부모님들입니다. 앞에서 예로 들었던 한석봉의 어머니 같은 분들은 지금도 수없이 계시지요. 한창 산업화가 진행되던 1970년대 우리 사회엔 '우골탑牛骨塔'이란 말이 유행처럼 번졌던 적이 있습니다. 시골 부모님이 집안의 보물 1호라고 할 수 있는 소중한 소를 팔아서 도시로 유학 간 자식들의 등록금을 댔다는 뜻으로, 대학을 지칭하는 '상아탑'에 빗대어 지어진 말입니다. 이렇듯 한국 사람들은 자식 교육에는 돈을 아끼지 않습니다. 교육에 대한 욕구는 고금古今을 막론하고 인간 누구에게나 있는 것입니다.

특히 우리나라는 역사적으로 이런 욕구가 높았습니다. 고려시대에 한 중국 사신이 고려를 다녀가서는, 고려 사람들은 글을 모르는 것을 수치로 여기며 곳곳에 학교가 즐비하고 귀족과 평민을 가리지 않고 수업을 받으려 한다고 적었습니다. 이런 배움에 대한 열정이 한반도에서 아름다운 문화를 일구고 발전시킨 원동력입니다. 우리나라가 천연자원의 혜택도 없이 6·25전쟁의 폐허에서 다시 일어날 수 있던 것도 인재들을 길러낸 교육 덕분이었습니다. 배움에 대한 욕구는 칭송받아야 마땅한 것이지 결코 비난받아서는 안 됩니다. 사교육이라 해도 마찬가지입니다.

우리는 옛날부터 선생님에게서 예습복습을 꼭 하라는 말을 들어 왔습니다. 학교 공부를 마치고 혹은 내일의 학습에 대비하여 준비과정을 거치는 것이 어찌 나쁜 일일 수 있겠습니까? 단지 비용을 지불하고 예습복습을 진행한다는 이유로, 혹은 학교 밖에서 그 일이 이루어진다는 이유로 배움의 과정을 죄악시한다는 것은 말이 되지 않습니다. 특히 요즘과 같이 지식과 정보의 양이 많아지고 배워야 할 게 늘어난 환경에서 교육은 학교만의 전유물이 될 수 없습니다. 학교교육을 뒷받침할 대체재로서 사교육은 어찌 보면 꼭 필요한 존재인 거죠. 운동을 돕기 위해 헬스클럽과 트레이너가 있고, 집안일을 돕기 위해 가사 도우미가 있듯, 공부를 돕기 위한 사교육이 있는 건 자연스러운 일입니다.

왜 사교육이 필요할까?

사람들이 사교육을 그렇게 많이 이용한다는 건 역설적으로 공교육이 많이 부족하기 때문입니다. 우리 사회에는 학생들이 사교육을 받을 수밖에 없는 몇 가지 이유가 있습니다.

첫째, 학교교육은 모든 학생의 저마다 다른 학습 수준을 만족시켜주기 어렵습니다. 학생들의 수가 많고, 또 각자 흥미와 수준이 다르다 보니 모든 학생을 만족시키는 교육을 하는 건 거의 불가능하죠. 평균 수준에 맞추어 수업을 할 수밖에 없고, 그러다 보면 교사의 수업을 따라가지 못하거나 반대로 따분해하는 학생이 나오기 마련이죠. 진도를 나가야 하기 때문에 학생들을 개별적으로 챙겨주기도 힘들고요. 그런 부족한 부분을 사교육이 메워줍니다.

17C 하멜도… 21C 오바마도… "높은 교육열이 한국의 힘"

18세기 조선, 신분제가 흔들리면서 서당이 전국 곳곳에 유행처럼 번졌다. 농촌에는 '서당계'가 만들어졌고, 서울에서는 서당마다 50~60명의 학동이 모이는 탓에 조를 나눠 수업을 해야 했다. 조선시대 교육사 연구의 권위자인 정순우 한국학중앙연구원 교수는 총 8권째 '서당의 사회사'에서 "성균관 노비 출신이 서당을 열어 활발하게 운영했고, 19세기에 이르면 가난한 마을에도 115호당 하나씩 서당이 있을 정도였다"고 말했다. 느끼는 훈장이 되기나 웅학한 양반을 동원해 서당을 차리는 열도 비일비재했다. 세계적으로 유명한 우리나라 교육열은 조선시대에도 지금과 별반 다르지 않았다.

"교육열=치맛바람 치부말고 교육정책 핵심동력 삼아야"

이종각 강원대 교수

윤지로 기자

우리나라 교육기본법 제2조에는 '홍익인간(弘益人間)'이 교육 이념으로 명시돼 있다. 사리(私利), 利 추구가 아니라, 널리 인간을 이롭게 하는 것이 우리 교육 DNA가 열어가야 할 길이다.

그런데 언제부터인가 교육열은 '치맛바람, 사교육 광풍'과 같은 의미로 쓰이기 시작했다. 예다 정부마다 이를 바로잡겠다고 나섰지만, 나아질 기미는 보이지 않는다. 이에 대해 이종각 강원대 교수(교육학·사진)는 "교육열의 속성에 어긋나는 정책을 폈기 때문"이라고 말한다. 이 교수는 '교육열을 알아야 한국교육이 보인다'는 제목의 책을 낸 우리나라의 대표적인 교육열 전문가다.

◆하멜에서 오바마까지 모두 놀란 교육열

'한강의 기적.' 6·25전쟁 직후 폐허에서 불과 반세기 남짓한 기간에 놀라운 속도로 경제성장을 이룬 것을 두고 이렇게 말한다. 정말 기적이었을까. 임마뉴얼 페스트라이쉬 경희대 후마니타스 칼리지 교수는 기적이 아니라고 단언한다. 그는 저서 '한국인만 모르는 다른 대한민국'에서 "한국인들은 소말리아와 같은 수준에서 출발해 50년 만에 IT강국에 올랐다"며 "그러나 이는 결코 사실이 아니다. 한국은 매우 견고한 학문적·예술적 전통을 이어왔다"고 말했다. 한강의 기적은 수백년간 면면히 이어온 교육열의 결실이란 뜻이다.

◆교육은 '희망 사다리'

우리 민족에게는 DNA(유전자)처럼 세대에서 세대로 이어져 내려온 교육에 대한 욕구가 있다. 그 이유를 불평등, 배움을 숭상하는 유교 전통과 우리 민족 특유의 강한 성취욕에서 그 뿌리를 찾아볼 수 있다.

18세기 후반 신분제 흔들리면서
교육이 신분 격차 해소 창구로
'위로 올라가려면 배워야 한다'
가난한 마을에도 곳곳에 서당

병인양요 때 강화도 공격 佛 해병
'책 없는 집 없다' 놀라움 넘어 질투

배움 숭상하는 유교적 전통과
우리 민족 특유의 성취욕 바탕
한국 교육 세계 최고 수준에

우리나라의 활발한 사교육은 옛부터 내려온 높은 교육열의 산물이다. 그런 교육열 덕분에 자원도 부족한 우리나라가 이만큼 발전했다는 것은 국내외의 전문가들이 인정하는 사실이다. 우리가 과연 사교육 없이 공교육만으로 이 정도의 성과를 거두었을까 생각해볼 일이다.(세계일보, 2013년 11월 25일)

또한 학교는 꼭 짜인 커리큘럼이 있기 때문에 학생들의 다양한 요구를 채워주지 못합니다. 단적으로 음악과 미술, 체육 같은 건 학교에서는 정말 수박 겉핥기식으로만 배울 수 있을 뿐이죠. 다른 과목 역시 학생들 각자가 원하는 것을 학교는 다 제공해줄 수 없습니다. 교사가 '가르친다'는 본연의 업무보다 부수적인 행정 잡무 처리에 많은 시간을 보낸다는 사실도 공교육의 부실화를 가져오는 요인

중 하나이죠.

둘째, 최근의 사교육 시장 심화·확대는 시대와 사회 상황의 변화에 따른 불가피한 일입니다. 현대사회는 직업과 생활 방식이 극히 다양해졌으며 그만큼 다양한 지식이 요구됩니다. 더구나 세계화 시대에 접어들어 영어는 물론 제2, 제3의 외국어를 습득할 필요까지 생겼고요. 한마디로 사회가 발전하면서 '알아야 할 것'들이 엄청나게 늘어났다는 것이죠. 학교교육에서 이를 뒷받침하지 못할 경우 이것이 온전히 사교육의 영역으로 넘어오게 되는 건 어쩔 수 없는 현상입니다. 오늘날과 같은 경쟁 사회에서 요구되는 학벌이나 스펙을 갖추기 위한 노력인 건데, 이를 마치 사회에 해가 되거나 불필요한 일인 양 간주하는 것은 한마디로 어불성설語不成說입니다.

셋째, 애초에 학교에서 하는 교육 과정의 양과 난이도가 너무 높고, 수능을 포함하여 대학들이 요구하는 학생의 성취도도 너무 높습니다. 요즘은 초등 3학년 때부터 영어를 정규 교과목으로 가르치다 보니, 이에 대비하기 위해 유치원에서부터 외국어 교육을 시키는 실정입니다. 학년이 더해질수록 그 난이도가 점점 높아지는 것은 말할 나위도 없고요. 또한 수학도 초등에서 중등으로 올라갈 때, 그리고 중3에서 고1로 넘어가는 과정에서 급격히 양과 질이 높아져서 사교육을 받지 않고서는 따라가기가 힘들죠. 특히 내신 성적을 챙겨야 하니 학생들이 학원에 가거나 과외를 받는 것은 당연한 선택입니다. 또 3000개가 넘는다는 복잡한 대학 입학전형도 학생 개인이나 담임 교사의 역량만으로는 감당이 안 돼 사교육 시장을 기웃거리게 만드는 하나의 원인이 되고 있습니다. 이처럼 높은 난이도로 치러지는 각종 입시와 교육과정에 대한 압박감, 경쟁심리, 불안감 등을 그저 비난할 수만은 없는 게 현실입니다. 이런 상황에서 어쨌든 사교육은 학생과 학부모가 원하는 대로 성적을 올려주고 원하는 대학에 보내주는 데 기여합니다. 그러니 할 수만 있다면 마다할 이유가 없게 되는 거죠.

사교육 규모가 너무 커지고 과열 경쟁으로 부작용이 발생하자 2013년에 국회에서는 '선행교육 규제에 관한 특별법'을 발의하기도 했습니다. 그때 법령 심사를 담당하는 법제처는 "학원 선행교육을 제한하는 것은 부모의 자녀교육 선택권 침해 측면에서 위헌 가능성이 있다"며 "공교육의 선행교육 금지 법안으로도 사교육비 절감이 이뤄질 것으로 예측되는데, 선행교육 규제에 합법적으로 운영되는 학원도 포함시키면 음성적 과외는 더욱 기승을 부릴 것"이라고 밝혔습니다. 즉, 사교육을 금지하는 건 교육의 자유를 해칠 수 있으며, 금지한다고 해도 불법적으로라도 사교육은 계속될 것이라는 이야기입니다. 실제로 과외금지법이 있던 1980년대에도 부자들은 다 몰래몰래 과외를 받았었죠. 결국 2014년 2월 국회를 통과한 이 법에서 학교의 선행학습은 금지시키되 학원의 선행학습은 규제하지 않기로 했습니다.

사교육이 문제라고 하여 특목고를 없애고 해외 유학을 금지하면 사교육이 사라질까요? 그렇지 않을 거란 걸 누구나 알 겁니다. 더 많이 공부하고픈 학생이나 학부모의 욕구와 권리를 누가 무시할 수 있겠습니까? 하향평준화로는 세계와의 경쟁 속에서 우리가 살아남을 수 없다는 사실도 우리 사회의 미래를 위해 꼭 기억해야 할 것입니다. 초등학생이 고등학교 수학문제를 풀고 있다는 것 자체를 문제 삼을 게 아니고, 학생의 실력이 그 수준의 문제를 풀 준비가 되어 있는지를 살펴봐야 한다는 지적을 잘 생각해야 할 것입니다.

[저런 생각] 사교육은 계층 고착화의 도구이다

사교육 없이는 대학 갈 수 없는 나라

'이 버스의 종점은 SKY입니다' '1등 학생들이 타고 있어요', 초중학생을 대상으로 하는 학원 버스에 붙은 현수막의 문구들입니다. '축 영훈초등학교 입학', 어느 유치원에서 운영하는 '국제 영어유치부' 이름의 축하 현수막 문구입니다. 이런 도를 넘은 홍보 문구들은 과연 무엇을 의미할까요? 간단합니다. 어려서부터 사교육에 모든 것을 걸어야 아이의 앞길이 활짝 열린다는 것이고, 뒤집어 말하자면 그렇게 하지 않는 한 아이의 미래는 없다는 것이죠. 도대체 영훈초등학교에 입학하면 무엇이 달라지고, 이른바 'SKY대학(서울대·연대·고대)'을 졸업하면 인생이 어떻게 바뀐다는 것일까요? 여기에 우리 사회의 사교육 문제에 대한 원인과 처방이 모두 들어 있다고 해도 과언이 아닐 것입니다.

이런 노골적인 광고 문구들이 말하는 바는 분명합니다. 초등학교부터 궁극적으로 대학교까지 '좋은' 학교에 가야 인생이 성공하니, 그러기 위해서는 자기네 학원에 오라는 것이죠. 사람들이 자녀들 사교육에 큰돈을 들이는 것도 다 이 때문입니다. 문제는 거의 무상으로 평등하게 제공되는 공교육과 달리 사교육은 돈이 많을수록 더 잘

받을 수 있다는 점입니다. 월평균소득 784만 원 정도인 상위 20% 가구의 학생 1인당 사교육비는 50만4000원으로, 월평균소득 138만 원 정도인 하위 20% 가구의 7만6000원보다 7배나 많았습니다. 또한 가계지출 가운데 상하위 계층의 지출 차이가 가장 큰 항목이 교육비로 집계되었습니다. 의류나 식품비보다도 말이죠. 이것은 무엇을 말하는 것일까요? 우리 사회에서 부모의 경제력과 아이의 사교육비는 비례하며, 아이가 앞으로 가지게 될 학력과 직업도 부모의 경제력에 따라 결정될 가능성이 높다는 이야기입니다.

몇 해 전까지만 해도 그 해 수능시험 최고득점자와 인터뷰를 하다보면 "교과서와 학교 수업으로만 공부했어요"라는 답을 많이 들을 수 있었습니다. 하지만 요새는 그런 인터뷰를 들을 수도 없고, 또 들어도 믿을 사람이 없을 겁니다. 이젠 누구나 학교 공부와 교과서만으로는 수능은 물론이고 내신에서도 좋은 성적을 얻기 힘들다는 점을 인정합니다. 일찍부터 사교육을 통해 좋은 성적을 거두고 '좋은' 중고등학교를 가야 '좋은' 대학에 갈 수 있습니다.

앞서의 사례에서 왜 '고작' 초등학교에 입학한 것을 가지고 축하 현수막을 붙였을까요? 영훈초등학교에 진학하면 같은 재단인 영훈국제중학교로 진학이 수월하고, 이어서 특목고와 자사고에 들어가는 데도 유리한 고지를 차지하기 때문입니다. 실제로 2013학년도 기준으로 서울에 두 곳뿐인 국제중학교 졸업생들의 특목고와 자사고 입학률이 70%를 넘었다는 점은 이것이 진실임을 보여줍니다. 이런 코스를 밟아 특목고나 자사고로 진출하게 되면 역시나 SKY대 진학도 어느 정도 보장된다고 할 수 있습니다. 2013학년도 기준으로 이

들 대학 합격률 1위를 기록한 학교는 대원외고로, 합격률이 무려 82%에 달합니다. 그 다음도 용인외고와 전북 상산고 등 특목고와 자사고들이 40~60%의 높은 합격률로 줄줄이 뒤를 이었죠.

이쯤 되면 어느 부모라고 이렇게 보장된 명문대학 진학의 코스를 놓치고 싶겠습니까? 그러나 누구나 이 길을 알고 있지만 아무나 그 길로 갈 수는 없지요. 돈이 그 길로 진입할 수 있는 입장권입니다. 실제로 상위 10% 내의 성적을 보인 학생의 월평균 사교육비가 하위 20% 이내 학생의 것보다 2배 이상 많았으며, 사교육 참여율도 월등히 높은 것으로 나타납니다. 같은 서울에서도 대표적 부자 동네인 강남 3구와 강동구 등 동남권이 사교육비로 월평균 82만 원 정도를 지출하는 데 반해 은평과 서대문, 마포 등 서북권은 그 절반 정도에 불과합니다. 다시 말해 부모의 경제력에 따라 학생의 사교육 참여의 질과 양이 결정되며, 이는

생각 VS 생각

고스란히 학업 성취도의 차이로 나타나게 된다는 것입니다. 수능에서 서울 강남 3구와 경남 거창군 등 특목고와 자사고가 있는 지역의 성적이 상위권으로 나오는 것도 이런 이유이고요.

요즘 유행하는 우스갯소리에 이런 말이 있습니다. "아이가 성공하려면 할아버지의 경제력, 아빠의 무관심, 엄마의 정보력 등이 필요하다"는 것입니다. 평범한 30대 초반의 아빠로서는 영어 유치원 등 매달 100만 원에 육박하는 사교육 비용을 감당할 수 없기에 할아버지의 경제력이 필요하고, 성적의 높낮이에 비교적 관대한 아빠는 차라리 무관심한 편이 도와주는 것이며, 아이의 영유아기 보육부터 각종 사교육과 대입 정보에 민감한 엄마의 관심이 아이의 장래를 보장한다는 뜻이죠. 이는 우리 사회의 교육문제는 더 이상 세대 내에서 해결할 수 없는 계층 고착화의 도구가 되어가고 있다는 증거 아닐까요?

사교육이 직업 선택도 좌우한다

예전에 한 TV드라마에서 초등학교 6학년 담임선생님이 아이들에게 진지한 표정으로 이렇게 말하는 장면이 나왔습니다. "우리나라에서는 의사가 되는 데 생명에 대한 존중 따위는 필요 없어! 판검사가 되는 데도 정의감 따위 필요치 않아! 오직 성적, 좋은 성적만 있으면 돼!" 나중에는 물론 이 말이 그 선생님의 진심이 아님이 밝혀지지만, 현실에서는 누구도 이 선생님의 말이 틀렸다고 자신 있게 단언할 수 없지 않을까요?

앞에서 살펴보았듯 오늘날 우리 사회의 모습은 영유아기를 거쳐 청소년기에 이르기까지 가히 사교육의 모든 것을 보여주고 있다고 해도 과언이 아닐 정도입니다. 이 긴 사교육 과정의 최종 목표는 무엇일까요? 의사와 판검사 또는 대기업 CEO쯤으로 상징되는 상류층 진입(혹은 유지)이 아닐까요? 예전에는 "개천에서 용 났다"는 말을 듣는, 혼자 힘으로 성공의 대열에 오르는 인물이 꽤 있었습니다. 하지만 이제 더 이상 이런 말을 하기 힘든 시대입니다.

예컨대 과거에는 대표적인 신분 상승의 코스로 사법시험이 있었습니다. 그렇지만 최근에는 점차 폐지되고 이를 대체해 로스쿨 제도가 도입되었죠. 그런데 여기에는 학벌이 중요하게 작용합니다. 법무부가 임용한 로스쿨 1기 검사 42명 중 85.7%인 36명이 SKY 학부 출신이었습니다. 국내 주요 대형 법률회사(로펌)도 이들 학교 출신을 노골적으로 좋아합니다. 이들이 채용한 로스쿨 출신 변호사의 81%가 역시 SKY 출신이었습니다. 반면 지방대 로스쿨 출신은 4%에 불과했습니다. 가난한 집안의 학생이 고학을 통해 일류대학에 진학하고 사법시험에 통과해 집안을 일으켜 세우는 일은 이제 그야말로 '전설'이 되고 만 것이죠. 일반 기업들의 고위직 역시 학벌 좋은 사람들이 차지하고 있습니다. 500대 기업 CEO 중 SKY 대학 출신이 45%로 거의 절반을 차지하는 것으로 나타났습니다. 그나마 최근 좀 줄어드는 추세가 이 정도라니 '대한민국은 SKY공화국'이라는 말이 나오는 것도 무리가 아닌 듯합니다.

이와 같이 우리 사회에서 부모의 재력을 바탕으로 한 사교육 집중 투자는 자녀의 학벌을 좌우하고 이는 또 다시 직업의 세습으로 이어져 한국 사회에서 계층 이동이 활발하게 이뤄지지 못하게 만드는 중요한 요인이 되고 있습니다. 이런 현상이 지속된다면 우리 사회의 '계층 사다리'는 무너지고, 이는 계층 간 갈등을 불러와 통합과 발전을 가로막는 결과를 낳게 될 것입니다.

∗∗ 생각 정리 ∗∗

몇 해 전 국내 최고의 기업 총수가 '천재론'을 언급하여 사회의 이목을 집중시킨 일이 있었습니다. 현대사회에서는 한 명의 천재가 1만 명, 10만 명을 먹여 살린다는 논리로, 미국의 스티브 잡스나 빌 게이츠의 사례를 본다면 틀린 말은 아니라 할 수 있습니다. 이처럼 뛰어난 인재가 중요하니, 이런 인재를 육성하기 위해 교육에 더 투자해야 한다는 주장이 더욱 힘을 받고 있습니다. 평준화된 교육만으론 안 되며, 수월성 교육이 필요하다는 거죠. 이에 따르면 사교육에 대한 투자 역시 우수한 인재를 기르기 위해서 필요한 일입니다.

그렇지만 현재 사교육이 공교육을 위협하고, 교육의 빈부 격차로 인한 계층의 고착화라는 바람직하지 못한 현상이 우리 사회에 나타나고 있는 것도 사실입니다. 불과 20여 년 전만 해도 본인이 열심히 노력하면 성공할 수 있다는 믿음이 우리 사회를 역동적으로 만들었습니다. 그러나 이제는 돈 많은 부모 밑에서 양질의 사교육을 받은 아이와 그렇지 못한 아이 사이에는 대학 진학은 물론이거니와 취업에서도 많은 격차가 벌어지고 있으며, 아무리 노력해도 이 차이를 극복할 수 없다는 절망감이 사람들을 짓누르고 있습니다.

사교육을 교육의 자율성으로 존중할 것이냐, 사회적 계층 이동의 방해물이므로 막을 것이냐 사이에서 어떤 합의점을 찾을 수 있을까요? 어려운 선택이지만 모두가 행복한 우리의 앞날을 위해 꼭 해결해야 할 과제임에 분명합니다.

그리고 이 문제의 해결을 위해서는 아울러 생각해보아야 할 것들이 있습니다.

첫째, 대학을 한 줄로 세우는 대학 서열화의 문제입니다. '서연고 서성한 중경외시'란 말은 대학의 서열을 상징하는 단어인 동시에 거기에 다니는 학생도 서열화시키고 있습니다. 정말이지 우리 사회의 부끄러운 자화상이 아닐 수 없습니다.

둘째, 학벌에 따른 임금 격차 문제입니다. 직업에 귀천이 없다는 옛말이 있지만, 현실에서는 직업 간에 임금과 사회적 지위가 크게 차이가 납니다. 그렇게 다들 '가치' 있고, '대가(임금)' 많은 직업만을 원하기 때문에 경쟁이 치열해지는 것입니다. 이런 직업에서의 차이가 '좋은' 학벌을 부추기는 원인이자, 사교육에 몰입하게 만드는 핵심적 요인이라 할 수 있습니다. 저소득 직종의 임금을 높이고 노동 시간을 줄여주면 모두가 명문 대학에 가려는 무모한 경쟁을 줄일 수 있을 것입니다.

셋째, 좀 더 유연한 고용 문화를 생각해볼 수 있습니다. 노동자를 해고하기 쉬운 고용 유연성이 아닌, 연령이나 성별에 따른 차별을 깨자는 것입니다. 무조건 정해진 나이에 초중고에 다녀야 하고, 졸업 후 바로 입사해야 '정상'으로 보는 현재의 구조보다는 언제라도 자신이 하고 싶은 일을 하다가 직종을 변경할 수 있는 사회 풍토가 된다면 일시에 대학입시에 몰리는 일이나 일시에 특정 기업들에 입사

원서를 내야만 하는 경쟁 사회가 조금은 완화되지 않을까요?

물론 쉽게 해결할 수 없는 사회적 문제임에 분명하지만 불가능하다고 포기해서는 안 되는, 우리 사회를 위해 꼭 필요한 일들입니다. 이러한 문제들이 해결되어야 사교육 문제 또한 해결되는 것이 아닐까요?

안정 추구 vs 정의 훼손

잘못된 법도 지켜야 할 법의 하나일까?

프랑스대혁명 이전의 프랑스는 철저한 신분제 사회였습니다. 계급 피라미드 정점에 위치한 왕은 '짐이 곧 국가'라며 자기 마음대로 나라를 통치했죠. 그런데 이성적 사고가 발달하면서 새로운 사상이 싹트기 시작합니다. 모든 사람에겐 태어날 때부터 하늘로부터 부여받은 권리가 있다는, 천부인권 사상 또는 자연권 사상이 그것입니다.

이런 근대 사상이 무럭무럭 발전하면서 사람들은 "어라, 우린 모두 자연권이 있는 존재들인데 왜 한 명의 절대자에게 복종해야 하는 거지?" 하는 의문을 품게 됩니다. 그리고 급기야 왕 한 사람이 자의적으로 통치하는 '인치人治'에 동의할 수 없다며, 그 유명한 프랑스대혁명을 일으키고 인권선언문을 낭독하게 됩니다.

인권선언문엔 프랑스인들의 권리에 대한 '합의'가 담겨 있습니다. 이처럼 여러 사람들의 합의를 문서에 명시하고 이에 따라 통치하는 것을 '법치法治'라고 하죠. 프랑스를 비롯한 많은 나라들이 혁명을 거치며 왕정에서 공화정으로, 인치에서 법치로 나아가게 됐습니다. 해방 이후엔 우리나라도 헌법 등의 법률을 만들고 그에 따라 통치하는 법치국가가 됐고요.

이런 점에서 볼 때 법치가 인치에 비해 보다 많은 사람들의 권리를 보장하는 민주적인 통치라고 할 수 있습니다. 하지만 법에 의한 통치가 완벽하기만 할까요? 만일 통치의 도구인 법 자체가 잘못된 것이라면? 즉, 법치에는 악법에 의한 법치도 있을 수 있는 겁니다.

악법惡法의 사전적 정의는 '형식상 정규의 요건을 갖추고는 있으나 그 내용이 나쁜 법률'입니다. 정의 자체에서 '나쁘다'고 판단되고 있는 건데요, 그렇다면 누군가 여러분에게 이같이 '나쁜 법'에 근거해 지시를 내린다면 그것을 수행해야 하는 걸까요? 또 여러분이 어떤 법이 악법이란 판단이 든다면 이 법을 어떻게 대해야 할까요?

질문이 너무 추상적으로 느껴진다면, 잠시 '장발단속법'이란 악법 얘기를 해보죠. 1973년 2월 8일, 정부는 '성별을 알아볼 수 없을 정도의 장발을 한 남자'를 처벌하는 내용의 법을 만들었습니다. 그리고 이에 따라 경찰들은 가위를 들고 거리를 다니다가 긴 머리의 남성을 보면 그 자리에서 바로 가위로 머리카락을 잘라냈죠. 믿기지 않겠지만, 그때 그 시절엔 정말 그랬답니다.

그런데 만일 이 장발단속법이 다시금 부활한다면 어떨까요? 어느 날 국회에서 사회질서 유지, 건전한 환경 조성 등을 이유로 '장발단속법'을 만드는 상황을 한번 가정해보자는 겁니다. "남성의 머리카락이 귀밑 5센티가 넘으면 그 자리에서 경찰이 바로 자르도록 한다"

고 법이 만들어졌다고 말이죠. 자, 성인 남자인 여러분은 짝사랑하던 여자와의 첫 데이트 바로 전날 저녁, 거리에서 경찰에게 붙잡혀 강제로 머리카락을 잘리기 일보직전입니다. 가위를 든 경찰은 "당신은 법을 어겼으니 여기서 머리카락을 자르는 것은 합법적인 일입니다"라는 말까지 합니다. 여러분은 그 법이 여러분의 신체의 자유를 침해하고 자존심과 인격을 짓밟는 악법임을 모르지 않는데 말이죠. 자, 이런 악법이 집행되는 상황에선 대체 무엇을 어떻게 해야 하는 걸까요?

[이런 생각] 악법도 법. 지키면서 합법적으로 바꿔야

구성원들의 합의가 녹아 있다면 이를 따라야 한다

내 소중한 머리카락을 맘대로 자르겠다는데 기분 좋을 이는 없을 것입니다. 기분 나쁜 것만 문제인가요? 남이 머리카락이라는 신체 일부를 자르는 것은 신체의 자유와 인격권 등을 침해하는 일이기도 하고요. 그러니 많은 이들이 장발단속법은 악법이라고 주장하는 것이겠죠. 그런데 아무리 인권을 침해하고 정의에 어긋난다 해도, 악법 그 자체라고 판단된다 해도 우리는 일단 장발단속법을 준수해야 합니다. 어찌되었든 '그것이 일단 법'이기 때문입니다.

'그것이 일단 법'이란 부분은 매우 중요합니다. 이 법을 인정하지 않는다면 그것은 합의를 통해 법을 만든 입법부의 권위, 나아가 그 사회의 민주주의 원칙을 인정하지 않는 일이 될 수 있습니다. 민주주의 사회에서 법은 우리 스스로가 만든 규범이라고 할 수 있는 만큼,

스스로 한 약속을 지키지 않는 무책임한 행동이 될 수 있고요.

국회에서 무슨 일이 있었든 나는 동의한 적 없다고요? 그렇다 해도 장발단속법이란 법은 존중되어야 합니다. 애초에 우리 사회에 존재하는 법들 대부분이 모두에게 100% 지지를 받거나 100% 반대를 받거나 하지는 않습니다. 나는 장발단속법을 악법이라 여기지만 어떤 이들은 그것이 사회 혼란을 막을 수 있는 필요한 법이라고 여길 수도 있죠. 반면 내가 생각했을 때 좋은 법이 다른 사람이 보기엔 악법일 수도 있고요. 한마디로 악법이 무엇인지 자체를 규정하는 게 쉽지 않은 문제라는 거죠.

그건 불명확성 때문에 그렇습니다. 악법은 법이 아니라고 외치는 이들은 주로 '정의에 어긋나기에 악법이다'고 하지만 사실 무엇이 정의인지 자체를 명확하게 규정할 수 없지 않나요? 누구에게는 동성혼同性婚을 금지하는 게 정의일 수 있지만, 다른 누구에게는 동성혼을 허용하는 게 정의일 수 있잖아요? 상황이 이런데 어떤 법에 대해 무조건 "그 법은 정의에 어긋나는 악법이니 지키지 않겠다"고 소리치며 위반할 수 있나요?

그럼 '다수의 사람들'이 악법이라 생각하는 법은 어떠냐고요? 많은 이들이 악법이라고 한다면 그건 정말 부당한 악법일 테니 지킬 가치가 없을까요? 그런데 만일 다수가 어떤 법을 악법이라고 여긴다면 다수의 힘으로 민주적 절차에 따라 그 악법을 개정하면 될 일입니다. 이런 절차를 무시한 채 그저 악법이라는 이유로 바로 위반하는 것은 옳지 못합니다.

악법이라도 마음대로 위반하면 사회가 혼란스러워진다

만약 "악법은 법이 아니다"라고 외치며 저마다 자신이 악법이라고 판단한 법들을 지키지 않으면 어떻게 될지 상상해본 적 있나요? 누군가는 장발단속법이 악법이라며 경찰의 이발이라는 집행에 반항하고, 누군가는 징병제가 악법이라며 군대 가기를 거부하고, 누군가는 장기매매 금지법이 악법이라며 장기매매 조직을 계속 키워나가는 등 법 위반행위들이 곳곳에서 벌어지는 사회를 머릿속에 그려보세요. 그렇게 되면 도무지 법이 법으로서의 의미를 가질 수 없게 될 겁니다.

그렇게 하나씩 둘씩 법을 위반하기 시작한다면 누구도 법을 지켜야 할 이유를 찾지 못하게 됩니다. "왜 나만 법을 지키고 있는 거야?" 하게 되는 거죠. 너도나도 신호를 무시하고 무단횡단을 아무렇지도 않게 하는 도로 위를 한번 생각해보세요. 빨간불에도 수많은 사람들이 쌩쌩 달려오는 자동차들을 멈춰 세우고 무작정 길을 건너는 횡단보도에서 홀로 준법정신을 지키는 게 과연 쉬운 일일까요? 모르긴 몰라도 이 글을 읽는 여러분도 그런 상황에 처하면 무단횡단의 무리에 휩쓸려버릴 겁니다. 법 위반이 만연한 곳에서 준법정신은 자랄 수 없습니다.

설사 악법이라도 하나둘씩 위반하기 시작하면, 법을 안 지켜도 된다는 생각도 덩달아 사회 구성원들에게 계속 퍼져 나갈 것입니다. 처음에 사람들은 인권이나 정의를 기준으로 법을 판단해 '의미 있는 위반'을 하겠지만, 나중에는 자기 나름의 생각이나 이익에 맞지 않다는 이유만으로도 위반하게 될 겁니다. 결국엔 아예 법 자체가 중요

소크라테스가 "악법도 법"이라고 말했다는 건 사실이 아니지만, 그는 비슷한 취지로 법의 안정성을 중시했다. 아테네의 법정에서 사형 판결을 받은 소크라테스에게 친구와 제자들이 탈옥과 망명을 권하자, 소크라테스는 자신이 태어나고 평생 살아온 아테네 사회와 법률 절차를 존중하기에 그럴 수 없다고 답하며 거절했다. 부당한 판결이라도 정상적인 절차로 내려진 것을 거부한다면 사회의 안정을 파괴할 수 있기 때문이다.

하지 않단 분위기가 만연하게 될 테고요. 마치 도미노처럼 연쇄적으로 법질서가 무너지고 사회가 엄청난 혼란 속에 빠지게 돼 그야말로 '무법천지'가 될 겁니다.

무법천지는 '법이 없는 상태'가 아니라 '법이 없는 혼란과 무질서한 상태'입니다. 법이 존재하지 않는 곳은 반드시 혼란스러워진단 얘기죠. 내가 누군가의 물건을 뺏어도, 누군가를 때려도 아무도 처벌하지 않는 무법천지의 사회. 그 혼란스런 사회에서 약자들은 자신의 인권을 제대로 보장받기 어려워집니다. 잘못한 이를 단속하고 처벌할 수단이 없으면, 힘이 센 사람이 약한 사람들을 마음껏 괴롭히며 자신들이 원하는 대로 살 수 있으니까요. 그렇다면 그 혼란의 도가

니에서 사람들은 뒤늦은 반성을 하게 될 겁니다. "인권과 정의를 보장받으려 악법을 어긴 것뿐인데, 어째서 나의 인권과 정의가 더더욱 보장받지 못하는 지경에 이른 걸까" 하고 말이죠.

질서가 깨지고 갈등과 혼란이 극심한, 오직 힘에 의해서만 자신의 권리와 이익을 지킬 수 있는 그런 끔찍한 사회를 만들지 않으려면 우리는 법에 힘을 실어줘야 합니다. 그러려면 때론 악법으로 판단된다 해도 일단은 그 법을 준수하는 일이 필요합니다. 잠시 불편하고 힘들다 해도 더 큰 그림을 위해선 한 발 양보해 참을 줄도 알아야 하는 것처럼 말이죠.

악법은 합법적인 절차로 얼마든지 바꿀 수 있다

순순히 악법을 지킨다면, 악법이 계속해서 사람들을 괴롭힐 것이라는 주장도 나옵니다. 장발단속법이 계속 존재한다면 남자들은 머리를 강제로 잘리고 평생 못 기를 것이라는 얘기죠. 맞습니다. 악법이 남아 있다면 그 때문에 사람들은 계속 괴롭겠죠. 그러니까 바꿔야죠. 그리고 다시 강조하지만, 우리 사회엔 민주적 절차에 따라 법을 바꿀 수 있는 길들이 여럿 있습니다.

먼저 우리는 1인 시위를 하거나 신문에 독자투고 등의 의견을 내 사람들을 설득해볼 수도 있고, 뜻을 같이 하는 사람들과 함께 집회를 통해 주장을 펼쳐볼 수도 있습니다. 그렇게 어떤 법을 악법이라고 주장하는 생각들이 힘을 얻으면, 국회에서 법 개정을 논의하게 될 겁니다. 직접 사람을 모아 국회에 법 제정과 개정을 요청하는 입법청원을 할 수도 있고요. 또 그 법이 헌법에 위반되지는 않는지 판결해달라고 헌법소원을 낼 수 있습니다. 이렇게 합법적인 방법으로 장발단속법의 부당함을 알리고 변화를 요구하면 됩니다. 또한 선거에서 장발단속법을 발의하고 통과시킨 이들에게 표를 주지 않으면 부당한 법이 제정되는 것을 막을 수도 있습니다.

이처럼 민주주의 사회에서는 사람들이 합의한 것을 뒤집기 위해서는 일정한 절차가 필요합니다. 물론 시간은 오래 걸리죠. 그렇지만 그게 바로 민주주의의 방식이고, 그저 옳지 않다고 해서 이런 절차들일랑 깡그리 무시한 채 개인의 생각대로 법을 무시하고 위반하는 것은 올바른 자세가 아닙니다.

심지어 독재정권에서조차 악법을 개정한 사례가 있습니다. 박정희정권 시절, 한 사람이 군복무 중에 사망한 사건이 있었습니다. 그런데 당시 국가배상법은 군인은 임무 중에 다치거나 사망해도 정해진 연금 말고는 보상받을 수 없었습니다. 베트남전으로 수많은 군인이 희생돼 보상해야 할 규모가 너무 커지자 그렇게 바꿔버린 거죠. 심지어 박정희정권은 이 법이 위헌 판결을 받는 걸 막기 위해 위헌 판결에 필요한 정족수를 '출석 대법관의 과반수'에서 '3분의 2이상 출석과 출석인원 3분의 2 이상 찬성'으로 높여버리는 법 개정까지 해버립니다. 한마디로 악법을 지탱하기 위해 또 다른 악법을 만든 것이죠.

정말이지 기막힌 일 아닌가요? 여러분이 당시의 법관이라면 어떻게 했을까요? 법관들은 이런 악법을 어기지 않으면서도 개정해낼 묘수를 짜냅니다. 먼저 위헌 합의 정족수를 '3분의 2 이상'으로 한 법에 대해서 위헌 판결을 내려 개정법의 효력을 상실시켰습니다. 그리고 군인에 대한 손해 배상을 금지한 국가배상법에 대해 종전의 규정대로 '과반수 이상' 동의로 헌법에 위반된다고 판결했습니다. 이렇게 합법적 절차로 악법을 무효화시킴으로써 정의를 실현하는 동시에, 법치를 훼손했을 때 야기될 혼란으로부터 사회를 구한 거죠. 어때요. 이만하면 가슴속 뜨거움을 간직한 채 차갑도록 합리적인 결정을 내린 거라 평가할 만하지 않나요?

이처럼 독재정권이 국가의 모든 기관을 장악하며 헌법조차 뒤흔들던 극단적인 상황에서도 우리 법관들은 합법적으로 악법과 싸워 이겼습니다. 민주적 절차가 확립된 지금은 악법을 개정할 더 다양한 수단이 있는데도, 악법이라는 이유로 거부하는 것은 너무도 편의주의적인 생각 아닐까요? 아무리 악법이어도 그 악법을 개정하는 과정은 합법적이어야 합니다. 그래야 악법의 부당함을 깨고 더 나은 사회로 나아갈 수 있습니다.

[저런 생각] 악법은 법이 아냐! 지킬 필요 없어!

사회 다수의 합의가 잘못되었을 땐 거부해야 한다

장발단속법에 대해 "이런 악법은 준수해선 안 된다"고 주장할 때 가장 먼저 맞닥뜨릴 벽은 "우리 사회의 합의인데 왜 지키지 않느냐"는 물음일 겁니다. 하지만 이렇게 합의를 통해 법이 제정됐다는 것 자체가 틀린 얘기일 수 있습니다.

법이란 본래 다수의 의지가 반영된 사회적 합의요 약속이긴 합니다. 하지만 때로는 법에 강자의 이해가 대변되기도 하는데, 그 단적인 예가 바로 악법입니다. 그걸 어떻게 아느냐고요? 해당 법의 내용을 보면 알 수 있습니다. 정말 다수 사람들의 뜻이 반영된 것이라면 다수가 피해를 보는 내용이 아예 담길 수 없을 테니까요. 그런데 장발단속법은 어떤가요? 사람들의 머리카락 길이까지 단속해서 이익을 보는 이들은 일부 소수의 지배계층들일 뿐이죠. 이들은 우리 사회의 구성원들이 활발하게 자신의 주장을 말하고 비판할 수 있는 진정한 시민이 아니라 질서정연하고 복종적인 신민이길 바라기에 머리 길이까지 통제하려는 것이죠.

결국 이런 법엔 다수의 합의가 아니라 소수 지배층만의 이익이 담겨 있는 겁니다. 이런 경우엔 애초의 '법은 다수의 합의를 기반으로 한다'는 민주주의의 원칙이 깨어진 것으로 봐야 합니다. 그리고 시민들을 대신해 시민들을 위한 법을 만들겠다는 약속을 의회가 위반한 이상, 그 법을 준수하겠다는 시민들의 약속도 깨는 게 정당한 거죠.

만일 시민 다수의 이해관계가 반영된, 다수의 진정한 합의에 기초한 법이라 해도 무조건 따라서는 안 됩니다. 다수결의 원칙이 언제나 정의로운 건 아니라서 그렇습니다. 1930년대 독일의 전권위임법 全權委任法(정식 명칭은 '민족과 국가의 위난을 제거하기 위한 법률')은 독일 국민들 90% 이상의 동의라는 폭발적 지지를 얻어 제정됐습니다. 하지만 이 법에 따라 전권을 가지게 된 나치 정권은 '유대인 학살'까지 저질렀으며, 독일 국민들은 그런 정책에 순응할 수밖에 없었습니다. 이런 경우엔 아무리 다수가 합의한 것이라 해도 악법인 이상 이를 진정한 법으로서 인정하지 않고 위반하는 것이 보다 정의로운 행동입니다. 우리는 다수가 소수보다 올바른 결정을 할 가능성이 많다는 것을 전제로 하는 민주주의 사회에 살고 있지만, 민주주의는 자칫 중우衆愚의 광기로 이어질 위험을 안고 있습니다. 그래서 우리는 우리 사회에서 제정되는 법들 중 어떤 것들은 '다수의 지지를 받는 악법'일 수 있음을 늘 경계하고, 또 악법이라고 판단될 땐 이를 거부할 용기를 지녀야 합니다. 독일에서 만약 유대인에 대한 부당한 규정들이 악법임을 분명히 하고 이를 거부한 이들이 많았다면 대학살의 비극까지는 가지 않았을지 모르니 말이죠.

그러나 반대편에선, 사람마다 무엇이 정의인지에 대한 생각이 다를 텐데 어떻게 함부로 악법 여부를 판단하고 위반할 수 있느냐고 반문합니다. 그런데 이런 생각은 상당히 위험합니다. 이런 식이라면 그 어떤 불의한 법에 저항해도 "그건 너만의 정의일 뿐"이라며 묵살될 수 있거든요. 물론 사람마다 옳고 그름의 기준은 다양할 수 있겠죠. 그런데 학살이 정당한가 하는 문제를 한번 떠올려 보세요. 어떤가요, 적어도 이 문제에 대해서만큼은 여러분 모두가 같은 생각을 갖고 있지 않나요? 집단수용소, 노예제도, 피부색이나 성별에 따른 차별대우 등에 대해서도 그렇고요.

이는 적어도 문명국가의 인류에게는 무엇이 매우 부정의하고 반도덕적인지에 대한 최소한의 합의가 존재한단 얘기입니다. 정의가 무엇인지에 대해선 서로 다른 수많은 견해가 있을 수 있습니다. 하지만 적어도 무엇이 명백한 부정의인지에 대해선 인류가 거의 완벽하게 일치할 수 있는 거죠. 그러니 우리 사회에서 무엇이 악법인가에 대한 합의가 전혀 불가능한 건 아니며, 또 그런 주장을 허용해서도 안 됩니다. 그런 주장은 그야말로 부정의한 법에게도 존재 이유를 부여하려는 억지에 지나지 않습니다.

정의는 사회질서에 우선한다

악법도 법이라고 주장하는 이들은 악법이라도 존재하는 게 무법상태보다는 낫다고 합니다. 이런 주장을 하는 이들이 가장 중시하는 것은 사회질서입니다. 그런데 사회질서도 중요한 가치이긴 합니다만 인권과 정의에 우선할 수 있을까요?

악법이 악법인 이유는 개개인의 권리를 침해하는 등 부정의하기 때문입니다. 따라서 개인의 권리를 보장하고 정의를 바로 세우기 위해선 악법을 거스르는 것 외엔 다른 방법이 없습니다. 사회질서를 위해 이런 것들을 포기해야 하는 사회는, 개개인이 자신의 권리를 찾고 자유롭고 행복하게 살도록 돕는 사회가 아니라 사회 자체를 유지하기 위해 개개인을 도구로 사용하는 곳입니다. 개개인의 권리가 침해돼도 무조건 따르라고 한다면 우리에게 답은 '그 법을 지키지 않는 것' 외에는 없습니다. 결국, 악법이어도 이를 지키지 않으면 사회가 혼란스러워진다고 주장하는 이들은 "사회가 어떻게 악법으로 피해 입는 개인보다 중요한가?" 하는 반문 앞에선 더 이상 할 말이 없게 되는 겁니다.

물론 악법을 위반하면 당장에는 혼란이 발생할 수도 있을 겁니다. 하지만 거시적으로 보면 악법을 유지할 때 오히려 사회는 더 큰 혼란에 빠질 수 있습니다. 악법이 존재하는 사회는 민주적이지 못할 가능성이 큽니다. 그런데 악법에 저항하지 않을 땐 비민주적인 그 사회의 권력층을 제어하지 못할 겁니다.

또 악법이 계속 유지되면서 힘을 발휘하면 그 사회의 준법정신이 약해져, 결국 법을 존중하지 않는 무질서한 상태가 될 수 있습니다. 여러분 동생에게 과일을 많이 먹이기 위해 썩은 과일조차 윽박질러 먹인다고 가정해 볼까요? 그렇게 되면 동생에겐 과일에 대한 일종의 트라우마가 생겨버릴 수 있습니다. 썩은 과일의 그 끔찍한 맛에 질려서, 아예 썩지 않은 맛좋은 과일까지도 전부 다 싫어하게 될 수 있는 거죠.

악법을 통해 법 자체를 거부하게 되는 시민들이 늘어나면 우리 사회는 법에 대한 신뢰가 없는 사회가 됩니다. 실제로 많은 법학자들은 우리 사회의 법 신뢰도가 낮은 이유로 독재정권 시절에 수많은 악법들이 존재했고, 그 악법들로 피해를 본 경험이 적지 않았기 때문으로 분석하고 있습니다. 그러니 썩은 과일은 먹지 않고 던져버려야하는 것처럼, 악법은 준수하는 게 아니라 무시하고 거부하는 것이 올바른 시민의 자세입니다.

악법에 대한 저항이 더 나은 사회를 만들었다

악법을 준수해야 한다고 주장하는 이들은, 아무리 악법이라도 준수하면서 실정법 테두리 내에서 점진적으로 고쳐가야 한다고 말합니다. 그러나 절차적 정의를 지켜가며 법을 개정하려면 최소한 법을 잘 아는 국회의원이나 판사 등이 힘을 실어줘야 합니다. 앞서 본 국가배상법 위헌 판결의 경우도 사실 그렇죠. 대부분의 경우엔 아무리 합법적인 방법을 찾아본다 해도 도저히 저항 외에는 방법이 없는 경우도 많습니다.

그런데 악법에 대한 저항이 과연 우리 사회에 악영향을 끼치는 일이 될까요? 그렇지 않다는 것을 우리는 역사적인 경험에서 생생하게 확인할 수 있습니다. 이를 구체적으로 설명하기에 앞서, 잠시 악법에 대한 저항의 두 가지 유형을 살펴보지요. 처벌을 감수하며 악법을 지키지 않는 '시민불복종'과, 악법을 따르지 않는 건 물론 그런 행동을 처벌하려는 정권에게 맞서는 '저항권 행사'가 있습니다.

시민불복종 운동이란 방법으로 악법에 저항한 이들은 헨리 데이비드 소로와 마틴 루터 킹이 대표적입니다. 마틴 루터 킹은 버스 안에서 흑인과 백인이 앉을 좌석을 구분해놓고 있는 등의 인종차별법에 저항하고 투옥에 순응했습니다. 이런 마틴 루터 킹의 모습은 미국 사회를 바꿔놓았습니다. 미국 시민들은 그의 불의에 저항하는 의지와 투옥을 감수하는 희생에 감동했고, 결국 흑백차별 문제에 관심을 기울여 인종차별법을 폐지시킨 것이죠.

저항권 행사의 시작이자 대표적인 예는 서구의 시민혁명들입니다만, 우리나라에서도 저항권이 행사된 때가 있었습니다. 4·19혁명과 5·18광주민주화운동이 바로 시민들이 개별 악법들뿐 아니라 그 악법들을 만들고 강요하는 정권 자체에 저항한 역사적 사건들입니다. 특히 광주에서 시민들이 총을 들고 계엄군을 향해 발포한 것은 그때나 지금이나 실정법 관점에서만 보면 엄연한 '불법'이라 할 수 있죠. 하지만 정권 자체가 부당하기 때문에 끊임없이 악법들이 생산된다면 개별 악법들에 대한 불복종 운동만으로는 한계가 있고, 시민들이 거리를 점거하고 거칠게 저항하며 악법을 만들어낸 권력 자체

악법이 있음으로써 다른 정상적이고 문제 없는 법까지 신뢰를 잃어버린다. 악법은 거부하고 지키지 않는 것이 악법을 없애고 바꾸는 가장 강력한 방법이라고 생각하는 이들은 직접 불복종 행동에 나선다. 2014년 홍콩 시민들은 중국 당국의 홍콩행정장관 선거 간섭에 불만을 품고 거리로 나섰다.

를 바꾸는 것이 유일한 방법이기도 합니다. 실제로 시민들은 그런 의미에서 저항권 행사를 했고, 이는 모두 성공을 거두었습니다. 그리고 역사는 당시의 '악법에 불법적으로 대응'한 시민들의 행동들을 비난하지 않습니다. 오히려 '용기 있고 정의로운 저항'으로 평가하고 이를 통해 우리의 민주주의가 몇 단계 진화했다고 평가합니다. 만일 그와 같은 악법에 대한 저항이 없었다면, 우리 사회를 민주주의로 나아가게 하지는 못했을 것이라는 게 학자들 대부분의 공통된 해석입니다.

이처럼 악법에 대해 불복종 또는 저항의 방법으로 맞서는 것은 해당 악법을 폐지시키거나 정권 자체를 새로 태어나게 함으로써 사회를 좀더 나은 곳으로 만들게 됩니다. 내가 사는 곳을 보다 많은 사람들의 권리가 보장받고 보다 정의로운 곳으로 만들기 위해서는 악법이란 걸림돌을 빼내야 하고, 그러면 사회는 앞으로 앞으로 박차를 가하며 진보할 수 있으니 말이죠. 장발단속법에 대해서도 마찬가집니다. 불복종운동으로든 저항권 행사로든 아니면 또다른 제3의 방법으로든 맞서야 할 것입니다.

** 생각 정리 **

법은 중요합니다. 하지만 법은 완전하지 못하고, 악법 또한 언제든 만들어질 수 있습니다. 원래 있던 법이 시간이 지나면서 현실에 맞지 않아 악법이 되기도 하고요. 현재 우리가 살고 있는 이 순간의 대한민국에도 사회 여기저기서 '이 법은 악법이다'라고 외치는 목소리들이 존재합니다. 그래서 우리는 필연적으로 고민하게 됩니다. 악법에 대해서 어떻게 대해야 할까?

한편에서는 일단은 준수해야 한다고 말합니다. 다수의 시민이 합의해 만든 법일진대 그것이 때로 악법으로 판단된다 해도 어쨌든 일단은 지켜져야 하기 때문입니다. 그렇지 않다면 민주주의의 근간이 흔들릴 수 있다고 주장합니다. 또 악법이라 해서 위반하는 것은 시민들의 준법의식을 훼손해 사회 혼란을 가져올 수 있다고도 합니다. 법에 문제가 있다고 생각한다면 '합법적으로' 악법을 폐지하거나 바꾸도록 노력해야 한다고 말합니다.

다른 한편에선 실제로 법은 모든 이의 합의라고 볼 수 없으며, 만들어진 법이 문제가 있다고 판단한다면 불복할 권리가 있다고 말합니다. 아무리 다수가 합의해 만들어냈다고 해도 악법일 수 있으니까요. 그리고 이런 '악법을 거부하는 것'이야말로 악법을 바꾸는 가장 강력한 방법이라고 말합니다.

서로 다른 두 생각들 중 어느 쪽에 동의하나요? 판단은 여러분의 몫으로 남기며, 마지막으로 소크라테스의 얘기를 해보려 합니다.

흔히 악법도 지켜져야 한다는 주장의 근거로 소크라테스가 말한 "악법도 법이다"는 말을 들곤 합니다. 그런데 사실 소크라테스는 이런 말을 한 적이 없습니다. 원래 이 말은 "법은 엄하지만 그래도 법이다"라는 로마시대 경구를 '악법도 법이다'라는 말로 오역하고, 이를 소크라테스의 발언으로 출처를 둔갑시켜버린 거죠. 그래서 악법을 무조건 따라야 한다는 논리로 많이 악용된 측면이 있습니다.

'불의에의 항거' '부당함에 대한 저항'과 같은 말들은 참으로 멋진 말들입니다. 하지만 실제로 그것을 실행하는 건 쉬운 일이 아닙니다. 당장 내가 받을 불이익을 생각한다면 그저 눈 감고 귀 막고 입 다무는 게 훨씬 더 쉽고 편하니까요. 하지만 마음은 불편합니다. 잘못을 잘못이라 말하지 않는 자신이 부끄러워집니다. 그래서 어쩌면 우리들 스스로 '악법도 법'이란 말을 그 유명한 소크라테스가 했을 거라 믿고 싶었던 것 아닐까요? 쉽고 편한 길과 마음의 불편. 여러분이 어느 날 그 기로에 선다면 어느 편을 택해야 할까요? 이 주제에 대해선 그와 같은 고민도 함께 해보길 바랍니다.

효율성 향상 vs 공공성 저해

무엇이 더 우선하는 가치일까

여러분은 오늘 하루 동안 민영民營과 공영公營을 각각 얼마나 경험했나요? 무슨 소리냐고요? '민영'은 어떤 산업 분야를 개인이나 기업이 운영하는 것을, '공영'은 정부가 운영하는 것을 말하는데, 전자와 후자를 얼마나 경험했느냐 하는 겁니다.

졸린 눈을 부비며 앉은 아침상에서부터 시작해보죠. 식탁 위에 놓인 쌀밥과 채소, 고기, 빵 등은 대부분 개인적으로 농사를 지은 농부들과 그 농산물을 가공한 민간 기업들로부터 구입한 것들이겠죠. 그러니 아침 식사에서 여러분은 대부분 민영을 경험하게 됩니다. 학교에 가기 위해 여러분이 버스를 탔다면 버스는 민간 기업이 운영하니 민영을, 국가나 지자체가 운영하는 지하철을 탔다면 공영을 경험하게 됩니다. 자, 이제 교문에 다다랐군요. 여러분이 우리나라 청소년들 대부분이 다니는 공교육 기관에 다닌다면 공영 교육을, 사설 대안학교(정부 지원 대안학교는 제외)에 다닌다면 민영 교육을 제공받게 됩니다. 학교에서 갑자기 배가 아파 병원에 가게 될 때, 우리나라 대부분의 동네 병원은 개인이나 민간 기업이 운영하니 민영 의료서비스를 받는 것이지요. 만일 보건소나 시립 병원에 간다면 공영 의료 서비스를 받는 것이고요.

피곤한 몸으로 집에 돌아오니 역시 내 집만큼 편안한 곳이 없죠? 그런데 여러분 집이 정부가 제공한 임대주택이라면 여러분은 공영의 보금자리에서, 민간 기업이 분양한 주택이라면 여러분은 민영의 보금자리에서 살고 있는 겁니다.

이렇게 하루를 돌아보니 우리의 삶엔 민영과 공영이 뒤섞여 있음을 알 수 있습니다. 우리나라는 시장경제를 근간으로 하지만 때에 따라 국가가 뭔가를 생산해서 제공하기도 하기 때문이죠. 특히 전기나 수도, 철도처럼 국민 모두에게 제공될 필요가 있는 재화의 경우에 그렇습니다. 그런데 우리 사회 한편에선 공영 산업 분야를 민영화해야 한단 목소리를 내는 이들이 있습니다. 이들의 주된 논거는 무엇보다 민영이 더 공영보다 '효율적'이라는 것입니다. 하지만 반대편에선 이런 효율성 운운하는 주장이 타당하지 않을뿐더러, 설사 효율적이더라도 '공공성'이 훼손돼 위험할 수 있다고 반발합니다.

여러분이 일상에서 경험하는 공적으로 운영되는 교통이나 교육 등이 민영화가 된다면 대체 어떤 일이 일어날까요? 주로 '철도 민영화'라는 구체적 문제를 중심에 놓고 여러모로 한번 따져보려 합니다. 특히 효율성과 공공성이란 두 가치가 충돌하는 문제에서는 어떤 해결책이 가능할 수 있을까요?

[이런 생각] 민영화는 효율성을 극대화한다

민영화는 소비자에게 좋다

어떤 남자가 죽어서 하늘나라에 갔습니다. 그곳에서 만난 악마는 '사회주의 지옥'과 '자본주의 지옥' 중 하나를 선택하라며 둘을 소개했습니다. 사회주의 지옥에선 사람을 기름이 펄펄 끓는 가마솥에 10시간 담갔다가 나무 몽둥이로 1000대씩 때리고 날카로운 쇠꼬챙이들이 솟은 매트 위를 12시간 동안 구르는 과정을 반복한다고 했습니다. 또 자본주의 지옥에선 날카로운 쇠꼬챙이들이 솟은 매트 위를 12시간 동안 구른 뒤 기름이 끓는 가마솥에 10시간 담그고 나무 몽둥이로 1000대씩 때리는 과정을 반복하고요. 남자가 듣고 보니 순서에 차이만 있을 뿐 다를 게 없었습니다. 그런데 사회주의 지옥문 앞에만 사람들이 바글바글했습니다. 어리둥절한 남자가 그 이유를 묻자 악마가 대답했습니다. "아, 그런데 사회주의 지옥엔 기름이 다 떨어졌고 나무 몽둥이가 두 개 남았고 쇠꼬챙이도 다섯 개밖에 없어." 구소련에서 사회주의가 종막을 고하기 직전 떠돌았다는 이 농담에선 국가가 직접 경제 운영의 주체가 되는 사회주의 경제가 얼마나 비효율적이고 질이 낮은지 잘 드러납니다.

우리나라는 자본주의 자유경제체제를 택하고 있지만, 일부 산업은 국가 소유의 공기업이 독점하고 있습니다. 코레일은 그 대표적인 예로 우리나라의 유일한 철도기업입니다. 사회주의 경제와 비슷한 데가 있는 셈이죠. 그런데 코레일은 비효율적 방만 경영이란 비판이 끊이지 않을 정도로 만성 적자에 시달리고 있습니다. 아마 민간 기업

공기업 병(病), 민영화가 약(藥)이다

공기업이 가지고 있는 병폐를 해결하기 위해서 민영화를 해야 한다는 주장이 있다. 갈수록 늘어나는 부채와 적자를 언제까지 국민 세금으로 부담할 수 없기 때문이다.(동아일보, 2014년 1월 2일)

이었다면 벌써 파산했을 겁니다. 하지만 유일한 철도교통 공급자인 코레일은 적자를 메워주는 든든한 정부에 기대어 조금도 흔들리지 않습니다.

국토교통부에 따르면, 적자 경영에 따른 코레일의 누적 부채는 2013년 상반기 기준으로 17조 원이 넘습니다. 이 상태로 가면 2020년 누적 부채는 20조 원에 이르고, 여기에 철도시설공단 등의 건설 부채까지 합치면 50조 원에 달하게 될 거라고 합니다. 연간 코레일의 매출이 5조 원을 넘지 못하는데(2012년 기준 4조8153억 원) 이렇게 어마어마한 빚은 도무지 갚을 길이 없습니다. 문제는 그 빚을 떠안는 건 결국 국민들이란 사실입니다. 부실이 발생해도 국가가 대신 책임져주는 방식으로 안일한 경영을 조장하는 공영 구조를 버리지 않는 한 적자는 계속 늘어날 겁니다.

철도를 여러 민간기업들에게 매각해 서로 수익을 내기 위해 경쟁하도록 민영화시키면 더 이상 이런 나태하고 방만한 경영은 통하지 않게 될 겁니다. 시장에 하나의 독점 철도회사가 아니라 여러 민간 철도회사들이 존재하면, 보다 많은 승객이 보다 자주 자기 회사의 기차를 이용하게 하려고 전문경영인을 중심으로 밤새워 연구하며 전략을 세우게 됩니다. 그렇지 않으면 다른 회사에게 승객을 뺏기고 급기야 파산할 수 있으니까요. 승객을 유치하는 전략에는 서비스 개선이나 운임 인하도 포함될 수 있습니다.

실제로 김대중 정부 당시 민영화된 포스코(전 포항제철), KT, KT&G(전 한국담배인삼공사) 등 7개 기업에 대해 공기업의 민영화 효과를 분석한 결과, 이 기업들은 모두 민영화 이후 효율성 측면에선 크든 작든 개선되었어도 이 기업들을 이용하는 소비자들의 비용이 늘지는 않았다고 합니다. 이 연구는, 코레일이 운임을 올리는 방식으로 소비자에게 손해를 입히지 않고도 양질의 철도 서비스를 제공할 수 있으며 동시에 흑자를 볼 수 있단 사실을 시사해줍니다.

오스트리아에선 철도 경쟁체제를 도입해 국영 철도회사 외에 '웨스트반Westbahn'이란 민간 철도회사가 철도를 운영하게 했는데, 이 민간 회사는 불필요한 인원을 줄이고 철도원들의 임금을 낮추는 한편 운임까지 절반으로 낮추었습니다. 더불어 기존의 국영기업과 달리 모든 구역에 무료 인터넷을 제공하고 곳곳에 역무원을 상시 대기시키는 등 전에 없던 차별화된 고객 서비스를 제공했습니다. 그러자 고객만족도가 95%를 넘으면서 승객들이 국영철도회사를 외면하고 웨스트반의 기차를 선호하게 됐고, 이에 국영철도마저 요금을 반값으로 낮추게 되었지요. 유럽 대부분의 민간철도 회사는 이렇듯 서비스와 요금 면에서 승객들에게 국영회사보다 이익이 됩니다. 특히 이

탈리아의 민간철도회사인 NTV도 국영철도회사에 비해 60% 이상 저렴한 파격적인 운임을 제공하고 있습니다.

이에 대해 민영화 반대론자들은 영국 철도의 사례를 들어 "민영화는 요금을 폭발적으로 높인다"고 반박합니다. 하지만 영국에서 200% 이상 기차요금이 오른 것은 특별한 티켓의 경우일 뿐 일반 시민들이 이용하는 정기권은 물가상승률과 비슷한 수준으로 인상될 뿐입니다. 실제로 BBC 뉴스 보도에 따르면, 2013년 런던-맨체스터 간 운임은 1995년에 비해 208%나 증가해 물가상승률 68%보다 세 배가 넘게 올랐지만 정기권 운임은 65%만 인상됐거든요. 우리나라에서 완전한 민영화를 이룬 항공의 경우 서울에서 제주까지 저가항공은 1만 원대인 경우도 있지만, 연휴의 특정시간대 프레스티지석은 몇십만 원이 되기도 하는 것과 같은 원리가 적용되는 것이죠. 그런데도 모든 영국 기차 운임이 서민은 기차를 아예 이용할 수 없을 정도로 무시무시한 수준이라고 하는 건 사실을 왜곡하는 것입니다.

어쩌면 민간 철도기업 가운데서 승객 유치에 압도적 성공한 곳이 생겨나 그 우월적 위치를 이용해 마음대로 요금을 인상할 수도 있습니다. 하지만 그것은 큰 문제가 없습니다. 그 경우 승객들은 더 낮은 요금을 받는, 하지만 서비스는 조금은 불만족스러운 다른 철도를 이용하면 되니까요. 또 자가용이나 고속버스 등을 이용할 수도 있습니다. 자신들의 지불 능력에 따라 기차를 고를 수 있는 것이죠. 또 만일 높은 요금을 내고 기차를 이용한대도 그것은 그 승객의 선택이요, 그 승객의 이동에 대한 대가이니 정당한 일입니다.

민영화는 국가 전체, 국민 전체에게도 좋다

물론 민영화되는 과정이 결코 순탄하지는 않을 겁니다. 오래 지속돼온 구조와 관행을 바꾼다는 것은 뼈를 깎는 고통이 따르기 마련이고, 경우에 따라선 노동자들이 정리해고나 임금 삭감 같은 희생을 치를 수 있습니다. 하지만 구조조정을 하더라도 시간을 갖고 천천히 진행하면서 노동자들의 재취업 기회를 도모할 수 있고, 또는 아예 임금을 모두 함께 낮추고 정리해고를 최소화하는 방안도 생각해볼 수 있습니다. 최근 KT에선 많은 수의 임직원들이 명예퇴직을 했는데, 이처럼 정년퇴직의 경우보다 많은 혜택을 줌으로써 자발적으로 명예퇴직하도록 하는 방안도 생각해볼 수 있고요.

사실 다른 각도에서 보면, 이는 사기업에선 매우 당연한 일입니다. 사기업 직원들은 시장원리를 인정하고 보다 능력을 키우기 위해 노력하는데 철도회사 직원들만 마치 다른 세상에 사는 양 '안정 제일주의'를 외칠 수는 없지 않겠는지요. 철도회사 직원들만 보호받는 것은 명백한 차별이요 우리 사회의 자유경쟁 원리에도 어긋나는 일입니다. 소비자(승객)의 희생을 담보로 하는 일이니 더욱 그렇습니다. 코레일의 비효율적 경영에 아무런 책임도 없는 이들이 인상된 요금과 세금으로 코레일의 적자를 메울 이유는 없는 것 아닐까요? 그럴 경우 평생 기차를 타지 않는 이들은 억울하기 그지없겠죠.

또한 정부 재정적자가 누적돼 경제성장이 저해된다면 결국 코레일 노동자들도 침체된 경제의 피해에서 자유로울 수 없게 됩니다. 국가 전체의 경제가 살아나야 더 많은 일자리와 더 많은 보수가 가능해지니까요. 그렇다면 더 큰 위기가 오기 전에 우리나라 재정에 몇

십조 원의 부담을 지우고 있는 코레일 같은 공기업들이 먼저 민영화를 통해 뼈를 깎는 쇄신을 감행해야 합니다. 그 과정에서 정리해고를 겪는다 해도 그동안 비정상적인 특혜를 누린 이상 이는 감내해야 할 대가라 할 수 있죠.

이런 희생을 두고 볼 수 없다며, 모든 분야에서 민영화를 계속 반대한다면 정부 재정적자는 해결할 길이 없어집니다. 결국엔 막대한 부채를 세금으로 메꿔야 할 상황에 직면할 수밖에 없습니다. 부실경영에도 불구하고 민영화는 거부하는 코레일과 같은 공기업들이 국가재정과 국민에게 짐이 되는 겁니다.

사실상 우리나라는 공공부문(중앙 및 지방정부+비금융공기업+금융공기업) 총지출이 국민총생산의 절반가량을 차지하고 있어(2013년 GDP 대비 공공부문 총지출 비중은 47.6%) 공공부문의 적자는 국가재정에 큰 부담이 아닐 수 없습니다. 그런데 민영화하면 민간부문이 사용할 수 있는 자원의 크기가 상대적으로 증가하며 경제가 활성화되는 것이죠.

공기업을 민영화하게 되면 정부는 공기업에 들어가던 예산을 감축할 수 있습니다. 또한 해당 기업이 민간부분으로 넘어가면서 경제규모를 확대시킬 겁니다. 그런 관점에서 볼 때, 철도 민영화는 누적된 재정 적자를 줄일 수 있는 효과적 방법일 뿐 아니라 민간에 매각하면서 받은 막대한 재원으로 그동안 엄두도 못 내고 있던 사회간접자본의 건설사업과 교육사업에 투자할 수 있게 해줍니다. 궁극적으로 재정 부담을 줄여 국가가 더 발전할 수 있게 해주는 겁니다.

[저런 생각] 민영화는 공공성을 훼손하며 모두에게 위험하다

이윤보다 더 중요한 것도 있다

앞서 짧게 언급된 영국의 철도 민영화 사례를 다시 들여다볼까요? 1995년부터 2013년까지 영국의 물가는 65% 올랐지만 런던에서 맨체스터까지 일반 운임은 208%, 에딘버러까지는 134%, 엑스터까지는 205%가 올랐습니다. 다른 대부분의 지역도 사정이 크게 다르지 않고요. 민영화 찬성론자들은 서민들의 정기권 가격은 거의 오르지 않았으니 크게 문제될 건 없다지만, 그런 생각을 조금 확대해석하자면 서민들은 출퇴근 외에 여행을 위해선 기차를 타지 말라는 말이 됩니다. 비싼 기차표를 살 수 있는 부자들만 여행을 갈 수 있게 하는 것이 민영화의 효과라면 이게 과연 바람직한 걸까요?

더욱 심각한 문제는, 민영화 이후 철도 같은 공공재 생산과 운영에서 효율성만 추구하다가는 참혹한 결과들이 발생할 수 있다는 점입니다. 국방·경찰·소방·교통·도로·상하수도·전기 등과 같은 재화나 서비스를 경제학에선 공공재公共財라고 하는데요, 대부분의 나라들은 이런 공공재를 직간접적으로 국가가 생산합니다. 그건 공공재가 우리들의 일상에서 반드시 필요한 재화임에도 불구하고 이 재화의 생산을 시장에 맡기면 너무 적게 생산될 수도 있고, 비용을 지불할 수 없는 이들은 소외될 수 있기 때문이죠.

2009년 데이비드 힘멜슈타인 하버드대 교수는, 미국에서 매년 4만5000명, 즉 12분마다 1명이 민간의료보험이 없어 죽어간다는 충격적인 사실을 보고한 바 있습니다. 이런 현실은 다큐멘터리 영화 〈

식코Sicko〉를 보면 더 생생하게 느껴집니다. 영화 도입부에서 의사는 손가락 두 개가 절단된, 그러나 의료보험이 없어 봉합수술비가 너무 부담스러운 노동자에게 "그럼 두 손가락 중 어느 손가락을 고르시겠소?" 하고 묻습니다. 미국에선 의료 서비스가 대부분 민영이기 때문에 이런 끔찍한 일들이 발생하는 거죠. 공공의료 시스템이 무너진 세상, 즉 민영화 중심의 세상을 압축적으로 보여주는 모습이 아닐 수 없습니다.

철도 민영화도 의료 민영화만큼 끔찍한 결과들을 가져올 수 있습니다. 민영기업의 특성상 비용을 줄이고 이윤을 늘리려다보면 정작 중요한 곳에 써야 할 비용이 줄어들게 될 수 있기 때문입니다. 예컨대 '안전'에 대한 비용이 그렇습니다.

영국에선 1992년 철도 민영화가 시작돼 선로 등 철도 인프라를 '레일트랙'이란 민간기업이 운영했습니다. 처음 이 회사는 상당한 이윤을 남겼습니다. 하지만 이런 이윤은 참혹한 대가를 불러왔습니다. 1997년 사우스올 역을 지나던 여객열차가 정차해 있던 화물열차와 충돌하며 7명이 사망하고 150명이 다쳤습니다. 원인 분석 결과, 철도회사가 비용을 줄이기 위해 선로의 안전장치를 꺼버린 사실이 드러났습니다. 다음해 10월엔 런던 패딩턴역 근처 철도 구간에서 열차 충돌로 31명이 죽고 520명이 다쳤으며, 이듬해 10월엔 남동부 해트필드 지역에서 열차가 탈선해 4명이 죽고 70명이 다쳤습니다. 역시 레일트랙사가 낡은 선로를 방치했기 때문에 발생한 사고였습니다.

이런 대형 열차사고들을 거듭 겪은 후에야 영국 정부는 민간기업이 철도를 운영할 때 승객의 안전보다 회사의 이익을 우선시한다는 걸 깨달았습니다. 그래서 영국 정부는 2002년 철도 인프라를 다시 공영화합니다. 그리고 그 후 현재까지 영국에서는 단 한 건의 철도사고(1명 사망)만 발생했습니다.

일본에서도 민영화 이후 열차 지연으로 문책을 받을까 두려워한 기관사의 과속운전으로 대형 사고가 발생한 일이 있습니다. 열차는 탈선해서 50명이 사망하고 417명 부상당했죠. 일본 철도사상 최악의 사고였습니다.

아르헨티나 부에노스아이레스에서도 충돌방지장치 미비로 열차가 타는 곳 끝의 완충기에 충돌해 51명의 승객이 사망하는 대참사가 벌어졌습니다. 이후 새로운 충돌방지장치를 설치하겠다던 지하철회사는 1961년에 제작한 충돌방지장치로 시늉만 냈습니다. 그 결과 같은 곳에서 또 한 번의 열차충돌사고가 발생했습니다.

여러분은 기차를 탈 때 가장 중요한 것이 무엇이라고 생각하나요? 기차역의 깔끔하고 세련된 인테리어, 깨끗한 기차 내부 공간과 친절한 서비스, 저렴한 운임. 이런 것들 모두 중요합니다. 하지만 운송시설에서 가장 더 중요한 것은 바로 '안전'입니다. 그런데 민영화된 철도기업은 이런 안전문제보다는 이윤이 우선입니다. 효율성 극대화, 즉 이윤을 최대로 하는 것이 목표인 이상 안전관리와 예방에 쓸 비용은 줄이는 게 '효율적'인 방식이니 그렇습니다. 이런 관점이라면 안전을 지키기 위한 비용은 적자를 가져온다고 해도 감수해야 하는 것 아닐까요?

본래 철도뿐 아니라 수도·의료·교육 등의 공공재란 수익성이 별로 없어 민간영역이 생산을 기피해서 국가가 그 생산을 책임져온 것입니다. 그런 점에서 보면 공공재를 생산하고 운영할 땐 흑자를 보려는 것 자체가 잘못된 일일 수도 있는 거죠.

여러분 집에 생쥐 한 마리가 자꾸 출현해 말썽이라고 해봅시다. 여러분이 만일 집에서 키우는 개에게 생쥐를 잡으라고 채근을 한다면 개 입장에선 얼마나 답답할까요? 아마 말을 할 수만 있다면, "여보세요 주인님. 저는 고양이가 아니라 개거든요? 쥐 잡을 수야 있지만 그건 제가 잘하는 일이 아니에요. 제 임무는 쥐 잡는 게 아니라 낯선 사람이 오면 멍멍 짖는 거니까요"라고 항변할지 모릅니다.

쥐 잡기가 개 본연의 임무가 아니듯 이윤을 극대화하는 것이 공기업 본연의 목적은 아니라는 거죠. 기업의 최대 목표는 이윤추구가 맞지만 공기업의 경우는 그렇지 않거든요. 공기업은 영리를 목적으로 하는 게 아니라 공익성·공공성을 목적으로 합니다. 만일 적자가 발생한대도 공공성을 실현하는 과정에서 비롯된 적자인 이상 그것을 문제시할 수는 없습니다. 반려견이 쥐는 못 잡아도 도둑이 들면 크게 짖듯이, 공기업이 적자를 낸다 해도 교통·교육·의료 등에서 '모든 국민'에게 혜택이 된다면 일을 잘하고 있는 게 아닐까요?

민영화는 국가와 국민에게 부담을 떠넘기는 것

민영화를 주장하는 이들은 국가 재정 부담과 국민의 세금 부담을 줄이기 위해서라도, 즉 국가 경제 전반을 위해서라도 철도 등 공공부문의 민영화는 피할 수 없는 일이라고 말합니다. 그러면서 지적하는 것이 코레일의 17조 원이 넘는 부채입니다. 이 부채를 고스란히 국가재정이, 국민이 떠안지 않으려면 어떻게든 민영화를 해야 한

영국, 철도 민영화 후 안전사고 급증… 요금도 15년 새 2배 올려

공기업의 문제점을 해결한다는 명목으로 세계 곳곳에서 민영화 바람이 일었지만, 결과가 항상 좋았던 것은 아니다. 안전사고가 급증하고 비용이 오르는 등 공공성이 훼손되었으며, 경영에서도 실패해 다시 국유화하는 일도 벌어지기도 했다. 민영화는 모든 문제에 들이댈 수 있는 전가의 보도가 아닌 것이다.(경향신문, 2013년 12월 16일)

다는 겁니다. 이런 주장의 밑바탕엔, 부채가 생긴 원인은 비효율적인 공영 시스템 때문이고 부채를 해결하는 가장 효과적인 방법은 민영 시스템이란 생각이 깔려 있습니다. 그런데 정말 그럴까요?

일단 부채가 코레일의 공영 방식이나 방만 경영 때문에 생겨난 게 아니란 사실이 중요합니다. 17조 원의 부채엔 정부가 코레일의 운영과 무관한 다른 부문에서 생겨난 손실을 떠넘긴 것들이 적지 않은데요, 예를 들면 용산역세권개발 사업 손실로 떠안은 부채가 약 3조2000억 원 정도이고 인천공항철도를 인수하면서 진 빚이 또 1조2000억 원 정도입니다. 또 선로를 사용하는 비용으로 철도시설공단에 연간 6000억 원을 지급하는 문제도 있습니다. 이런 부분을 생각해볼 때 현재 코레일의 막대한 부채는 공영 방식에서 비롯된 것이 아닙니다. 그럼에도 마치 공영체제가 적자의 주범이라며 민영화를 정

당화하는 것은 옳지 않습니다.

그런데 보다 중요한 사실은 적자를 볼 수밖에 없는 구조적인 부분도 있다는 점입니다. 벽지 노선에선 상당한 적자가 날 뿐 아니라 KTX를 제외한 열차 서비스는 모두 원가보다 운임이 낮기 때문입니다. 아무리 외진 곳에 사는 국민이라도 국가 기본 인프라의 혜택을 받을 권리가 있으므로, 그런 공공성을 유지하기 위해 적자가 발생하는 것이죠. 이런 적자를 우리는 무조건 나쁘다고 할 수 없습니다. 적자가 국민경제에 무조건 해악이 된다며 코레일을 민영화하면, 이용자가 적은 이른바 적자 노선은 민간 철도회사가 소홀히 하거나 아예 없애버리기 십상 아니겠습니까?

또 민영화를 통해 철도회사의 노동자들이 정리해고를 감수하는 등 비용을 줄이는 경영합리화를 실현하여 국민과 국가 전체에 이익이 되는 길을 모색해야 한다고 하지만, 경영합리화가 오히려 해가 될수도 있습니다. 필요한 인원을 최소화하고 직원들의 노동시간을 늘리게 되면 과중한 노동 부담으로 열차를 안전하게 운행하지 못하게 될 수 있습니다.

또 철도 민영화로 정부의 재정 부담을 줄이게 돼 국민의 세금 부담도 줄고 정부가 재정을 다른 곳에 더 투자할 수 있게 만든다지만 영국 사례는 절대 그렇지 않다는 것을 잘 보여줍니다. 2013년 12월의 영국 통계 자료를 보면, 민영화 이전인 1987/1988년에 12억 파운드(2조1000억 원)를 지원한 영국 정부는 정작 2012/2013년에는 51억 파운드(8조8000억 원)를 철도산업에 지원했음이 확인됩니다. 영국 정부의 재정 부담은 민영화 이후에 오히려 4배 넘게 늘어난 겁니다. 결국 철도가 민영화되면 효율이 높아진다는 건 거짓인 셈이죠.

✱✱ 생각 정리 ✱✱

앞에서 우리는 '개도 쥐를 잡아야 하는가' 하는 문제를 생각해봤습니다. 개가 집도 잘 지키고 가끔 앞발로 떡하니 쥐까지 잡으면 좋겠지만 만일 쥐 잡으려다 정작 도둑을 잡지 못한다면 그건 큰일일 겁니다.

시장과 경쟁, 효율, 그리고 자율. 이런 용어들은 최근 우리 사회가 나아가야 할 최선의 길로 제시되고 있습니다. 세계화와 더불어 가속되는 치열한 경쟁과 저성장 시대를 헤쳐나가려면 공공부문도 더욱 효율적으로 변해야 한다는 목소리가 높습니다. 그것이 세계적 동향이며 피할 수 없는 대세라는 설명과 함께 말입니다.

그렇지만 공공부문에는 단지 효율성만을 추구하기에는 여러 가지 고려해야 할 다른 것들이 걸려 있습니다. 국민의 안전과 편의를 더 중요하게 여겨야 할 부분도 있지요. 따라서 신중하게 돌아보고 고민하고, 또 다른 대안은 없는지 심사숙고해야 할 것입니다. 또한 무작정 민영화를 통한 효율성 향상이나 공영화를 통한 공공성 강화만을 외칠 것이 아니라 효율성과 함께 공공성을 확보할 수 없는 방법은 없는지도 꼼꼼히 따져볼 일입니다.

2부 생각의 대립점

과시 소비 vs 가치 소비

필수품처럼 된 명품

몇 년 전 '노스페이스'라는 브랜드의 점퍼가 학생들 사이에서 대유행을 한 적이 있습니다. 이 점퍼의 가격은 25만 원에서 70만 원대에 이를 정도로 고가였습니다. 그래서 점퍼 가격이 부모의 등골을 휘게 할 만큼 비싸다고 하여 '등골 브레이커'라는 신조어로 불리기도 했지요. '노스페이스 계급'이라는 것까지 등장하기도 했습니다. 계급도에 따르면 25만 원대의 두 종류 점퍼는 '찌질이', 30만 원대는 '중상위권', 50만 원대는 '양아치', 60만 원대는 '있는 집 날라리', 70만 원대 점퍼는 '대장'이 입는 것으로 등급이 나누어집니다. 사실 25만 원짜리 점퍼라 해도 쉽게 살 수 있는 가격대는 아니죠. 그런데도 노스페이스의 열풍은 가라앉을 줄 몰랐습니다. 한 학급의 절반 이상이 입는다고 해서 또 다른 '교복'으로 불릴 정도였으니까요.

그런데 재미있게도 이 제품이 제2의 교복으로 불릴 정도로 흔해

지자 학생들은 더 이상 이 점퍼에 흥미를 느끼지 못하게 되었습니다. 부동의 1위이던 이 제품은 이제 '캐나다 구스'나 '몽클레르'라는 새로운 브랜드에게 자리를 내어주게 됩니다. 100만 원을 훌쩍 넘는다는 캐나다 구스와 몽클레르 점퍼가 없어서 못 팔 정도로 인기를 누리게 된 거죠. 학생들이 더 이상 입지 않는 노스페이스 점퍼는 이제 그들의 부모가 입고 다닌다고 합니다.

학생들 사이에서 노스페이스 점퍼는 일종의 명품이었을 겁니다. 꼭 필요하진 않더라도 점퍼를 입고 다니며 자신을 과시하고 싶은 욕구가 있었겠지요. 게다가 대부분의 친구들이 이 점퍼를 입고 다닌다는 사실은 집단에 대한 소속감을 곧 자기 정체성으로 느끼는 청소년기에 매우 중요한 소비 동기였을 겁니다. 물론 그 정도는 척척 사줄 수 있는 부모들도 있겠지만, 대부분의 부모들은 우리 아이가 집단에서 소외되고 혹시나 왕따가 되지나 않을까 하는 걱정에 어쩔 수 없이 옷을 사주었을 겁니다. 등골 휘어가면서 말이죠.

이런 명품 소비는 학생 집단의 문제만은 아닙니다. '노스페이스 계급'이 유행할 때 성인들 사이에서도 '명품 계급도'라는 것이 등장했습니다. 명품 시계와 가방을 각각 직장의 등급으로 빗대어 평사원부터 CEO까지 5단계로 구분하고 사회적 지위를 부여했지요. 명품 한두 개쯤은 당연히 있어야 한다는 사회 분위기 때문에 할부에 허덕여가며 명품을 마련하는 사람들도 있습니다. 어린 학생들부터 직장에 다니는 성인에 이르기까지 한국 사회의 명품 소비는 자연스럽게 삶의 일부로 스며든 것이죠.

국제컨설팅업체 맥킨지가 한국 명품 소비자의 심리와 구매 패턴을 조사한 2010년 보고서를 보면 우리나라의 소비자는 다른 문화권에서는 찾아보기 어려울 정도로 명품에 대해 우호적이며, 보다 비싼 제품을 구매할 의사가 있는 것으로 나타났습니다. 세계 명품 기업들은 한국 시장을 '기회의 땅'으로 보고 있습니다. 명품 매출이 정체 혹은 침체 상태에 있는 일본·유럽·미국 시장과 달리, 한국의 명품 시장은 예상을 뛰어넘는 성장세를 기록중입니다. 특히 명품 시장의 주 고객층이던 40~60대 부유층 여성들 외에 강한 자기표현 욕구를 지닌 20~30대 젊은 세대와 남성들이 새로운 고객층으로 떠오르고 있지요. 남녀노소를 불문하고 사람들이 명품에 열광하는 이유는 무엇이며 명품 소비는 우리 삶에 어떤 영향을 끼치고 있는 걸까요? 등골을 휘고, 허리띠를 조르며 명품을 사는 이런 소비문화에 대해 한번 생각해봅시다.

[쟁점 1] 명품 소비는 무가치한 행위인가?

○ 명품 소비는 과시 소비일 뿐이다

명품 소비는 상류층이 자기 자신을 다른 사람들에게 과시하고자 하는 목적의 소비이며, 사회에 부정적 영향을 줍니다. 신분제 사회였던 과거와 달리 공식적으로 신분이 없어진 사회가 되면서 상류 계층은 소비를 통하는 것 말고는 자신의 계층을 티나게 드러낼 다른 수단이 없어졌습니다. 예컨대 과거 조선시대에는 중인 이상 신분만이 갓을 쓸 수 있었죠. 그런 식으로 신분에 따라 입는 옷의 색깔이며 집의 규모까지도 정해져 있어서, 어떤 옷을 입는지 어느 집에 사는지만

명품 하나의 가격은 평범한 사람의 월급 수준은 물론 심지어 연봉 수준까지 되기도 한다. 부유층들은 이런 명품을 거리낌없이 구매하며 부를 과시한다. 이는 계층간에 위화감을 조성하게 된다. ©미디어카툰(www.metoon.co.kr) 장재혁 작가

봐도 그 사람의 사회적 지위를 알 수 있었습니다. 이제는 그러한 구분이 어렵기에 명품으로 자신을 과시하고자 하는 것이지요.

부유한 상류층은 꼭 필요해서가 아니라 다른 사람들과의 차별성을 드러내기 위해 소비를 합니다. 그래서 다른 사람들이 쉽게 구할 수 없는 희소한 고가의 제품일수록 잘 팔립니다. 이런 현상을 가리켜 '베블런 효과Veblen effect'라고 하지요. 원래 기본적인 경제학 원리

에 따르면 가격이 높아질수록 수요량은 감소하게 됩니다. 비싼 물건은 덜 사는 게 당연한 일이죠. 그러나 사회적 지위나 부를 과시하기 위해 소비를 하는 사람들은 가격이 비쌀수록 오히려 더 사게 됩니다. 미국의 경제학자이자 사회과학자인 소스타인 베블런은 이런 역설적인 상황을 발견하고 자신의 저서 『유한계급론』에서 "상층 계급의 두드러진 소비는 사회적 지위를 과시하기 위하여 자각 없이 행해진다"고 말하며 '과시적 소비'를 지적했습니다.

'베블런 효과'는 전세계적으로 나타나는 현상이지만 우리나라에서는 특히 두드러집니다. 같은 제품인데도 우리나라에서는 유독 비싸게 팔리곤 하죠. 관세와 환율이 낮아져도 해외 명품 브랜드들은 제품 가격을 매년 10~20%씩 인상하고 있는데요, '한국에서는 비싸야 잘 팔린다'는 인식이 반영된 것이라고 볼 수 있겠지요. 실제로 제품 가격이 계속 오르는데도 불구하고 세계 명품업계 '빅3'로 불리는 루이비통·구찌·프라다는 국내에서 세계 시장 성장률의 3배 가까운 고성장을 하고 있습니다.

한편으로 상류층에 속하지 못한 사람들은 상류층의 명품 소비를 따라하면서 마치 자신이 부유한 상류층이 된 듯한 착각에 빠집니다. 현실에서는 상류층이 될 수 없지만, 그들과 같은 명품을 갖고 다니면 같은 계층에 속한 듯한 느낌이 들어 명품 소비를 하는 것이지요. 이를 가리켜 '파노플리 효과panoplie effect'라고 부릅니다. 파노플리는 프랑스어로 '한 세트' 또는 '집합'이라는 뜻인데, 사람들은 상류층에 한 세트로 속하고 싶은 욕망 때문에 상류층들이 구입하는 비싼 제품을 사게 된다는 것이죠.

이러한 명품 소비의 문제는 명백합니다. 사람들은 남들보다 더 우월해지고 싶다는 욕망 때문에 명품을 소비합니다. 남보다 더 비싼 물건을 소비한다는 데서 만족감을 얻는 것이죠. 하지만 문제는 이런 욕망에는 한계가 없다는 것입니다. 어떤 명품이 유행하고 널리 퍼지면 다른 사람들이 구입할 수 없는 또 다른 물건에 대한 소비 욕구는 더욱 커질 것이고, 이러한 욕망은 계속해서 확대재생산될 것입니다. 노스페이스에서 몽클레르로, 프라다에서 에르메스로, 점점 더 비싼 명품을 찾게 될 거라는 말이죠.

이런 사회에서 사람들은 명품을 소비하기 위해 갈수록 더 많은 시간과 에너지를 소비하게 될 것입니다. '내가 걸친 명품이 곧 나'라는 생각은 갈수록 사람의 내면을 피폐하게 만들 겁니다. 특히나 어린 시절부터 소비문화에 노출된 청소년들이 고작 소비를 통해 자기 정체성을 찾으려 한다면 그 사회의 미래 또한 그리 밝지 않겠지요.

❻ 명품 소비 역시 가치 소비이다

인간이라면 누구나 좋은 것을 갖고 싶고, 자신의 개성을 인정받고 싶은 욕구가 있습니다. 『사치와 문명』의 저자 장 카스타레드Jean Castarede는 다른 사람의 마음에 들고자 하는 욕구, 자신이 소유한 물건에 개성을 부여하려는 의도, 동물보다 나아지고 싶다는 무의식적인 열망 등은 인류의 등장과 동시에 나타났으며 인간의 이러한 욕구가 새로운 문화 욕구를 자극해 예술과 산업을 발달시켜 왔다고 주장합니다. 그리스의 페리클레스 시대, 로마의 아우구스투스 시대, 프랑스의 루이 14세 시대 등은 사치가 정점을 찍은 시대이자 동시에 문명의 전환점이 되었던 시대입니다. 다른 것과 구별되고 특별해지고 싶은 인간의 욕구가 곧 문화를 발전시킨 것이죠. 전前근대 사회에서는 신분이 높은 소수가 이러한 욕구를 독점적으로 누려왔지만 신분이 의미 없어진 자본주의 사회에서는 누구나 명품을 통해 이러한 욕구를 해소할 수 있습니다.

소비자 행동 연구자인 러셀 벨크Russell Belk는 "우리가 갖고 있는 것이 바로 나 자신이다"라며, 개인이 지니고 있는 모든 것이 자기 정체성을 표현한다고 했습니다. 흔히 명품 소비자들을 가리켜 자기를 과시하기 위해 명품을 산다고 비난하곤 합니다. 하지만 자신을 과시하는 게 왜 문제가 되나요? 과시 역시 어떤 사람에게는 아주 중요한 일일 수 있습니다. 명품은 자신의 개성과 취향을 대변해주며 사람을 돋보이게 해줍니다. 그것이 바로 명품의 기능이죠. 그래서 사람들은 명품을 소유하면서 그 안에 담긴 이미지와 스토리를 자신의 것으로 느끼고 만족해합니다.

그것이 자기만족일 뿐이라고요? 우리는 다 스스로 만족하기 위해 물건을 삽니다. 제품이 주는 가치를 더 중요하게 여기고 자기만족을 위해 과감히 돈을 투자하는 소비 행태를 '가치 소비'라고 부릅니다. 일반적인 제품을 살 때보다 좀 더 비싼 돈을 주고 윤리적인 방식으로 만들어진 공정무역 제품을 구매하는 것 역시 가치 소비의 한 모습이라고 할 수 있죠. 명품 소비 역시 이런 가치 소비의 일종입니다. 그러므로 그저 낭비인 게 아니라 소비자가 효용을 극대화하기 위해 선택한 것이라고 보아야 합니다. 만족감 역시 중요한 효용이라 할 수 있으니까요.

국내 명품 소비자가 증가하면서 국산 명품 브랜드가 성장하고 제품의 질이 좋아지는 긍정적인 효과가 나타나고 있다. 명품 소비는 단순히 비싼 물건만 사는 것이 아니라 제품의 가치를 잘 알아보고 높이 평가하는 것이라 할 수 있다.(중앙일보, 2010년 8월 19일)

　　자기만족을 위해 명품을 구매하는 소비자가 늘면서 나타난 현상 중 하나는 유럽 브랜드 중심의 명품 시장에서 품질이 좋고 가격경쟁력이 있는 국산 브랜드가 약진하게 되었다는 것입니다. 남에게 과시하기 위해서 명품을 구입하는 경우에는 다른 사람들이 명품 브랜드를 잘 알아볼 수 있도록 제품 로고가 크고 잘 보이는 제품을 선호합니다. 그러나 요즘음 명품 소비자들은 아주 가까이에서 보아야만 알 수 있는 작은 로고가 있거나 아예 로고가 없고 일부 소비자만 알고 있는 명품 브랜드를 찾는 경우가 많아졌습니다. 한마디로 새로운 명품족은 남들이 몰라줘도 스스로 만족하면 괜찮다는 '자기 지향성'이 강하고 가격 대비 품질까지 비교하는 합리적 소비자인 것입니다.

　　이러한 명품 소비자의 인식 변화는 아직까지 세계적 인지도를 확보하지 못한 국내 브랜드들이 명품 시장에 진입할 수 있는 계기를 마련해주었습니다. 국내 명품 브랜드는 세계적인 명품 브랜드와 경쟁하면서 우수한 품질과 디자인, 가격경쟁력을 확보하기 위해 노력할 수밖에 없고 그러한 시장의 변화는 국내 산업의 경쟁력을 높이는 요인이 되고 있는 것이지요.

[쟁점 2] 명품 소비는 우리 사회와 경제에 해가 되는가?

● 국가경제에 부담이 되는 명품 소비

경제적 측면에서 명품 소비의 증가는 자원의 효율적 배분을 저해하고 자원의 낭비를 가져올 수 있습니다. 명품은 필수품이 아닙니다. 소수를 위한 사치품이지요. 이런 물건을 사느라 많은 돈을 지불하는 것이 건강한 소비일까요? 게다가 명품 소비가 유행하다 보니 수입이 넉넉하지 않은 사람들까지 명품에 대한 선망에 과소비를 하기 쉽습니다. 그건 개인적으로는 가정경제의 곤란을 초래하고 신용불량이나 파산과 같은 사회적 문제를 낳기도 합니다.

최근 소비 연령층은 점점 낮아져서 중고등학생들도 명품을 구입하기 위해 '명품계'를 조직한다고 하며, 한 백화점의 조사에 따르면 매년 20~30대층의 구매율이 꾸준히 증가하는 추세라고 합니다. 명품을 사기 위해 라면만 먹으며 아르바이트를 한다거나 능력도 안 되는데 신용카드를 사용하고, 심지어 유흥업소에서 돈을 벌어 명품을 산다는 젊은이들의 소비 형태를 '합리적 소비'라고 볼 수는 없을 것입니다. 급기야는 명품을 사기 위해 범죄에 손을 대는 일도 발생하지요.

또한 명품 소비는 국가경제에도 부정적인 영향을 미칩니다. 국산 명품도 있긴 하지만 우리나라에서 명품이란 거의 해외의 유명 브랜드 제품을 말합니다. 일례로 인천공항 면세점에 들어 있는 국산 브랜드의 비율은 27%에 불과합니다. 이런 명품들에 대한 소비 증가는 국내 기업의 성장에 도움이 되지 않습니다. 게다가 해외 명품에 대한 소비의 증가는 국내 기업의 생산 기반을 약화시킵니다. 기업은 우수한 제품을 개발하여 판매하기보다 해외 명품 브랜드에 비싼 로열티를 지급하고 그 상표만 붙여서 제품을 팔아 쉽게 이윤을 내려 하기 때문이죠. 그렇게 해도 물건은 잘만 팔리니까요.

국내 경기의 침체에도 불구하고 2013년 국내 명품시장 규모는 5조 원으로 세계 5위권이었습니다.(대한상공회의소) 명품시장은 매해 10% 이상 성장해왔습니다. 이는 전세계 사치품시장 성장률 5%를 크게 웃도는 수준이죠. 이렇게 해외 명품 수입이 계속 많아지면 외화 부족을 불러와 국가경제 전반에 나쁜 영향을 끼칩니다.

사회적 측면에서 명품 소비는 계층간 위화감과 갈등을 조장합니다. 한 달 내내 일해서 100~200만 원을 버는 사람이 가방 하나에 수백만 원에서 수천만 원까지 하는 명품을 들고 다니는 누군가를 본다면 어떤 기분이 들까요? 내가 사는 세상이 얼마나 불평등한지 절감하게 되지 않을까요? 사회 양극화가 더욱 심화되고 있는 현실에서 일반 국민들은 상대적 박탈감과 자괴감을 더욱 크게 느끼겠지요. 이렇듯 자신의 부를 과시하기 위한 맹목적인 명품 소비는 자신을 행복하게 만들지 못할 뿐 아니라, 사회적으로도 위화감을 불러일으키는 바람직하지 못한 행위입니다.

◐ 부유층들의 소비는 일정하게 필요하다

경제적으로도 명품 소비는 꼭 필요한 측면이 있습니다. 명품은 물론 주로 부자가 구입을 합니다. 그런데 부자들이 소비를 안 하면 어떻게 될까요? 자본주의 경제는 소비를 통해 굴러갑니다. 모두가 지갑을 열지 않고 소비하지 않는다면 시장에 돈이 돌지 않아 어려움을 겪을 것입니다. 특히 돈 있는 부자들이 일반 서민 수준으로 검소한 소비를 한다면 경제는 더 얼어붙게 될 것입니다. 부자들은 부자들의 수준에 걸맞게 좀 호화로운 소비를 해줘야 하는 거죠. 그래야 경제에 활력이 생깁니다. 부자들이 가진 사치스러운 물품들이 꼴사나워 보일 순 있어도 그것 역시 경제의 한 부분으로 인정해야 하는 겁니다.

부유한 상류층의 과시적 소비로 인해 사람들 사이에 위화감이 생기고 사회 통합을 저해한다는 의견이 있습니다. 그러나 부유한 상류층이 사치재인 명품을 소비하는 일은 시대를 막론하고 어느 사회에나 있는 보편적 현상입니다. 명품을 구입할 수 없는 사람들이 위화감을 느낀다고 해서 상류층의 경제활동이 제한되는 건 개인의 자유에 대한 침해입니다. 더구나 모두가 상류층처럼 소비할 수 있어야 한다고는 누구도 그렇게 생각하지 않을 겁니다.

다만 문제가 되는 건 상류층의 명품 소비가 아니라 소득 수준을 넘어서 명품을 구입하려는 사람들의 허영심과 비합리적인 과소비이겠지요. 이렇게 분수에 맞지 않는 소비를 하는 사람들을 가리켜 '된장녀' '된장남'이라고 비난하는 풍조도 있습니다. 남들이 명품을 산다고 자신의 경제력을 가늠하지 않고 따라 사는 이러한 행태는 바뀌어야겠지요. 이렇게 뒤처지기 싫어서 명품을 따라 구매하는 것을 가리켜 '밴드웨건 효과'라고도 합니다. 일종의 편승 심리죠. 이러한 문제는 개인의 소비 습관을 개선하기 전에는 해결할 수 없는 것입니다.

✱✱ 생각 정리 ✱✱

지금까지 우리 일상 속으로 깊이 파고 들어온 명품 소비에 관해 살펴보았습니다. 명품은 고유한 가치를 지니고 희소하기에 값비싸게 팔립니다. 그래서 명품은 사람들의 개성을 표현해주는 도구이면서 사회적 지위와 품위를 나타내는 수단으로 인식되기도 합니다. 명품 선호 현상은 세계 어디에나 있지만, 특히 우리나라 사람들의 명품 사랑은 각별해서 세계가 놀랄 정도로 그 시장이 커졌습니다.

명품 소비의 문제는 단순히 경제적 현상으로만 볼 수 없습니다. 소비가 반드시 경제원리에 따라 이루어지지는 않기 때문이죠. 소비는 개인과 집단의 심리적 문제이며 사회문화적 문제이기도 합니다. 명품이 없다고 죽는 사람은 없습니다. 1만 원짜리 가방이든 100만 원짜리 명품 가방이든 디자인과 재질은 다를지라도 가방으로서의 기능은 다를 바 없습니다. 하지만 사람들은 이것을 다 알면서도 과시하기 위해, 남들에게 얕보이지 않기 위해, 집단에 소속되기 위해 등등 다양한 이유로 명품을 삽니다. 명품 소비는 개인의 입장에서는 행복과 만족감을 위한 선택이지만, 과연 정말로 행복과 만족감을 주는지는 생각해볼 필요가 있습니다. 경제적 여유가 없는 사람들이 명품 소비를 하기 위해서는 가족이나 친구들과 시간을 보내거나 문화

활동에 시간을 할애하기보다 더 많은 시간을 일하며 돈을 벌어야 하니까요. 이런 걸 희생하면서까지 사야 할 가치가 명품에 있을까요?

명품 소비에 대처하는 우리는 자세는 어때야 할까요? 명품 소비에 관한 논쟁을 되짚어보하면서 전체와 개인이 조화로울 수 있는 소비의 기준, 행복의 기준에 대해 생각해볼 수 있는 기회가 되었기를 바랍니다.

정당한 과세 vs 재산권 침해

부자 증세의 딜레마

제라르 드 파르디유라는 프랑스를 대표하는 국민배우가 있습니다. 가난한 노동자 가정에서 태어나 22세에 연극 무대로 데뷔한 뒤 거의 100여 편의 작품에서 주연으로 활약했죠. 세자르상 남우주연상, 골든글로브 남우주연상 등을 수상했으며, 프랑스 최고의 훈장인 레지옹 도뇌르 훈장까지 받은 사람입니다. 우리나라로 치면, 안성기나 최민식쯤 되려나요? 그런 그가 지난 2013년 1월, 프랑스 국적을 버리고 러시아로 귀화하는 일이 발생합니다. 귀화 이유는 바로 프랑스 정부가 추진한 부자 증세 때문이었습니다. 한마디로 세금을 더 내기 싫어서 국적을 바꾸었다는 것이지요.

세금 때문에 다른 나라 국민이 된다는 것은 우리나라에서는 상상하기 힘들지만 유럽에서는 종종 있는 일입니다. 제라르 드 파르디유 외에도 프랑스 최고의 부자이며 2012년 『포브스』가 선정한 세계

4위 갑부인 베르나르 아르노 루이비통 회장도 벨기에에 귀화를 신청한 일이 있습니다. 제라르 드 파르디유의 러시아 귀화는 프랑스에서뿐 아니라 전세계에 '부자 증세'에 대한 논란에 불을 지폈습니다.

최근 들어 빈부의 양극화가 더욱 심화되고 있습니다. 국제구호기구인 옥스팜은 세계 최고 부자 85명의 재산 규모가 전세계 인구 절반인 35억 명의 재산과 같다고 발표했습니다. 2012년 한국조세연구원은 우리나라의 소득 상위 1%가 전체 소득의 16.6%를 차지한다고 밝혔습니다. 이런 부의 집중도는 경제협력개발기구OECD 19개 국가들과 비교했을 때 미국(17.7%)의 바로 뒤를 이은 세계 2위입니다.

이렇게 양극화가 심해지면서 부자에게 더 많은 세금을 부과해야 한다는 목소리가 높아졌습니다. 경제 불평등은 사회의 안전성을 해치는 가장 큰 요인으로 사회 갈등의 직접적인 원인이 되기 때문에, 부자들에게 돈을 걷어서 저소득층을 위한 정책을 실시하고 사회복지제도를 확대해야 한다는 것입니다. 우리나라에서도 복지를 확대하기 위해 증세는 피해 갈 수 없는 문제입니다.

세계 여러 나라에서 세수 확보를 위해 소득세의 세율을 높이거나 부유세(소득이 아닌 부동산 등의 자산에 붙는 세금)를 부과하는 등 다양한 형태의 부자 증세가 진행되고 있습니다. 2013년 미국은 20년 만에 고소득층이 누리던 감세 혜택을 중단하고 소득세 세율을 인상했습니다. 일본도 2013년 세법 개정을 통해 고소득자에게 적용하던 소득세 최고 세율을 40%에서 45%로 올리고, 2015년부터 상속세 최고 세율을 50%에서 55%로 인상하기로 했습니다. 스페인에서는 2008년 폐지된 부유세를 재도입하는 법안이 2011년에 통과되었지요.

그렇지만 부자 증세는 여전히 논쟁거리입니다. 프랑스의 사례에서 보듯 부자에게 세금을 더 걷으려고 시도하다 부유층이 아예 국적을 바꿔버리는 부작용이 나타나기도 합니다. 어떤 사람들은 부자에 대한 증세가 조세 정의를 실현하는 정당한 과세이며 사회 구성원으로서 연대를 실천하는 행위라며 이에 찬성합니다. 하지만 어떤 사람들은 부자 증세가 정당한 경제활동을 가로막는 '세금 폭탄'이며 대중들의 인기에 영합한 포퓰리즘 정책이라고 공격하며 반대합니다. 여러분의 생각은 어떻습니까? 부자 증세는 연대 정신에 입각한 정당한 과세일까요? 아니면, 대중의 비위를 맞추려는 정부의 과도한 재산권 침해일까요?

[쟁점] 부자 증세는 재산권 침해인가

● 부자 증세는 조세 정의를 실현하는 정당한 과세이다

양극화와 소득 불평등 문제의 해결을 위해 부자들은 더 많은 세금을 내야 합니다. 부자 증세로 재원을 마련해 사회복지를 확대함으로써 국민 모두가 안정적인 생활을 할 수 있도록 보장해주어야 한다는 것입니다. 그것이 소득 재분배를 실현하는 길이지요.

우리나라의 지니계수는 2012년 기준으로 0.353입니다. 지니계수는 소득이 얼마나 불공평하게 분배되고 있는지를 보여주는 지표로 1에 가까울수록 불평등 정도가 심하다는 뜻입니다. 우리나라의 지니계수는 34개 OECD 국가들 가운데 6위로, 달리 말하면 여섯 번째로 불평등한 나라라는 이야기죠.

소득 상위 20%와 하위 20% 간의 자산 격차는 2006년 4.5배에서 2012년 7.5배로 크게 늘었습니다. 저소득층의 빚은 한 해 동안 25% 가까이 늘었고, 10명 중 4명이 기한 내에 빚을 갚지 못할 것으로 예상되고 있습니다. 2012년 연간 가처분 소득이 1000만 원 이하인 '빈곤층'이 국민 6명 중 1명으로 조사되었습니다. 국민 10명 중 2명은 최근 2년 사이 빈곤 상태를 경험했고, 65세 이상 노인층 빈곤율은 48.4%나 됩니다. 그러나 우리나라는 부유층에 대한 세금이 적어서 조세를 통한 소득 재분배 기능은 OECD 평균의 6분의 1밖에 되지 않습니다.

그 결과 소수의 부자는 부를 불려나고 있는 데 반해 대다수 국민들은 소득 수준이 너무 낮아졌습니다. 이 몇몇 부자들이 아무리 돈을 써봐야 경제에는 활력이 돌지 않습니다. 중산층 이하 다수 계층이 돈을 써야 경제가 살아나는 것이죠. 그러나 지금은 이 다수의 소비가 꽁꽁 얼어붙어 경제가 어려워지고, 그에 따라 소비가 더 줄어드는 악순환이 일어나고 있습니다.

정부는 사회 안정과 소득 불평등 해소를 위해 공공재에 더 많이 투자하고 사회복지를 확대해서 국민들의 생활을 안정시켜줘야 합니다. 그런데 여기에 필요한 예산은 어떻게 마련해야 할까요? 앞에서 봤듯, 점점 더 많은 국민들이 자신의 생활을 유지하기도 어려워지고 있는데 이들에게 세금을 더 내라고 해야 할까요? 그럴 순 없겠죠. 세금을 더 낼 여력이 있는 부자들에게 더 많은 세금을 걷어 소득을 재분배하는 것이 합당합니다. 특히 이들은 양극화 현상이 일어나면서 때 더 많은 부를 가지게 되었습니다. 우리나라 상위 10%의 부유층이 차지하는 전체 부의 비율이 2000년 53%에서 2014년 63%로 증가한 사실에서 이를 확인할 수 있습니다.(Global Wealth Report 2014) 많은 부를 얻은 사람이 더 많은 세금을 내는 게 조세 정의에 맞으며, 국가재정을 안정적으로 확보할 수 있는 가장 현실적인 방안입니다. 실제 많은 나라들이 부자 증세를 실행하고 있으며, 보수적이기로 유명한 국제통화기금IMF조차도 소득 격차가 늘어나면 경제 성장에 지장이 생긴다며, 부동산 과세 등 부자 증세를 통해 소득 격차를 해소하라고 권고하며 나섰지요.

부자들은 부유한 만큼 더 큰 사회적 책임을 져야 합니다. 우리나라의 부자들은 소득에 비해 세금은 적게 내고 있습니다. 반면 국가로부터 가장 많은 혜택을 받은 계층이기도 합니다. 부자들의 소득과 자산은 개인이 노력한 결과이기도 하지만 다른 사회 구성원들의 협력과 노력이 없었다면 얻을 수 없었을 겁니다. 자본주의 경제에서도 부는 혼자만의 노력으로 얻어질 수 있는 것이 아니죠. 노동자들이 없으면 물건을 생산하지 못하고, 소비자가 없다면 시장에서 상품이 소비되지 못하니까요. 특히 경기 침체기에 물건을 소비해줄 소비자가 없다면 경제가 돌아가지 못하고 부자도 자신의 부를 유지하기 힘듭니다. 자신이 벌어들인 이윤이라고 해서 혼자서 독차지한다면 문제가 된다는 이야기입니다.

게다가 사실 국민의 세금으로 건설한 도로나 항만, 전기와 같은 사회간접자본을 이용해 더 이득을 보는 것은 기업입니다. 그리고 그 덕에 기업의 고위직이나 대주주들이 돈을 벌지요. 경찰은 모든 국민의 재산을 지켜주지만, 실제로 더 큰 혜택을 입는 건 지킬 재산이 많은 부자들입니다. 즉, 국가가 제공하는 여러 인프라와 서비스는 부자들에게 더 도움이 된다는 것이죠. 그런 만큼 부자는 그에 대한 대가로서 세금을 더 많이 내야 하지 않을까요? 이는 '노블레스 오블리주 noblesse oblige(높은 사회적 신분에 상응하는 사회적 책임)'를 부자들에게 요구할 수 있는 전제이기도 합니다.

선진국의 부자들 중에는 '노블리스 오블리주'를 강조하면서 부자들이 더 많은 세금을 내야 한다고 주장하는 사람들도 많습니다. 2010년 세계 최고 부자로 선정된 워런 버핏과 빌 게이츠를 비롯한 미국 슈퍼부자들이 2012년 12월 '세금을 더 내자'는 내용이 담긴 성명을 발표해 화제가 되었습니다. 500억 달러(약 54조 원)의 재산가로 알려진 워런 버핏은 "극심한 불균형의 시대에는 최상위층에 희생을 요구하는 게 맞다"며 부자 증세를 지지하는 입장을 밝혔습니다. 이 성명 이후 독일과 프랑스·이탈리아 등 유럽에서도 부자들이 오히려 '세금을 더 내게 해달라'며 자발적 청원을 연이어 했습니다.

오늘날 우리 사회에는 부자들의 이러한 사회적 책임의식이 절실합니다. 그간 우리나라는 많은 노동자와 농민들의 희생을 바탕으로 경제 성장을 이루었고, 성장의 결과는 대기업과 재벌들에게 주로 돌아갔습니다. 또 그 과정에서 부동산 투기 등으로 부를 축적한 사람들도 많고요. 이 중에는 탈세와 편법으로 자신의 부를 유지하려고 한 부자도 많아서 부자들은 대체로 존경의 대상이 되지 못합니다.

이제는 정당하게 벌고, 번 만큼 세금을 내는 부자들이 많아져야 합니다. 나라별로 최고 소득세율을 비교해보더라도 아직까지 우리나라는 상대적으로 낮은 수준입니다. 예컨대 스웨덴·덴마크·영국

사회보장법에 서명하고 있는 프랭클린 루스벨트 대통령. 그는 임기중에 부자들에게 79%에 달하는 세금을 부과했으며, 그 재원을 바탕으로 경기부양 정책과 사회복지제도를 실시했다.

은 최고 소득세율이 50%를 넘는 데 반해 우리나라는 38% 정도이죠. 사실 과거에 서구 선진국들의 소득세율은 훨씬 더 높았습니다. 대공황의 어려움을 극복한 미국 루스벨트 대통령의 첫 임기 중에는 최고 소득세율이 63%, 두번째 임기 때는 79%, 그리고 1950년대에는 94%까지 올라갔지요. 그때도 세금이 많아지면 투자가 줄어들 것이라는 우려가 있었지만, 미국은 대공황을 잘 극복했으며 이후로도 안정적인 성장을 이룰 수 있었습니다. 역사적 경험에 비추어 보아도 부자들의 책임 있는 행동이 사회를 안정적으로 유지하는 중요한 방법임을 알 수 있습니다.

❸ 부자 증세는 과도한 재산권 침해이다

부자들에게 세금을 거둬서 복지에 사용하자는 주장은 참 멋지고 정의롭게 들립니다. 하지만 과연 그게 좋기만 한 일일까요? 부자들의 입장에서는 자신의 재산을 지나치게 많이 빼앗아가는 일이라 여겨지지 않을까요?

앞선 사례에서 프랑스 국적을 포기한 배우 제라르 드 파르디유는 "성공과 창작, 재능을 가진 사람, 즉 남다른 사람에 대해 제재를 가해야 한다고 생각하는 당신들 때문에 나는 이제 떠난다"며 부자 증세가 부자들이 더욱 열심히 경제활동을 하도록 동기를 부여해주지 못할망정 도리어 의욕을 꺾는다고 주장했습니다. 실제로 영국은 2008년 금융 위기를 겪으며 부유층에 대한 세율을 최고 50%까지 인상했는데, 생산에 대한 투자가 감소하고 신규 고용은 더 줄어들었습니다.

세금은 물론 필요하고 누구나 내야 합니다. 하지만 돈이 많다는 이유로 다른 이들보다 과도하게 많은 세금을 낸다면 박탈감을 느끼는 게 당연하지 않은가요? 돈도 많으면서 세금 많이 내는 게 뭐가 불만이냐고 생각할 수 있습니다. 하지만 얼마를 벌든 자신의 재산은 소중한 법입니다. 소득의 절반 이상을 가져가는 데 불만을 느끼지 않을 사람이 있을까요? 프랑스가 추진한 부자 증세는 최고 75%의 소득세율을 부과하는 것이었습니다. 1억 원을 벌어도 2500만 원밖에 손에 넣을 수 없다는 식인데, 할 수 있다면 국적을 옮겨서라도 피하고 싶은 게 인지상정일 겁니다.

그래서 1910년에 세계 최초로 부유세를 시행했던 스웨덴도 2007

년 부유세를 폐지합니다. 부자들이 세금을 회피하기 위해 재산을 해외로 옮겨 심각한 자산 유출 현상이 생겼기 때문입니다. 스웨덴 정부는 2005년에 스웨덴 전체 납세자의 2.5%에 해당하는 22만5000여 명으로부터 48억 크로네(약 6643억 원)의 부유세를 징수했습니다. 그러나 부유세를 피하기 위해 해외로 빠져나간 자산이 무려 5000억 크로네(약 67조1200억 원)에 달했습니다. 부유세로 많은 세금을 걷기는 했으나, 부유세를 피해서 막대한 자산이 스웨덴 밖으로 빠져나가 경제에는 악영향을 준 겁니다.

스웨덴 경제를 이끌던 대표적인 기업들은 기업의 본사를 해외로 이전하거나 해외에 재단을 설립하는 길을 택했습니다. 세계적으로 유명한 스웨덴의 가구업체 이케아IKEA의 창업자인 잉그바르 캄프라드는 스위스에다 새로 재단을 설립함으로써 230억 달러에 달하는 재산에 대한 부유세를 회피한 것으로 유명합니다.

부유세가 있는 프랑스의 경우도 예외는 아닙니다. 대기업 총수를 비롯한 일부 부유층들은 세금이 낮은 벨기에·스위스·영국 등으로 거주지를 옮겨 '세금 망명'을 떠났으며 아예 국적을 포기하는 경우도 생겼습니다. 2013년에만 프랑스 기업 850여 개가 본사를 스위스로 옮겼습니다. 부자들의 세금 피난으로 하루 평균 2명의 부자들이 프랑스를 떠난다는 보도가 나오기도 했습니다. 1997년부터 2006년까지 10년 동안 모두 4658명이 프랑스를 떠났고, 이로 인해 186억 유로(약 30조 원)가 해외로 유출되었습니다.

이렇게 미처 예상치 못했던 부자 증세의 후유증을 '로빈후드 효과Robin Hood effect'로 설명하기도 합니다. '로빈후드 효과'란 경제에서 불

프랑스의 국민배우였던 제라르 드 파르디유는 증세에 반발해 프랑스 국적을 포기했다. 그의 국적 포기는 비난받아야 할 행위일까, 아니면 개인의 자유일까?(중앙선데이, 2013년 1월 6일)

평등을 해소하기 위하여 부를 재분배할 경우 오히려 전체의 사회적 부가 축소되는 현상을 일컫습니다.

　로빈후드는 귀족과 부자들의 재산을 빼앗아 가난한 서민들에게 나누어 줍니다. 그런데 자기 것을 빼앗긴 부자들이 뺏긴 재산을 만회하기 위해 서민들을 더욱 착취하는 바람에 서민들의 어려움이 더 커져버린다는 것입니다. 게다가 부자 상인들은 약탈이 두려워 약탈의 위험이 없는 다른 곳으로 이주해 장사를 하기 시작합니다. 상인들이 떠나버리자 필요한 물건을 구할 수 없어 자연히 가격은 오르게 됩니다. 또 상인들이 약탈을 피해 먼 길을 돌아 물건을 운반하게 되면서 운송비가 가격에 반영되어 물건 값이 더 오르게 됩니다. 결국 선한

의도로 시작한 로빈후드의 행동이 결과적으로는 서민들의 경제생활을 더욱 악화시켰다는 것입니다. 부자 증세 때문에 부자들이 해외로 자산을 유출한 결과 되레 세금이 더 줄고 생활도 더 어려워진다는 것이죠.

현실적으로는 부자 증세가 부작용이 많음에도 계속 요구되는 이유는 정치인들이 당면한 과제를 해결하기 위한 손쉬운 방법으로 부자 증세를 주장하기 때문입니다. 유권자들 입장에서는 당장 세금을 더 내라고 요구하는 정치인들이 달가울 리가 없습니다. 세금 부담을 대부분의 유권자에게 넘기기보다 소수인 부자들에게 더 감당케 하는 것이 정치인으로서는 유권자의 표를 잃지 않는 방법인 것입니다. 이는 부자들에게 부정적인 감정을 품은 시민들을 부추겨 세금 문제를 처리하려는 비합리적인 행위이며 전형적인 포퓰리즘 정치입니다. 부자 증세는 국민의 감정을 이용하여 부자에게 징벌적 세금을 부과하는 것과 같습니다.

부자라고 국가로부터 특별한 혜택을 더 받은 것이 아닙니다. 물론 사회간접자본이나 국가가 제공하는 공공 서비스를 좀 더 잘 이용했을 수는 있겠죠. 하지만 사회가 제공하는 그런 조건들은 모두에게 똑같이 주어져 있습니다. 누가 더 잘 이용하느냐의 문제일 뿐입니다. 똑같은 조건에서 개인의 능력으로 더 많은 돈을 번 것인데, 세금을 더 많이 내라고 그러는 건 불공평한 일이 아닐까요?

부자들은 이미 사회에 받은 만큼 기여를 하고 있습니다. 경제를 활성화하고 일자리를 만드는 데 앞장서고 있으며, 이미 세금도 많이 냅니다. 앞으로 더 복지 재원을 마련해야 한다면, 빈곤층을 제외한 사회의 모든 계층이 동등하게 분담해야지 소수의 부자들에게만 과중하게 부담시키는 건 공정하지 않은 일입니다.

✻ 생각 정리 ✻

오늘날 세계 여러 국가들이 부족한 사회복지 재정을 확보하고 경기 회복을 이루기 위한 방법을 찾느라 골머리를 앓고 있습니다. 우리나라도 경기침체와 사회 양극화 문제를 동시에 겪고 있습니다. 그러면서 사회복지 확대는 선택이 아니라 필수인 시대가 되어가고 있습니다. 그래서 선거가 다가오면 후보들은 하나같이 사회복지 공약을 내세웁니다. 문제는 사회복지를 확대하기 위한 재원 마련에 대해 구체적인 방안이 미비하다는 것이죠.

이런 문제를 두고 오랜 기간 동안 꾸준히 해결책을 모색해온 대표적인 곳이 스웨덴·덴마크·핀란드와 같은 북유럽 국가들입니다. 그중 스웨덴은 세계에서 가장 사회복지의 수준이 높으면서 안정적 경제 성장을 이룩한 나라로 알려져 있습니다. 세계 최초로 부유세를 도입했으며, 지금은 또 폐지한 나라이기도 합니다. 많은 사람들이 스웨덴의 높은 복지 수준을 부러워하지만 스웨덴의 복지는 높은 세금이란 토대가 있었기에 가능했습니다. 스웨덴의 '고세금 고복지' 모델은 국민들의 합의를 통해 이루어졌으며, 1930년대부터 약 50여 년간 지속되었습니다.

20세기 초까지만 해도 스웨덴은 유럽에서도 극심한 빈곤 국가였던 탓에 배고픔을 피해 전국민의 3분의 1이 이민을 갔고, 파업 등으로 사회가 극히 혼란스러웠다고 합니다. 그런데도 스웨덴이 안정된 사회복지를 실현하면서도 재정 균형을 이루고 성장할 수 있었던 것은 사회 지도층이 모범을 보이며 50여 년 동안 국민들을 끊임없이 설득하고 정책에 대한 지지와 동의를 이끌어내었기 때문입니다. 또한 당면한 문제를 해결하기 위해 가장 현실적이고 실용적인 방법을 찾았죠. 스웨덴 국민들은 높은 세금을 부담하지만 그 세금이 자신들 모두에게 다시 돌아온다는 것을 몸으로 체험했기 때문에 기꺼이 세금을 냅니다.

최근 우리나라에서도 당면한 문제를 해결하기 위해 부자 증세만으로는 한계가 있다는 주장이 제기되고 있습니다. 장기적인 측면에서 안정적인 세수를 확보하기 위해서 국민 모두가 세금 부담을 더 나누는 보편적 증세가 필요하다는 이야기죠. 이제는 복지와 성장의 동력을 동시에 마련하기 위해서 국민들의 조세 부담률을 전체적으로 높여야 한다는 주장도 깊이 고려해봐야 할 것입니다. 한편으로 전문가들은 부동산 등으로 불로소득을 누리는 자산가나 세금 감면 혜택을 집중적으로 누리는 대기업에 대한 증세 방안이 없는 상태에서 돈을 거둬들이기 쉬운 서민들에게만 세금 부담을 지웠을 경우 국민들의 저항을 피할 수 없다며, 보편적 증세 논의 이전에 공평하게 세금이 부과되어야 한다고 조언합니다.

미국의 대통령 존 F. 케네디는 세금은 '시민권의 연회비'라고 했습니다. 시민으로서의 권리를 누리기 위해 세금을 피해서는 안 된다는 의미입니다. 이제 곧 시민으로서 연회비를 내게 될 청소년 여러분은 공동체 구성원으로서 증세 문제에 대해 어떤 결정을 내리는 것이 모두를 위한 최선의 선택이라고 생각하십니까? 스웨덴이 국민적 합의를 이루는 데 50여 년을 보냈듯이, 충분한 논의 속에서 우리의 미래를 위한 결정에도 여러분의 생각을 보태어보기 바랍니다.

기업경쟁력 향상 vs 고용불안 증대

비정규직 문제는 곧 닥칠 여러분의 문제

『한겨레』(2013년 8월 7일자)가 '우리 안의 비정규직'이란 시리즈 연재를 시작했는데, 그 첫 기사에는 다음과 같은 사진(뒤 페이지 수록)이 올라 있습니다. 사진 제목은 「둘 중 한명은 비정규직… 누구일까요?」였는데, 여러분은 쉽게 이 질문의 답을 찾을 수 있나요?

관련 기사를 보면 오른쪽과 왼쪽의 두 노동자는 학력과 연령 등 이른바 스펙의 차이도 크지 않고, 하고 있는 업무에 대한 능력도 그렇습니다. 하지만 한쪽은 정규직이고, 다른 한쪽은 비정규직입니다. 정규직인 왼쪽 노동자는 세후稅後 7000만 원의 연봉을 받고 있으며 결혼도 했고 휴일에는 취미인 산악자전거를 즐깁니다. 하지만 오른쪽 비정규직 노동자는 그 절반에 해당하는 세전稅前 4500만 원 정도의 연봉으로 생활하며 결혼이나 여가활동은 생각할 여유가 없다고 말합니다. 이처럼 두 노동자의 외양은 별반 차이가 나지 않지만, '비

둘 중 한명은 비정규직…누구일까요?

비정규직과 정규직은 같은 곳에서 일하며 하는 일도 똑같아서 겉으로는 구별이 안 된다. 그렇지만 직장과 사회에서 받는 대우는 천양지차다.(한겨레, 2013년 8월 7일)

非'자가 앞에 붙었는가 아닌가의 작은(?) 차이가 이처럼 이들의 삶을 판이하게 만듭니다.

통계청 발표에 따르면, 2014년 8월 기준으로 우리나라 비정규직 노동자는 600만 명 정도지만, 시민사회단체의 추정으로는 통계에 잘 잡히지 않는 인원까지 감안하면 대략 820만 명쯤 된다고 합니다. 전체 고용 노동자의 40%가 넘는 수치지요. 비정규직들은 정규직에 비해 임금수준이나 근무여건이 좋지 않는 등 어려움을 겪고 있기에 이를 해결해야 한다는 목소리가 거셉니다. 하지만 또 다른 편에선 비정규직 증가는 사회 각 분야의 효율성과 경쟁력을 높이기 위해 불가피하며, 이는 전세계적 추세이기도 하다는 걸 인정해야 한다고 맞섭니다. 또 이들은 비정규직 증가가 무조건 노동자들의 삶을 불안하게 하는 것만은 아니라며 '고용 안정'만 고집하는 것 자체가 문제라고도 말합니다. 대체 어느 편의 주장이 맞는 것일까요?

쉽지 않은 문제이지만, 우리 사회가 맞닥뜨린 많은 해결과제 중에서도 매우 시급한 사안임에 분명합니다. 게다가 이 글을 읽는 여러분 역시 미래의 어느 순간부터는 대부분 '노동자'가 될 것이기에 더욱 그렇습니다. 언론 노동자이건 보건 노동자이건 어느 영역에서든 말이죠. 현재 우리 사회의 대부분 영역에서 비정규직 노동자들이 적지 않을 뿐만 아니라 계속 늘어나고 있으니, 여러분 역시 비정규직 노동자가 될 가능성이 상당히 높습니다. 따라서 비정규직 고용이 어떤 문제를 일으키는지, 또 어떤 점에서 필요한지 생각해보는 것은 여러분 자신의 미래를 진지하게 고민해보는 일이기도 할 것입니다.

[쟁점 1] 비정규직 고용은 노동자를 불행하게 한다?

● 비정규직이 행복할 수 없는 이유

당연하겠지만 "비정규직 고용을 최소화하라"는 목소리를 가장 크게 내는 이들은 당사자인 비정규직 노동자들입니다. 이유는 간단합니다. 정규직 아닌 비정규직 노동자로서의 삶이 여러 면에서 너무 힘들고 행복하지 않기 때문이죠.

그 이유로는 무엇보다도 먼저 '부족한 임금'을 들 수 있습니다. 2013년 10월 통계청의 발표에 따르면 비정규직 노동자의 평균 월급은 142만 8000원인데, 정규직 노동자에 비해 무려 111만 8000원이나 적다고 합니다. 대체로 비정규직 노동자들은 정규직에 비해 매우 낮은 임금을 받고 있는 것입니다. 부유하다고 모두 행복한 건 아니지만, 경제적 곤란은 행복을 흔들어놓는 중요한 요인입니다. 또 대부분의 비정규직 노동자들은 각종 복리후생의 혜택을 받지 못합니다. 역시 통계청의 분석에 따르면, 국민연금에 가입한 비정규직은 10명 중 4명에 불과할 뿐 아니라 유급휴가를 쓸 수 있는 비정규직은 34%에 불과해 정규직의 절반에도 못 미친다고 합니다. 결국 낮은 임금과 턱없이 부족한 복지 혜택은 비정규직 노동자들을 행복하지 못하게 만드는 중요한 원인입니다.

그런데 낮은 임금보다 어쩌면 더 중요한 문제는 '직업의 안정성'입니다. 실제로 "임금은 지금보다 더 깎여도 좋으니 정규직으로 전환만 시켜달라"고 요구하는 이들이 적지 않습니다. 왜냐하면 비정규직은 계약기간이 끝나면 언제든 실업자 신세가 될 수 있기 때문이죠. 지금 이곳에서 일하며 돈을 벌고 있지만 다음해에도 그럴 수 있을지 알 수 없다면, 그 노동자는 당연히 불안할 수밖에 없죠. 현재 직장에서 하는 일이 좋고 그 일에 따른 보수가 만족스럽다 해도 그렇습니다. 인간에겐 오늘뿐 아니라 자고 일어나 맞이할 내일도 중요하기 때문입니다.

비정규직 노동자들은 늘 이런 고용에 대한 불안감을 가지고 살게 됩니다. 계약기간만이라도 고용이 완전히 보장되느냐 하면 그것도 아니기에 더욱 그렇습니다. 예컨대 기업이 어떤 이유로든 인원 감축을 해야 할 때 먼저 그 대상으로 삼는 것은 상대적으로 해고가 쉬운 비정규직입니다. 그런데 한 직장에서 계약이 종료되거나 해고된 뒤 이내 다른 직장을 얻지 못한다면 당장 생활에 곤란을 겪게 됩니다. 고용불안이 생활불안으로 이어지는 것이죠. 일자리가 많지 않은 시절일수록 비정규직 노동자들은 이런 고용불안 때문에 더더욱 저

소문난 잔치에 먹을 것 없다?

짠~ 마음껏 드시라!

'양질의' 시간선택제 일자리

콩

콩 한 쪽을
나눠 먹어서라도
고용률 70%?

비정규직의 가장 큰 문제는 정규직에 비해 턱없이 낮은 임금과 대우, 그리고 불안정한 고용 상태다. 취업률은 이런 비정규직 일자리가 늘어나도 높아지겠지만, 일자리의 질이 안 좋기 때문에 일하면서도 생활이 어렵고 불안하게 된다. ⓒ 미디어카툰(www.metoon.co.kr) 장재혁 작가

소득층에 속할 가능성이 높습니다. 게다가 항상 해고 위험에 놓여 있기 때문에 고용주의 과도한 업무 지시나 부당한 요구에 맞설 수 없다는 것도 중요한 문제입니다. 열악한 노동여건에 놓일 때 노동자들은 대개 노동조합을 통해서 고용주에게 목소리를 내게 됩니다. 하지만 비정규직 노동자들이 그와 같은 일을 하기란 쉽지 않습니다. 그들만의 노동조합을 만드는 것도 쉽지 않은데다 고용주에게 밉보였다간 쉽게 해고될 수 있기 때문입니다.

한편 비정규직 노동자들이 겪는 인간소외 문제도 주목할 필요가 있습니다. 성인들은 처음 만나는 자리에서 명함을 주고받곤 합니다. 명함 없이 "어디어디에서 일합니다"라고 소개하기도 하죠. 어떤 일을 하고 어느 직장에서 일하느냐가 그 사람의 정체성을 나타내는 측면이 있기 때문입니다. 즉 내가 하고 있는 일과 그 일터에서 만나는 사람들과의 관계 속에서 나의 존재 의미를 찾을 수 있다는 것이죠.

그런데 비정규직 노동자들은 자기 일터에 대한 소속감과 한 직장인으로서의 공동체 의식을 갖기 힘듭니다. 기러기처럼 이곳저곳을 떠돌아야 하는 처지이니 "이곳이 내 평생의 일터"라는 소속감과 자부심을 갖기 어렵고, 직장 동료들과도 얼마나 함께 일하게 될지 모르니 친밀한 인간관계를 갖기도 어렵습니다. 더욱이 똑같은 일을 하면서도 보수, 복지혜택, 직급 등이 판이하게 다른 이들과 동료애를 나누기란 쉽지 않습니다. 오히려 서로 질시하고 갈등을 겪을 가능성이 더 높겠죠. 비정규직 노동자 스스로도 열등감 속에서 자신감 있는 직장생활을 하기 힘들 겁니다. 결국 비정규직 노동자라는 위치에 소속된 이들은 경제적 고통뿐 아니라 정신적 고통도 심각하게 받을 수 있는 것입니다.

◐ 비정규직 고용을 막기보다 고용 환경을 개선해야

기업이 비정규직을 고용하는 건 이기적이라고들 비난합니다. 그런데 말이죠, 기업은 본질상 이기적입니다. 이윤을 거두는 게 기업의 목적이고, 그러려고 노동자를 고용하는 것이니까요. 정규직을 고용해야 더 이익이 된다면 왜 기업이 정규직을 고용하지 않겠습니까?

기업 스스로 정규직이 필요한 자리는 정규직으로, 비정규직이 필요한 자리는 비정규직으로 고용하고 있습니다.

비정규직 임금이 낮은 것 또한 기업 입장에서 그 정도 임금으로도 노동자를 충분히 구할 수 있기 때문입니다. 노동자에 대한 수요보다 공급이 더 많으니 발생하는 불가피한 현상인 거죠. 기업을 비난할 일이 아닌 겁니다. 오히려 기업이 잘 돼서 경제가 더 활성화되고 노동자에 대한 수요가 늘어나면 비정규직의 임금 역시 오르게 될 겁니다.

그리고 현재 비정규직이 겪고 있는 생활상의 어려움은 기업에 책임을 물을 게 아니라 일정하게는 국가가 해결해야 할 부분입니다. 복지로 기본적인 생활을 할 수 있게 해주고, 재취업 교육을 활성화해 다른 직장으로 쉽게 옮겨갈 수 있게 도와준다면 비정규직으로 일해도 충분히 살아갈 수 있는 사회가 될 것입니다.

시각을 한번 이렇게 바꿔 보세요. 기업뿐 아니라 노동자들에게도 비정규직 고용 방식이 오히려 도움이 될 수 있거든요. 우리 사회에서는 오랫동안 '평생직장'의 신화가 자리잡아왔습니다. 인생의 초기에 발을 들여놓은 직장에서 정년퇴직 때까지 일하는 것을 미덕으로 여겨온 것이죠. 하지만 학교를 갓 졸업하고 처음 들어간 직장에서 평생토록 일하는 것은 그를 우물 안 개구리로 만들 수 있습니다. 한번 정규직 노동자가 되면 다른 분야, 다른 일터를 경험하기란 쉽지 않습니다. 그런데 자신이 어느 분야에 가장 적합한지, 자신의 능력이 어느 곳에서 가장 빛을 발하는지를 여러 일터에서 실험해볼 수 있다면 당장은 불안정할지 몰라도 인생 전체에선 값진 경험이 될 수 있습니다. 비정규직이란 조건을 나쁘게만 생각할 건 아니란 거죠.

문제는 정규직이냐 비정규직이냐에 있는 건 아니라고 봅니다. 비정규직이라 하더라도 고용이 안정되어 있지 않은 만큼 재취업도 쉬운 환경을 만든다든지 정규직과의 지나친 급여 격차를 줄인다든지 하는 여건의 개선이 문제의 핵심일 것입니다.

[쟁점 2] 비정규직 고용은 기업과 사회에 모두 이득이다?

● 비정규직의 불행은 기업과 사회도 불행하게 한다

고용 안정을 요구하는 목소리는 기업의 경영합리화나 사회 전체의 효율성을 위해 비정규직 고용이 불가피하다는 반박에 부딪힙니다. 그런데 정말 그럴까요? 비정규직을 고용하는 것이 기업과 사회에 마냥 도움이 될까요? 정규직 노동자 대신 비정규직 노동자를 고용하면 기업은 노동과 관련한 비용은 일단 줄일 수 있습니다. 하지만 눈앞의 이익만을 위해 상대적으로 값싼 비정규직만을 선호하면 기업은 장기적으로 오히려 큰 손해를 입고 위기에 직면할 수 있습니다. 그 이유는 우수 인력의 유출과 소비 감소라는 두 가지 측면으로 나눠 볼 수 있습니다.

어떤 업무에 익숙해지고 전문성을 갖추려면 최소 몇 년의 시간이 필요합니다. 그런데 비정규직이 일터에서 맺는 계약은 1년 단위로 이루어지며 재계약이 2년을 넘지 않는 경우가 대부분입니다. 따라서 2년간 한 일터에서 업무능력을 향상시킨 비정규직 노동자는 자신이 얻은 기술과 능력을 최대로 발휘하기도 전에 그 일터를 떠나게 되

생각 VS 생각

곤 합니다. 또 근무중에라도 소속감 없는 그 일터를 벗어나 다른 곳으로 옮겨가는 일이 잦습니다. 이는 결국 기업의 손해로 이어집니다. 눈앞에 보이는 노동비용을 절감하려다가 숙련노동자를 놓침으로써 장기적 성장 동력을 잃어버리는 꼴입니다.

또한 한 기업이 비정규직을 늘리면 단기적으로 이윤을 더 걷을 수 있지만, 모든 기업이 비정규직을 늘리게 되면 장기적으로는 기업에 불황을 가져다주게 됩니다. 왜냐고요? 그렇게 되면 사회 전체적인 소비가 줄어들기 때문입니다. 노동자는 일터에서는 생산을 담당하지만 일터 밖에서는 소비자입니다. 즉, 이들은 그 기업의 노동자인 동시에 소비자인 것이죠. 그런데 앞서 봤듯이 비정규직 노동자들은 보수가 적고 생활이 불안해 정규직 노동자들에 비해 소비를 덜 할 수밖에 없습니다. 당장 내년에 어떻게 될지 알 수 없는데 자가용을 구입하거나 가구를 새로 사기는 쉽지 않겠죠. 따라서 정규직이 줄고 비정규직이 늘면 늘수록 기업으로서는 생산한 상품을 사줄 소비자를 잃는 결과가 됩니다.

이런 현상이 극단적으로 나타난 것이 바로 유명한 1930년대의 세계 대공황입니다. 당시 미국은 경제가 잘 나가다가 심각한 경기침체에 빠졌습니다. 이유는 간단했습니다. 기업은 큰 이윤을 벌어들였지만, 노동자들의 임금이 낮아 상품이 팔리지 않고 창고에만 쌓여갔기 때문입니다. 갑자기 기업의 경영이 어려워졌고, 기업들은 그에 따라 노동자를 해고하고 임금을 더 줄였죠. 하지만 그럴수록 소비는 더 얼어붙을 뿐이었습니다. 결국 심각한 실업과 기업 도산이 연쇄적으로 서로 영향을 주며 심각한 경기불황에 빠졌고, 이는 전세계에 공황을 불러왔습니다. 대공황의 교훈은 '수요의 중요성'에 있습니다. 기업이 제아무리 많은 상품을 생산한다 해도 이를 소비할 수 있는 이들이 없다면 경제는 활성화되지 않는 겁니다. 우리 사회의 비정규직 증가 역시 사회 전체의 소비 감소와 밀접한 관계가 있는 만큼, 경제 활성화를 위해서도 비정규직 증가는 바람직하지 않습니다.

더욱이 이로 인한 경기침체는 심각한 사회갈등을 낳을 우려가 있습니다. 실제로 지난 10여 년간 비정규직 노동자들이 급증하면서 우리 사회에선 노사갈등뿐 아니라 노노갈등도 심각한 사회문제로 주목받고 있습니다. 극단적으로 이 갈등은 2013년 8월 발생한 이른바 '여의도 칼부림 사건'과 같은 범죄로까지 이어질 수 있습니다.

여의도에서 전 직장 동료 및 불특정 다수를 향해 칼을 휘두른 김 씨는 전 직장에서 자신을 '왕따'시킨 동료들에 대한 분노로 범죄를 저질렀지만, 좀더 깊이 그의 삶을 들여다보면 비정규직을 전전하는 동안 쌓인 분노를 발견할 수 있습니다. 이 사건이 '절망 살인' '증오 살인' 등으로 불리는 까닭이죠. 계속되는 고용불안 속에서 소속감을 잃은, 그리고 일터에서 동료들에게 차별받은 비정규직 노동자가 그 불만의 화살을 사회 불특정 다수에게 돌려 '분노형 범죄' '묻지마 범죄'를 일으킨 것입니다.

이처럼 비정규직 고용의 필요성을 강조하는 이들이 전면에 내세운 경제적 효과라는 것도 보다 장기적이고 넓은 안목으로 보면 오히려 부정적으로 나타날 뿐 아니라, 비정규직 고용이 늘어날수록 사회통합이 저해되고 좌절한 이들로 인한 범죄까지 발생할 수 있습니다. 따라서 종합적으로 평가해볼 때 비정규직 고용은 개별 노동자의 삶을 어렵게 만들 뿐 아니라 사회 전체적으로도 득보다 실이 많다고, 즉 개인과 사회 모두를 불행하게 만든다고 결론지을 수 있습니다.

● 유연한 고용은 현대 사회에서 필수적이다

대한상공회의소가 제조업체 220개사를 대상으로 비정규직 활용 실태를 조사한 결과에 따르면 전체의 64.3%가 '일시적 또는 계절적 유동성 때문', 58.4%가 '인력조정이 쉽기 때문'에 비정규직을 고용한다고 했답니다. 많은 기업들이 비정규직 고용을 선호하는 이유가, 지금은 노동자를 추가로 고용해야 하지만 미래에도 인력이 필요할지 알 수 없기 때문이란 얘기입니다.

마스크 제조회사의 예를 들어보지요. 갑작스런 중국발 황사로 어느 해 봄에 마스크의 수요가 급증했다고 무조건 정규직 노동자들의 고용을 늘릴 수는 없습니다. 그랬을 경우, 봄이 지나고 생산을 줄여야 한다고 판단될 때 이들을 마음대로 해고할 수 없기 때문입니다. 또한 다음해에도 황사가 많이 불어올지는 알 수 없는 문제입니다. 결국 정규직 노동자만을 고용해야 한다면, 이는 기업의 입장에선 엄청난 손해가 됩니다. 상황에 따라 생산을 자유로이 늘리고 줄일 수 있어야 효율적인데 그럴 수가 없으니 말입니다.

이런 문제 때문에 필요한 것이 제레미 리프킨이 저서『노동의 종말』에서 강조한 '노동의 유연성'이란 경제학 개념입니다. 노동의 유연성이란 필요에 따라 노동자 고용을 자유롭게 조정하는 것을 말합니다. 예컨대 장마철에는 우산 공장에서 노동자를 고용했다가 겨울철에는 그 노동자를 핫팩 공장이 고용하는 식인 거죠. 이런 노동의 유연성은 누가 봐도 합리적이며 효율적인 것입니다. 더구나 세상의 변화 속도는 갈수록 빨라져서 기술과 상품의 생명주기 역시 엄청 짧아지고 있습니다. 이에 맞춰가야 생존할 수 있는 기업으로서는 순발력 있는 대응을 위해서도 유연한 고용 환경을 추구해야 하는 것입니다.

하지만 우리 사회에는 '정규직 고용은 선, 비정규직 고용은 악'이라는 관념이 자리잡고 있습니다. 이런 일방적 시각에는 문제가 있습니다. 기업의 비정규직 고용 활용은 사회적으로 해가 되기는커녕 오히려 발전에 기여할 수 있기 때문입니다.

일자리 창출은 가장 직접적인 효과입니다. 우리나라의 실업률이 심각하다는 건 누구나 알고 있을 겁니다. 기업이 고용을 하지 않는 건 경제 상황이 급변하기 쉬운 터에 함부로 고용을 늘리기 힘든 때문입니다. 현재 잘 나가는 회사여서 고용을 늘렸는데, 몇 년 뒤 신기술 개발이나 트렌드 변화로 갑자기 판매가 뚝 떨어져 회사 사정이 악화되는 경우란 얼마든지 가능하죠. 이때 규모 축소가 불가피해진 회사 입장에서는 해고가 쉽지 않은 정규직이 부담스러울 수밖에 없지요. 여러분도 요즘 인터넷 기술이나 스마트폰 기술 영역에서 얼마나 많은 변화가 빨리 일어나는지 잘 알고 있을 겁니다. 그러니까 당연히 고용에 신중할 수밖에 없는 것이죠.

이런 상황에서 비정규직은 잘못된 것이므로 무조건 정규직으로 채용하라는 노동계의 주장은 현실과 맞지 않습니다. 예전처럼 앞날 예측이 쉬운 경제에서는 정규직 고용이 의미가 있었겠지만, 달라진 경제 환경에서는 비정규직을 적극적으로 활용해야 합니다. 그래서 노동의 유연성은 전세계적 추세가 될 수밖에 없었던 겁니다. 따라서 이 같은 추세에 발맞추지 못하면 외국자본을 국내 투자로 끌어오기는커녕 우리 기업들조차 비용 절감을 위해 해외로 공장을 옮기려 하기 십상입니다. 그러면 당연히 일자리는 더욱 줄어들고 나라 전체의 경제도 위축될 수밖에 없겠지요. 그리하여 행복하기 위해 비정규직에서 벗어나고 싶다고 외치는 노동자들을 정작 실업자로 만들어, 오히려 더욱 행복에서 멀어지게 할 것입니다.

∗∗ 생각 정리 ∗∗

서두에서 인용한 『한겨레』의 연재기사로 다시 돌아가 봅시다. '우리 안의 비정규직'이란 표현처럼 정말 우리 주변에는 비정규직 노동자들이 많습니다. 여러분을 가르치는 선생님들 중에도 기간제 교사, 시간강사와 같은 비정규직 선생님들이 있고 은행 접수창구에서 여러분의 예금을 돕는 직원도 비정규직일 수 있습니다. 또 여러분 부모님들 가운데도 비정규직 노동을 하시는 분이 계실 수 있습니다. 앞서 본 대로 비정규직은 우리 사회에서 분명 필요한 부분이 있습니다. 그리고 이미 많은 사람들이 비정규직 노동자로서 살아가고 있습니다. 그러나 동시에 분명한 것은 우리 현실에 비정규직으로 인한 여러 문제가 존재한다는 사실입니다.

현재 법은 '2년 이상 고용할 때에는 반드시 정규직으로 고용'하도록 정해져 있습니다. 하지만 실제로는 2년이 되면 '정규직 전환'이 되는 게 아니라 '해고'를 당합니다. 그 자리는 다른 비정규직 노동자가 채우지요. 법망을 교묘히 피해가는 것입니다. 이는 어떤 법의 제정만으로 비정규직 문제를 해결하긴 어렵다는 점도 잘 보여줍니다.

그래도 우리는 이 문제에 대한 고민을 멈춰서는 안 됩니다. 비정규직 고용은 이미 하나의 거대한 흐름으로 자리 잡았고, 따라서 비정규직 고용이 필요한 것이든 아니든 그로 인한 부작용과 문제들은 반드시 해결되어야 하기 때문입니다. 앞으로 여러분이 맞이할 미래를 위해서도 말이지요.

청소년 권리 보장 vs 책임 없는 권리

청소년, 선거권을 요구하다

1913년 영국의 한 경마장에서 한 여성이 달리는 말에 뛰어드는 사건이 발생했습니다. 그녀는 결국 말발굽에 짓밟혀 숨을 거두었죠. 경마장에 있던 국왕과 귀족들을 포함한 모든 이들은 눈앞의 광경을 믿을 수 없었습니다. 대체 왜 이런 무모한 일을 한 걸까요?

그녀의 이름은 에밀리 데이비슨으로, 여성 선거권 운동가였습니다. 당시에는 여성에게 선거권이 없어서, 여성 선각자들이 선거권을 요구하고 있었죠. 그렇지만 아무리 시위를 해도 세상에 제대로 알려지지도 않고, 그리하여 사람들의 관심과 변화를 얻어낼 방법이 없자, 결국 이런 극단적인 행동을 감행한 겁니다. 이후 이를 계기로 더욱 거세게 여성의 선거권이 주창되면서 결국 1918년 여성들은 선거권을 갖게 됐습니다.(당시엔 30세 이상의 여성들만, 10년 뒤인 1928년에는 21세 이상의 모든 여성이 남성과 동등한 선거권을 갖게 되었습니다.)

이처럼 100여 년 전엔 여성들은 투표권을 가지지 못하는 게 상식이자 현실의 엄연한 법이었습니다. 지금은 "여자가 무슨 투표를"이란 말을 하는 사람은 시대착오적인 이로 여겨지겠죠. 전세계 대부분의 나라들에서 여성의 선거권은 이제 '상식'으로 되어 있으니까요. 이처럼 현재의 상식이 과거에는 비상식으로 여겨지곤 했습니다. 우리가 흔히 국민의 보편적 권리라고 생각하는 선거권 역시도 말이지요.

그렇다면 청소년들의 선거권은 어떨까요? 현재 우리나라에서는 만 19세가 돼야 대표를 뽑는 선거권을 가질 수 있습니다. 또 피선거권(공직에 출마할 수 있는 권리)은 최소 만 25세 이상이 되어야 가질 수 있고요. 그런데 이런 제한에 대해 '잘못된 상식'이고 '부당한 것'이라는 목소리가 있습니다. 그런 목소리는 청소년 역시 정치의 주체가 되어야 한다고 외치면서, 청소년들에게 선거권을 주지 않는 것은 명백한 차별이요 민주주의를 저해하는 일이라고 말합니다. 스스로 이런 주장을 하는 청소년들은 21세기 대한민국의 '에밀리'라고 볼 수 있을 것입니다.

하지만 이런 주장은 '청소년 보호'라는 가치와는 충돌합니다. 여성에게 선거권을 주지 않은 것은 특정 집단을 완전히 제외시켜버린 것이니 차별이 틀림없지만, 청소년들에게 선거권을 주지 않는 것은 이와 달리 미성숙한 이들을 잠시 보호하고자 선거권 부여를 미루는 것이니 차별이 될 수 없다는 것이죠. 청소년기는 정치에 참여할 준비를 갖추는 시기이지, 정치에 직접 참여하는 것은 위험한 결과를 가져올 수 있다는 이야기입니다.

과연 청소년이 정치에 직접 참여할 권리를 갖는 것이 필요할까요? 또 선거권이 청소년에게까지 확대되는 것이 민주주의의 증진을 가져올까요, 아니면 청소년들에게 혼란만을 안겨줄까요?

[쟁점 1] 청소년에게 선거권을 주지 않는 건 차별일까?

◐ 청소년은 선거에 참여할 능력이 있다

청소년의 선거권을 반대하는 이들이 가장 먼저 내세우는 이유는, 청소년이 아직 어려서 선거에 참여할 만한 능력이 없다는 것입니다. 하지만 학자들의 과학적 연구 결과는 이런 주장이 틀렸음을 보여줍니다. 여러 실험에서 사람의 인지능력이나 도덕성, 자율성 등은 대체로 10대 초반에 이미 성인의 발달 수준에 다다른다는 것이 밝혀졌죠. 바로 그렇기 때문에 신문의 기사들도 청소년기의 이해도를 기준으로 작성됩니다. 성인이나 청소년이나 어떤 것을 이해하는 능력은 크게 다르지 않다고 보는 것이죠.

이처럼 청소년들 역시 성인과 다름없이 정치적 판단을 할 수 있다고 여기고, 많은 나라들이 청소년들에게 정치적 권리를 폭넓게 인정하고 있습니다. 미국, 캐나다와 유럽 대부분의 국가들을 포함한 144개국이 만 18세부터 선거권을 주고 있고, 독일과 오스트리아 등은 만 16세부터 선거권을 주기도 합니다. 뿐만 아니라 피선거권 역시 청소년들에게 열려 있는 나라들이 적지 않아 미국에선 레이첼 레스터가 15세에 지방의회 의원으로, 마이클 세션스가 18세에 시장으로 당선된 일이 있습니다. 또 영국에선 에밀리 벤이 17세의 나이에 노동당 후보로 의원에 출마했고, 독일에선 안나 뤼어만이 19세에 세계 최

청소년 또한 정치의 한 주체라고 주장하며 투표권을 요구하는 청소년들이 있으며, 다양한 방식으로 자신들의 주장을 알리고 있다. © 청소년인권활동가네트워크(현 청소년활동기상청 '활기')

연소 의원으로 선출되었습니다. 그런 만큼 이런 나라들에선 청소년들이 정당에 가입해 어릴 때부터 정치활동을 하는 것이 아주 자연스러운데요, 일례로 독일의 대통령 크리스티안 불프는 16세부터 기독

교민주당CDU에 입당해 적극적으로 활동하며 정치적 경력을 쌓다가 대통령까지 이르렀습니다.

미국 청소년과 한국 청소년의 생물학적인 인지능력이 크게 다를 리 없습니다. 그런데 왜 우리 청소년들만 정치에 참여할 권리를 제약받아야 할까요?

그런데 재미있는 것은 우리 사회가 청소년의 인지능력이 결코 미흡하지 않다는 걸 스스로 인정하고 있단 사실입니다. 만 18세가 된 청소년은 군대에 갈 수 있고, 8급 이하의 공무원 임용에도 응시할 수 있습니다. 또 안전상 위험한 직업에도 취직이 가능하며 부모의 허락을 받으면 결혼도 할 수 있습니다. 청소년이 정말 어려서 성인보다 판단 능력이 떨어진다면 어떻게 이런 권리들을 줄 수 있을까요? 군대에 복무하거나 취업을 할 때, 심지어 결혼을 할 때도 만 18세는 '그럴 자격이 있다'고 하면서 선거에 대해서만 자격을 부여하지 않는 것은 명백히 차별이라고 할 수 있습니다.

오래전에는 노예라는 이유로, 여성이라는 이유로, 또 흑인이라는 이유로 선거권을 주지 않았습니다. 이를 정당화하기 위해 사용된 논리는 언제나 같았습니다. 그들이 선거권을 가지기에는 능력이 부족하다는 것이었죠. 19세기의 정치사상가 존 스튜어트 밀은 이런 주장에 대해 "여성의 머리가 작아서 투표할 수 없다면 코끼리에게 투표권을 줘라"고 격하게 반대했습니다. 그의 아내는 그와 자주 토론하며 무지를 일깨워주는 뛰어난 지성을 갖췄음에도 여성이란 이유만으로 아무런 정치적 권리를 갖지 못했기 때문이죠. 밀뿐 아니라 수많은 사람들이 갖가지 이유로 선거권을 제한하는 사회의 제도와 관념에 맞서 싸웠고, 결국 현대사회에선 성별과 계급 등 평등선거권을 가로막던 장벽이 대부분 사라졌습니다. 그리고 이제는 나이라는 장벽 또한 차츰 낮아지고 있습니다. 정치 선진국이라 하는 나라들은 적어도 만 18세 이상은 투표권을 부여하고 그 범위를 더 넓히고자 노력하고 있지요. 하지만 우리나라에서 나이의 장벽은 철통같이 버티고 서 있습니다. 군대도 가고 결혼도 할 수 있는 만 18세가 선거권만은 가지지 못하니까요. 이는 우리 사회에서 청소년을 차별하고 있다는 사실 이상도 이하도 아닙니다.

◑ 모든 청소년이 준비되었을까?

만 18세가 되면 결혼도 할 수 있고, 공무원에 임용될 수도 있으며, 군대에도 갈 수 있는데 선거권만 가질 수 없는 것이 차별이라고 하는 주장이 있습니다. 하지만 앞의 권리·의무들과 선거권을 동등하게 비교할 수는 없지요. 앞서의 것들은 만 18세 이상 청소년들에게 자격을 부여하는 것일 뿐, 실제로 결혼하거나 공무원 시험을 보거나 군대에 가는 청소년들은 거의 없습니다. 하지만 선거권은 얘기가 다릅니다. 주어지는 순간, 모든 청소년이 투표의 주체가 되고 또 선거운동의 대상이 됩니다.

선거권을 가진다 해도 본인이 관심 갖지 않으면 그뿐 아니냐고요? 그건 말처럼 쉽지 않습니다. 유권자가 된 여러분은 정당들의 관심을 받게 되고 여러분의 한 표를 받기 위해 오프라인과 온라인 모든 공간에서 이런 저런 러브콜이 쇄도하게 될 테니까요. 18세부터 결혼할 수 있다 해도 결혼정보회사의 커플매니저가 18세 청소년들에게 전화를 해 좋은 배우자를 소개시켜주겠다고 가입을 권유하는 일은 없지만, 선거권을 가지게 되면 선거기간에 후보자들이 뽑아달라는 전화와 문자를 보내올 겁니다. 독일에서처럼 아예 교실로 정치인들이 찾아와 표를 호소하는 일까지 있을지 모르고요.

정말 중요한 문제는 이렇게 선거권을 가지게 된 청소년들이 제대로 자신의 권리를 행사할 수 있느냐입니다. 일각에서는 청소년의 지적 능력 발달 수준은 성인과 차이가 없다는 연구 결과를 가지고서 청소년 역시 유권자가 되기에 충분하다고 말합니다. 그렇지만 성인과 청소년 사이에 차이가 있다는 건 누구나 알고 있습니다. 그렇지 않다면 '사춘기'라든가 '질풍노도의 시기'라는 말이 왜 있겠나요? 청소년들은 겉으로 보기엔 어른과 다름없어 보일지 모릅니다. 두뇌의 구조와 기능도 완전히 발달해 지적 수준 또한 성인과 큰 차이 없을 수 있고요. 하지만 지적 능력이 일정 수준에 오른다고 다 어른이 되는 건 아니죠.

청소년들은 신체와 뇌의 발달에 비해 정신적이고 감정적인 발달은 아직 부족합니다. 이런 부조화 때문에 정신적 방황을 겪거나 충동과 감정이 제어가 안 돼 문제를 일으키기도 하고요. 이해력은 성인과 다를 바 없을지 모르지만, 경험이 부족하기 때문에 실수를 할 가능성도 높고요. 이런 점은 선거에서 문제를 일으킬 수가 있습니다. 예를 들어 수능을 폐지한다거나 급식을 패밀리 레스토랑급으로 하겠다는 식의 현실성 없고 극단적이지만 청소년들이 좋아할 만한 공약이 인기를 끌 수도 있습니다. 그런 공약을 내건 정치인이 청소년들의 감정적이고도 장난스런 투표에 힘입어 당선될지도 모릅니다.

특성상 외부에 영향을 받기 쉬운 청소년들은, 좋아하는 연예인이 지지하는 정치인을 따라 지지하는 경우도 많을 겁니다.

따라서 보다 책임 있고 보다 바람직한 선거를 위해선 질풍노도의 청소년기를 벗어나 정신적으로 성숙한 성인들에게만 선거권이 주어질 필요가 있습니다. 그런 의미에서 볼 때 어린이와 청소년들이 너무 어려서, 아직 미성숙하므로 선거권을 줄 수 없다는 것은 결코 부당하지 않은 합리적 차별입니다. 이는 미성년자들의 범죄에 대해서는 성인보다 너그럽게 죄를 묻고, 대가를 치르게 하기보단 반성과 교육의 기회를 갖게 하는 경우와 같은 맥락입니다. 충동적인 실수를 저지르기 쉬운 청소년들의 범죄를 성인과 다르게 대우하는 것이 합리적 차별이듯, 이들의 선거권을 제한하는 것도 이들의 인권을 침해하는 것이 아니라 합리적인 이유가 있는 차별인 것이죠.

[쟁점 2] 청소년에게 주어진 선거권은 민주주의를 발전시킬까?

◐ 선거에 참여하는 청소년은 민주주의를 몸으로 배운다

선거는 단순히 대표를 뽑는 행사가 아닙니다. 선거는 시민들이 정치과정을 직접 경험하고 실천하는 민주주의 실현의 장입니다. 선거 전후에도 정치에 관심을 갖고 간접적으로나마 참여할 수 있겠지만, 그래도 국민 한 명 한 명의 투표권이 직접 실시되는 선거만큼 강력하고 직접적인 참여는 없습니다.

그러니 선거는 단연 민주주의의 꽃이라 할 수 있습니다. 그래서 선거권을 얻고자 피까지 흘려가며 투쟁했던 것이고, 민주주의 발전은 곧 선거권 확대의 역사라고 하는 것이죠. 그렇다면 선거권이 청소년에게까지 확대되는 것은 우리 사회의 민주주의를 한층 발전시키는 큰 발걸음이 될 수 있습니다.

물론 청소년들이 감정적인 투표를 할 수도 있겠지요. 다른 판단 없이 청소년들에게 득이 돼 보이는 정책이 나오면 무조건적인 지지를 할 수 있습니다. 십대에게 인기가 많은 연예인을 좇아 투표하는 모습도 나타나겠죠. 하지만 이것이 비단 청소년들에게만 해당하는 일일까요? 같은 지역 출신이라고 무조건적인 지지를 하고, 집값을 올려줄 공약을 무차별적으로 지지하는 건 지금 성인들에게서도 나타나는 모습 아닌가요? 정책과 상관없이 상대 후보의 사생활을 들춰내고 인신공격을 하는 행태도 많이 보입니다. 성인들일지라도 선거에서 이성적 판단을 흐리는 요소들에 휘둘린다는 이야기입니다. 그러니 동원정치나 포퓰리즘에 대한 우려가 청소년들의 선거권을 반대하는 논거가 될 수는 없는 겁니다.

만일 청소년들이 성인에 비해 사회적·정치적 경험이 부족해 충동적인 투표를 했다고 하더라도 이들의 선거권 자체를 반대해선 안 됩니다. 청소년기에 선거에서 실수했다고 해도 그 실수가 오히려 성인이 되었을 때 성숙한 의사 결정을 하게 해줄 수 있기 때문입니다. 나이가 어려 경험의 폭이 좁을수록 사람은 자신의 실수를 빠르게 고칠 수 있습니다. 그렇기 때문에, 생각이 유연한 청소년기에 선거에 참여하고 자신의 선택에 따른 결과를 알게 된다면 정치의식이 빠르게 성숙해질 수 있다는 의미입니다.

청소년이 선거에 참여하는 건 그 자체가 살아 있는 정치교육입니다. 아무리 교과서로 정치과정이 어떻게 진행되고 선거는 또 어떤 식으로 실시된다고 배워도 그것을 피부로 느끼기란 쉽지 않습니다. 하지만 백문百聞이 불여일견不如一見이듯 단 한 번만 선거에 직접 참여해보면 생생하게 배울 수 있습니다. 내가 직접 투표를 하려면 우선 어떤 선거가 진행되는지 알아야 하고, 다음엔 거기에 나온 후보들이 누군지 살펴봐야 하며, 가장 적합한 인물이 누구인지 판단하기 위해 각 후보들이 내세운 공약들을 꼼꼼하게 비교하며 살펴보게 됩니다. 이 과정에서 청소년들은 자연스럽게 정치에 대해 공부를 하게 됩니다. 그리고 더 나아가 지금 우리 사회에서 관건이 되는 과제가 무엇인지를 알게 되고, 이를 해결하려면 어떻게 해야 하는지 고민하는 기회도 가질 수 있죠. 이런 공부와 고민이 바로 진정한 시민교육이며, 그것이 우리 사회의 민주주의를 한걸음 더 나아가게 만들 겁니다.

◑ 현실 정치는 교과서 속 정치와 다르다

청소년들이 선거권을 가지면 선거권이 확대되니 민주주의가 발전한다는 건 너무 단순한 생각 아닐까요? 보다 많은 이들이 선거권을 갖는다고 민주주의가 무조건 발전하는 건 아니니 말입니다. 이런 계산법대로라면 청소년들이 선거권을 갖게 된 이후엔 민주주의 발전을 위해서 젖먹이 어린이들에게도 선거권을 줘야 할까요?

투표권 행사는 그저 투표함에 종이 한 장 넣는 행위가 아닙니다. 주권의식을 가지고 투표를 할 때 투표권의 의미가 있는 겁니다. 그런데 이런 투표권의 의미를 마음속에 새기고 투표에 참여할 청소년들이 얼마나 있을까요? 진지하게 선거에 임하는 청소년도 있겠지만,

각 지역에서 실시하는 청소년 모의의회와 같은 제도는 청소년들을 정치적 문제로부터 보호하면서도 정치과정을 습득하게 해준다. 청소년들이 정치적으로 활발한 시민이 되기 위해 더 많은 정치 교육이 필요한 건 맞지만, 그것이 청소년에게 투표권을 주는 형태로 이뤄지는 건 위험할 수 있다.

대충 찍고 마는 청소년도 많을 겁니다. 사실 진지하게 투표권을 요구하는 청소년들의 수는 많지 않습니다. 대부분의 청소년들에게는 학교 성적과 입시가 훨씬 중요한 문제니까요. 오히려 청소년의 투표권은 투표율 향상을 위해, 또 그것이 자신에게 유리한 정치세력들이 요구하는 경향이 더 강합니다.

한편으로 민주시민의 자질을 함양하는 데 선거 참여 경험이 효과적이라며, 청소년들의 선거 참여가 우리 사회의 민주주의를 한층 더 발전시킬 것이라는 주장이 있습니다. 그렇지만 그런 긍정적 효과를 기대하기에는 위험성이 너무 큽니다. 현실정치는 학생들이 배우는 교과서 속 정치와는 다른 면이 많기 때문이죠. 교과서대로라면 선거에서 후보들이 정책대결을 펼쳐야 하지만, 안타깝게도 현실의 선거는 정책대결의 장이라기보다는 상대 후보의 사생활을 캐내는 등 흑색선전이 난무한 정치 싸움판이 되는 경우가 많습니다. 이런 현실 선거의 모습은, 아직 정신적으로 성숙하지 못하고 사회적 경험이 부족한 청소년들에게 오히려 선거와 정치에 대해 혐오감만 심어주지 않을까요?

청소년 시기엔 직접 선거권을 행사하기보단 미래에 자신이 참여할 선거에 대해 공부하는 시간만 갖는 것이 바람직합니다. 한걸음 떨어져 우리나라의 선거가 어떤 방식으로 진행되는지, 우리나라 정치가 어떤 모습인지 객관적으로 살펴보면서 '장차 나는 어떤 시민이 되어야 할까'를 친구들과 함께 토론하고 고민하는 것만으로도 예비시민으로서의 교육은 충분할 테니까요.

만일 더 생생한 교육이 필요하다면 교실에서 모의의회나 모의선거를 치러볼 수도 있을 겁니다. 한걸음 나아가 청소년 투표 제도를 도입해보는 것도 좋은 방법이고요. 코스타리카에선 선거권이 주어지지 않는 12~17세의 청소년들도 국가기관으로부터 신분증명서를 발급받아 일종의 모의투표를 한다고 합니다. 선거 결과에 적용되지는 않지만 이 과정에서 청소년들은 선거를 보다 가까이 경험할 수 있고, 이 결과가 언론에 공표되기 때문에 정치인들과 여론은 청소년들의 목소리를 듣고 청소년정책을 수립하는 데 참고할 수 있고요. 우리나라에서도 다양한 청소년의회 프로그램이 운영되고 있습니다. 청소년들이 국회의원처럼 법안을 내고 의결해보는 것은 그 과정 자체가 의미가 있으며, 때로는 입법청원 활동을 하면서 청소년들의 목소리를 정치권에 전달하기도 합니다.

성인과 청소년을 엄격히 구별하는 우리 사회에서 청소년들의 정치참여는 금기시되는 행위였습니다. 어린아이들은 어른들이 결정하는 대로 따라야 하는데 감히 정치에 나서서 무언가를 주장하고 요구하는 것은 있을 수 없는 일이었던 것이죠. 또 우리나라의 입시경쟁은 공부하기 바쁜 청소년들이 정치 같은 '딴 일'에 신경 쓰는 것을 용납하지 않았던 게 사실입니다.

하지만 청소년들은 꾸준히 자신의 목소리를 내며 정치에 대한 참여의 폭을 넓혀왔습니다. 2002년 월드컵 열기가 한창이던 해, 미군 장갑차 사고로 죽은 두 여중생을 추모하고, 사건 해결을 위해 광장에 모여 촛불을 든 청소년들이 있었습니다. 그때부터 광장 시위에 참여하는 청소년들은 '촛불소녀' '촛불세대'로 불리며 우리 사회의 정치 주체로 발돋움했습니다. 항일운동이나 독재정권 시절의 민주항쟁에서 앞장섰던 것처럼 말이죠.

그 후 청소년들은 단체를 만들어 두발규제나 이성교제 금지와 같은 내용을 담은 교칙들이 헌법에 어긋난다는 주장을 펴기도 했고, 이에 대해 헌법소원을 내거나 청소년의회를 만들어 국회에 법률안을 내기도 했습니다. 그리고 이제는 청소년 선거권까지 주장하기에 이르렀습니다.

이런 변화의 움직임이 과연 바람직한 것일까요? 청소년들의 이 요구가 사실 우리 사회 대부분의 어른들에겐 다소 당혹스러운 것이 사실입니다. 하지만 한 가지만은 확실합니다. 청소년들이 조금씩 더 적극적으로 자기 권리를 요구하기 시작했고, 우리 사회는 여기에 대답을 해줘야 한다는 것이죠.

어찌됐든 선거권까지 요구하는 청소년들의 모습은 그 자체로 의미 있는 것 아닐까요. 주장의 정당성 여부를 떠나 청소년들이 선거권을 주장할 정도로 사회에 관심을 갖게 됐다는 것은 그만큼 우리 사회에서 민주주의가 지속적으로 발전하고 있다는 증거일 테니까요. 그 의미를 분명히 되새기며 선거권에 대해 보다 이성적이고 합리적인, 그리고 정당한 결론을 스스로 내려 보길 바랍니다.

피의자 얼굴 공개

알 권리 보장 vs 인권 침해

살인범의 얼굴을 보호해줘야 하나

2011년 5월, 경찰공무원 시험에 합격한 한 청년의 이야기가 많은 이들에게 감동과 안타까움을 동시에 안겨주었습니다. 청년은 부녀자 7명을 살해한 살인범 강호순에게 희생된 여성들 중 한 명의 오빠였는데요, 그는 2009년에 강호순이 체포되면서 3년 전 실종된 여동생이 왜 집으로 돌아오지 못했는지 비로소 알게 됩니다. 여동생은 이미 강호순에게 살해돼 차가운 땅속에 매장돼 있었던 겁니다. 그때 청년은 가슴을 치며 경찰이 되어야겠다고 결심해 오랜 공부 끝에 합격을 했습니다. 그리고 기자들이 그에게 "경찰이 되면 무엇을 제일 먼저 하고 싶냐"고 묻자 청년은 이렇게 대답했다고 합니다.

"동생의 사건 파일을 열어보고 싶다."

얼마나 아프고 얼마나 분했으면 경찰이 돼 여동생의 사건 파일을 열어보겠다고 결심했던 걸까요? 이렇듯 소중한 사람을 범죄자에게 잃은 사람이라면 누구나 그 사건과 범인에 대해 알고 싶어 할 겁니다. 가족이 희생되지 않았더라도, 사회를 진동시킬 정도로 흉악한 범죄자에 대해서는 많은 사람들이 큰 관심을 갖습니다.

그래서 강호순이 현장 검증을 하러 거리로 나왔을 때 사람들은 "살인마의 얼굴을 가리지 마라" "목숨을 잃은 피해자보다 범죄를 저지른 피의자 인권이 앞서느냐"고 외치며 경찰에게 얼굴을 보이라고 요구했습니다. 하지만 경찰은 현장 검증을 할 때나 압송할 때 강호순의 얼굴을 가린 모자와 마스크를 벗겨내지 않고 얼굴을 감추었습니다. 그런데 얼마 지나지 않아 모든 사람들이 강호순의 얼굴을 볼 수 있게 됐습니다. 언론이 그의 얼굴을 공개한 겁니다.

언론이 피의자의 얼굴을 공개한 게 강호순의 경우가 처음은 아닙니다. 사실 경찰 또한 피의자의 얼굴을 보호하는 데 크게 주의하지 않았죠. 2004년 밀양 여중생 성폭행 사건에서 미성년자인 데도 일부 피의자들의 얼굴이 공개돼 큰 비난을 받은 후에야 경찰과 언론은 피의자들의 얼굴을 가리기 시작했습니다.

이후 중범죄 피의자의 얼굴은 모두 가려진 채로 뉴스 화면에 나왔습니다. 연쇄살인범 유영철이나 정남규 사건 때도 국민들은 범인의 얼굴을 볼 수 없었습니다. 이들 외에도 많은 강력범죄 피의자들의 얼굴이 보호되어왔습니다. 범행을 자백했거나 범인임이 확실시되는 피의자들임에도 말이죠. 그러다가 강호순 사건 때 여러 언론이 그의 얼굴을 공개하면서 피의자 얼굴 공개의 필요성을 주장하자 '과연 강력범죄 피의자의 얼굴을 보호하는 것이 필요한가' 하는 논란이 불거졌습니다.

논란은 국회로까지 번져 특별한 경우(피의자가 그 죄를 범했다고 믿을 만한 충분한 증거가 있으며, 국민의 알 권리 보장과 피의자의 재범방지 및 범죄예방 등 오로지 공공의 이익을 위해 필요할 때, 또 피의자가 청소년이 아닐 때 등)에는 피의자의 얼굴을 공개하도록 2011년에 법이 개정되었습니다.

하지만 여전히 이에 반대하는 목소리가 잦아들지 않고 있습니다. 피의자에게도 인권이 있으며, 얼굴을 공개한다고 사회적으로 별다른 이익이 없다는 주장도 만만치 않지요. 게다가 만에 하나 범인이 아니었다고 밝혀졌을 때의 문제도 간과할 수 없고요.

이런 문제들을 생각한다면 아무리 천인공노할 범죄와 관련됐다 해도 피의자의 얼굴을 무조건 공개해야 한다고 쉽게 말할 수 없습니다. 사안에 따라 그때그때 판단하는 게 아니라, 우리 사회가 일관되게 지켜야 할 원칙을 세운다는 관점에서 고민해볼까요?

[쟁점 1] '알 권리'와 '인권' 사이

● 시민들의 안전과 알 권리가 더 중요

강력범죄 피의자의 얼굴을 왜 공개해야 할까요? 가장 중요한 이유는 그것이 시민의 알 권리에 해당하기 때문입니다. 연쇄살인 같은 강력범죄는 시민의 안전과 생명을 위협하는 만큼 시민들은 자신을 보호하기 위해서라도 피의자의 얼굴을 비롯해 여러 사실들을 낱낱이 알 권리가 있습니다. 사람들 스스로도 그렇게 생각합니다. 여론조사 결과들을 보면 피의자 신상공개와 관련해서 과반수를 훌쩍 넘는

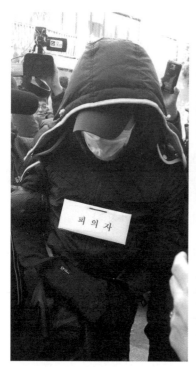

참으로 대조적인 두 모습. 철저히 얼굴이 가려진 한국 피의자의 모습과 달리 미국에서는 체포된 피의자의 얼굴이 그대로 공개되는 경우가 많다. 이런 차이로 인해 많은 사람들이 얼굴을 가린 피의자에 분노하며 우리나라에서도 더 적극적으로 피의자 얼굴을 공개해야 한다고 요구한다.

사람들이 찬성에 손을 들고 있습니다.

　물론 피의자는 연예인이나 정치인과는 다르게 자신의 얼굴을 공개하는 데 동의하지 않았으며, 이는 그의 초상권을 비롯한 인격권을 침해하는 일입니다. 하지만 강력범죄 피의자는 중대한 범죄 행위로 인해 다른 사람들의 삶에 지대한 영향을 미치고 있다는 점에서 단순히 한 개인으로 취급할 수는 없습니다. 또한 비록 재판 결과가 아직 나오진 않았지만 끔찍한 범죄를 저질렀다고 볼 증거가 충분하고요. 그런 이의 권리(초상권, 사생활권)를 보장하기 위해 무고한 시민들의 권리(알 권리)를 제한하는 건 도무지 형평에 맞지 않는 일 아닐까요? 예컨대 누군가의 자유와 생명을 앗아갔다고 여겨지는 사람의 초상권이나 사생활에 대한 자유는 공익을 위해 일정 부분 제약되는 게 마땅하지 않을까요?

한편 피의자의 얼굴이 공개되면 피의자뿐 아니라 피의자 가족과 주변 지인들의 초상권과 사생활까지 침해된다는 우려가 있습니다. 오늘날에는 피의자 얼굴이 공개되면 가족과 지인들의 사진이나 사생활까지 따라서 세상에 드러나기 쉬운 게 사실입니다. 실제로 이런 피해가 발생하기도 했고요. 하지만 피의자 가족과 지인의 피해는, 시민들이 알아야 할 것을 아는 과정에서 파생되는 부작용일 뿐입니다. 그 문제는 직접적으로 그런 문제를 일으킨 기자나 네티즌을 상대로 시정을 요구하고 피해에 대해 배상을 받음으로써, 또 관련법을 정비함으로써 해결할 일이지 피의자 얼굴 공개 자체를 부정할 근거는 아닌 겁니다.

◑ 피의자의 인권도 보장해줘야

그렇지만 피의자 얼굴이 정말로 시민들의 알 권리 대상일까요? 시민에게 알 권리가 있다는 것이 시민들이 알고 싶으면 뭐든 공개돼야 한다는 걸 의미하진 않습니다. 그런 식이라면, 아마도 연예인들에게 사생활이란 전혀 존재할 수 없을 겁니다. 다수가 알고 싶어한다고 모든 것이 다 알 권리의 대상일 수는 없는 겁니다. 시민들에게 자신의 생명까지 위협할 수 있는 중대 범죄와 관련해 여러 가지 자세한 정보들을 알 권리가 있는 건 맞습니다. 하지만 그 정보에 피의자의 얼굴도 속하는지는 엄밀하게 따져봐야 합니다.

실제로 예전에 대법원은 "대중매체의 범죄사건 보도는 공공성이 있는 것으로 취급할 수 있으나 범죄 자체를 보도하기 위해 반드시 범인이나 범죄 혐의자의 신원을 명시할 필요는 없다"면서 언론이 '범죄' 보도가 아니라 '범죄자' 보도를 하는 것은 위법하단 판결을 내리기도 했습니다. 아주 예외적인 때를 제외하곤, 범죄자의 신상정보를 아는 것이 꼭 필요치는 않다는 이야기입니다.

우리의 논의에도 이 논리는 그대로 적용됩니다. 우리가 어떤 흉악 범죄에 놀라서 그 범죄에 관한 정보를 찾는다고 해봅시다. 그때 해당 범죄 피의자의 얼굴 사진이 없다고 해서 정보가 부족하다고 할 수 있을까요? 그의 얼굴이 궁금하긴 하겠지만, 사건을 판단하는 데는 얼굴을 몰라도 상관이 없습니다. 게다가 피의자가 이미 잡힌 상태이고 감옥에 갇혀 장기간 사회에 나올 가능성이 없다면, 그의 얼굴을 아는 게 우리에게 어떤 도움이 되는 걸까요? 수배중인 피의자라면 얘기는 달라질 수 있습니다. 그럴 때는 그의 얼굴을 기억했다가 혹시라도 마주치면 우리 스스로를 보호하고 또 경찰에 신고해 안전을 도모해야 하니까요. 바로 이런 취지에서 신창원이나 유영철이 도주중일 때에 경찰과 언론은 그들의 얼굴을 전국적으로 알리며 현상수배했죠. 하지만 그런 위협이 이미 없어진 피의자의 얼굴은 우리가 알아야 하는, '범죄 해결과 예방을 위한 유용한 정보'에 속하지 않는 겁니다.

설사 범죄자라 해도 개인의 권리는 꼭 필요한 경우에만, 공정한

chosun.com

| 뉴스 ∨ | 오피니언 ∨ | 경제 ∨ | 스포츠 ∨ | 연예 ∨ | 라이프 |

속보 ▶ 가구당 평균부채 6000만원 달해…금융부채가 68.3%   조선일보 ▸

[바로잡습니다]

성폭행범 고종석 얼굴 사진 다른 사람으로 밝혀져 잘못된 사진 게재로 피해 입은 분께 사과드립니다

1일자 A1면… 경찰관·주민 등 10여명 "고종석 사진 맞다"
수사 진행 중이어서 고종석 본인 대면 확인은 못 해

서울 일부 지역에 배달된 조선일보 9월1일자 A1면 나주 초등학
생 성폭행 사건 '병든사회가 아이를 범했다' 제하의 사진 중 '
범인 고종석의 얼굴(위 사진)'은 범인이 아닌 다른 사람의 사진
으로 밝혀져 바로 잡습니다…

[키워드] 나주성폭행 | 조두순사건 | 성범죄처벌 TOP 히스토리 ▸

조선일보는 몇 년 전 다른 사람의 얼굴 사진을 가지고서 아동성폭행 피의자라고 보도하여 큰 물
의를 빚었다. 피해를 입은 당사자는 아동성폭행범으로 오인받는 심각한 피해를 입었다. 이는 '얼굴
공개 문제'에 신중해야 할 이유를 보여준다.

이유가 있을 때만 제한할 수 있습니다. 그런 점에서 피의자의 얼굴 공개는 이에 해당한다고 보기 어렵습니다. 얼굴 생김생김과 범죄행위는 아무 관련이 없을 뿐 아니라, 수배중이 아니라면 얼굴을 아는 것이 범죄 해결과도 무관하니까요. 얼굴 공개가 '지나친 기본권 제한'일 수 있는 이유입니다.

얼굴 공개로 인한 피의자 가족들의 피해도 그냥 넘길 문제가 아닙니다. 연쇄살인 피의자였던 강호순의 신상이 공개되자 네티즌들은 그의 아들 미니홈피에 가서 욕설을 남겼고, 가족들은 동네에서 살 수 없어 이사를 가야만 했습니다. 또 강 씨의 출생지가 공개되자 네티즌들 사이에서 해당 지역의 특산물 불매운동이 일어나 죄 없는 지역 주민들이 큰 피해를 입었고요. 피의자의 신상이 만천하에 공개되

는 이상 이런 2차 피해는 막을 수가 없습니다.

또한 시민사회의 기본적인 약속인 무죄추정의 원칙을 잊어서는 안 됩니다. 헌법에는 유죄로 판결되기 전까지는 어떤 피의자라도 무죄로 다뤄야 한다고 명시하고 있지요. 실제로 과거에 있었던 '쓰레기 만두 파동'은 섣부르게 유죄의 낙인을 찍는 일의 위험성을 잘 보여 줍니다. 뉴스에서 만두업체들이 인체에 유해한 재료로 불량 만두를 만들었다고 보도하자, 사람들의 분노가 만두 회사들로 향했고 해당 업체의 한 사장은 자살까지 했습니다. 하지만 조사 결과 이들의 사용한 재료는 인체에 무해한 것으로 밝혀졌습니다. 여론의 성급한 단죄로 인해 죄 없는 만두 회사와 업주만 되돌릴 수 없는 피해를 본 것입니다.

중범죄의 경우에는 더더욱 문제가 큽니다. 혹시라도 위에서 말한 강호순이 재판 결과 무죄로 밝혀졌다고 해봅시다. 그와 가족들이 이미 입은 피해를 어떻게 보상할 수 있을까요? 그가 무죄로 풀려났대도 정상적인 사회생활이 불가능할 겁니다.

무고한 이들의 생명을 앗아간 이들은 분명 사람답지 않습니다. 하지만 사람답지 않을 뿐 그도 사람입니다. 그 역시 일반 시민들이 갖는 권리를 동등하게 지닙니다. 범죄자란 이유로 그의 마땅한 권리를 박탈한다면 우리 사회 전체에 인권 침해 분위기가 조성될 수 있습니다. 결국 피의자의 얼굴을 공개하는 것은 별 실익도 없으면서 피의자 본인과 주변인들의 인권만 침해할 뿐 아니라, 나아가 우리 사회 전체의 인권 보장을 위해서도 전혀 바람직하지 않은 일입니다.

[쟁점 2] 범죄 해결과 예방 효과

● 범죄자 검거와 경각심 고취를 위해

"피의자도 엄연히 인권을 지닌 존재다"라는 숭고한 목소리 앞에서 피의자의 얼굴을 공개하자는 주장은 주춤하게 됩니다. 모든 사람의 인권을 지켜줘야 한다는 건 우리가 추구하는 이상입니다. 하지만 이상은 이상일 뿐 현실에 온전히 적용될 수는 없습니다. 범죄 해결과 근절을 위해서는 이런 이상을 잠시 뒤로 물릴 필요가 있습니다.

일선 수사 현장에선 피의자의 신상 공개가 강력범죄 수사 및 방지에 현실적으로 매우 도움이 된다고 합니다. 이것이 경찰수칙이나 법 개정의 근거 중 하나이기도 했고요. 강력범죄 피의자의 실명과 얼굴이 언론을 통해 알려지면 증인이 나티날 수도 있고, 몰랐던 피해자를 새로 알게 될 수도 있기 때문입니다. 실제로 강호순의 경우 언론에 실명과 사진이 나가자 제보가 빗발치며 추가 범행과 그 피해자가 잇따라 밝혀졌습니다.

자기 범죄 행위를 과시하려는 경우가 아닌 이상 대부분의 범인들은 자기 죄를 전부 자백하지 않는 법입니다. 자백을 한다 해도 제대로 된 처벌을 위해서는 증인과 증거가 필요하고요. 따라서 대중매체로 피의자의 얼굴이 퍼져나가면 알려지지 않았던 증인과 피해자들이 나타나 수사에 도움을 줄 수 있습니다. 한편으로 진정 죄 없이 누명을 쓴 피의자라면 오히려 그의 알리바이를 증명해줄 의외의 사람이 나타나 누명을 벗겨줄 수도 있죠. 비단 처벌만이 아니라 진상규명을 위해서도 얼굴 공개가 도움이 될 수 있다는 이야기입니다.

얼굴 공개가 현재의 범죄 해결에는 도움이 되지 못한다 해도 범죄에 대한 경각심을 높여 잠재적 범죄자들의 범죄계획을 포기하게 만들 수도 있습니다. 시민들 스스로 유사 범죄와 관련해 주의를 기울이게 할 수도 있고요. 이런 취지에서 우리나라에선 성범죄자에 한해 얼굴과 이름, 사는 장소 등을 공개하는 제도를 두고 있는데, 이 논리는 피의자 얼굴 공개에도 그대로 적용될 수 있는 겁니다.

수십 명을 무참히 살해한 연쇄살인범이나 아동을 성폭행하고 살해한 자 등 천인공노할 일을 저지른 이는 잡혀서 처벌받는 것으로 그만이 아닙니다. 그렇게 전국민에게 충격을 준 범죄자는 국민들에게 공개될 필요가 있습니다. 그래야 잠재적 범죄자들이 자신의 모든 것이 드러날 수 있다는 두려움에 범행을 저지를 생각을 덜 하게 될 것이고요. 국민의 분노와 두려움을 해소하고, 범죄에 대한 경각심을 한층 높이는 측면에서도 범죄자나 피의자의 초상권 보호는 제한되어 마땅합니다.

◑ 얼굴 공개는 그저 일시적인 분노 표출일 뿐

잠시 흥분을 멈추고 이성적으로 생각해봅시다. 정말 피의자의 얼굴을 공개하면 수사가 더 효율적으로 진행되고 범죄율이 낮아지게 될까요? 수배중인 피의자의 경우엔 얼굴을 공개할 때 이와 같은 효과들을 모두 얻을 수 있겠죠. 시민들의 신고도 많아지고, 때로는 시민들이 보다 적극적으로 나서 피의자를 체포하는 일까지 있을 테니까요. 또 시민들은 경각심을 가지고 보다 조심하게 되며, 피의자는 얼굴이 알려져 추가 범행을 함부로 저지르지 못할 것입니다.

하지만 이미 체포된 피의자의 신상 공개는 이런 효과들과 거리가 멉니다. 우리 논의의 대상은 모자를 푹 눌러쓰고 도망 다니는 수배자가 아니라 경찰서 유치장에 갇혀 있는 피의자입니다. 그런 피의자의 얼굴을 공개하는 것은 수사나 범죄 예방에 별 도움이 되질 않습니다. 또 공개된 피의자의 이름과 얼굴을 알아보고 증인과 새로운 피해자가 연락을 해오면 수사가 보다 효율적이 될 것이란 주장도 확실히 검증된 것은 아닙니다.

범죄 예방 효과 역시 냉철하게 따져봐야 합니다. 자기 역시 얼굴이 세상에 알려질 수 있다는 두려움에 예비범죄자가 범행 계획을 접을 가능성이 높을 것 같지만, 그건 막연한 기대일 뿐입니다. 피의자 얼굴 공개의 효과에 대한 연구결과는 아직 없으니 '성범죄자 신상공개 제도'를 참고해보도록 하죠. 이 제도가 시행된 이후 성범죄 발생 건수는 2000년 6855건에서 2007년 8732건으로 오히려 27%나 증가했고, 미성년자 성폭력 피해자도 2005년 3787명에서 2006년 5159명으로, 2007년에는 5460명으로 계속 증가했습니다. 성범죄자의 신상정보를 공개한다고 해서 성범죄가 줄어들지는 않았다는 이야기입니다. 그런데 피의자 얼굴을 공개한다고 효과가 있을까요?

살인, 강간 등의 강력범죄는 주로 우발적으로 일어나는 만큼 처벌 수준에 따른 범죄 예방 효과는 생각보다 크지 않을 가능성이 높습니다. 학자들은 범죄자가 잡히고 나서 얼마나 큰 처벌을 받을까 염려해 범행을 그만두는 것이 아니라, 잡힐 확률이 높은지 낮은지에 따라서 범죄 실행 여부를 결정한다고 합니다. 그러니 범인 검거율을 높이는 게 더 중요하지, 이미 잡은 범인의 신상을 공개하는 것은 큰 효력을 발휘하기 어렵습니다.

　범죄 피의자의 인권을 보장해야 한다는 주장에 대해 흔히 "피해자의 권리가 가해자의 권리보다 더 중요한 것 아니냐"고 반발합니다. 맞습니다. 그래서 수사기관 등은 피의자의 손목에 수갑을 채우고 가두는 등 그의 권리를 일부 제한합니다. 직접적 피해자와 잠재적 피해자들을 보호하기 위해서 말이죠. 하지만 얼굴 공개는 피해자 보호와는 아무 관련이 없습니다. 지금껏 살펴봤듯 피의자의 얼굴을 공개하는 것은 호기심만 충족시킬 뿐, 그로써 수사가 진전되거나 우리 사회 범죄율이 급감하는 등의 눈에 띄는 효과들이 나타나지는 않거든요. 결과가 이렇다면 피의자의 얼굴을 세상에 공개하는 것은 피의자 인권만 침해할 뿐 실익이 없는 일이 아닐까요?

∗∗ 생각 정리 ∗∗

"어디 어떤 놈인지 얼굴 한번 보자."

　우리는 흔히 이런 말을 합니다. 괘씸하고 분한 일을 당하면 그 일을 한 이가 어떻게 생겼을까 하는 궁금함으로 이어지는 것은 우리의 본성인 듯합니다. 얼굴을 봤다고 해서 달라지는 일은 없는 경우가 많습니다만, 적어도 궁금증이 풀리면서 뭔가 마음이 진정되는 효과도 나타납니다. 특히 많은 이들이 함께 광장에 모여 잘못을 저지른 이의 얼굴을 보며 손가락질하고 욕을 할 때는 속 시원한 기분이 들기도 합니다. 이것을 '공분公憤의 해소'라고 합니다.

　사회를 뒤흔드는 강력범죄가 발생했을 때에도 우리는 그런 식으로 분노를 달래고자 합니다. 사람의 탈을 쓰고 도대체 어떻게 저런 짓을 했을까, 그가 정말 사람의 얼굴을 하고 있을까 하는 마음에 우리는 범죄 피의자의 얼굴을 궁금해하죠. 하지만 그의 얼굴을 보는 것이 공분의 해소를 넘어 우리 사회에는 과연 어떤 도움이 되는 일일까요?

양 편의 팽팽한 대립 속에서 과연 어느 견해가 보다 타당한 얘기인지 참으로 판단이 쉽지 않습니다. 누군가 잘못을 저질렀을 때 그의 얼굴을 가린 마스크를 벗겨내고 싶다는 충동을 접고 한번 차분히 생각해봅시다. '만약 내 가족이 범인에게 살해당했으면 어떨까' 이렇게도 생각해보고, 또 '만약 내 가족이 범인이라면 어떻게 할까?'라고도 생각해봅시다. 어떻게 하는 것이 올바른 일일는지를.

중립적 판결 vs 민주적 재판

사법권은 누구의 것일까

국가에는 3가지 권력이 있다는 것 알고 있지요? 바로 입법권, 행정권, 사법권 말이지요. 우리나라에는 또한 삼권분립의 원칙이 있어서 이 세 가지가 나뉘어 작동한다는 것도 잘 알고 있을 겁니다. 그리고 당연히 그 세 가지 권력은 모두 국민으로부터 나옵니다.

그런데 좀 이상한 부분이 있지 않나요? 입법권을 가지고서 법을 만드는 곳은 국회입니다. 그리고 국회의원은 국민들이 선거로 직접 뽑죠. 또한 국민이 직접 국회에 어떤 법을 만들어달라고 요청할 수 있는 입법청원이라는 제도도 있습니다. 행정권을 가지고서 행정 조직을 운영하는 곳은 정부입니다. 정부의 수장은 대통령으로 역시 국민이 뽑으며, 지방자치단체의 장도 직접 선거로 뽑습니다. 예전 서울시 무상급식을 주민투표로 결정했듯, 국가정책에 투표로 참여할 수단도 있습니다.

그런데 사법권은 어떠한가요? 여러분도 잘 알고 있듯이 사법시험에 합격한 사람이나 로스쿨 나온 사람이 법관이 되고, 또 대법관 같은 고위직은 국회의 동의를 넣어 대통령이 임명합니다. 국민의 뜻은 대통령과 국회의원들을 통해 간접적으로만 반영되는 셈입니다. 일부 경우에 무작위 선정된 국민이 배심원으로 참여하는 국민참여재판이 열리긴 하지만, 배심원들은 권고만 할 수 있을 뿐 결정권은 여전히 판사에게 있습니다.

물론, 사법권을 국가가 독점하고 국민의 개입을 막는 데는 이유가 있습니다. 법은 워낙 전문적인 영역이고, 또 여론에 휩쓸리지 않고 중립적으로 판단해야 하기에 오로지 판단을 법원에만 맡기고 있는 것이죠. 하지만 그래도 생각하면 좀 이상하지 않은가요? 대한민국의 모든 권력은 국민으로부터 나온다는데, 국민이 사법권에 참여할 수 없다니 말입니다.

그런 이유로 사법권에 대한 민주주의 적용 문제를 놓고 그간 많은 논란이 있어왔습니다. 국민참여재판 역시 그런 논란을 겪으며 도입돼 사법권의 민주화를 조금이나마 이뤄낸 것이죠. 그리고 최근에 사법권 독점을 둘러싸고 또 다른 문제가 제기되었습니다. 바로 세월호 참사 유가족들이 사고에 대한 진상조사위원회를 만들고 '수사권과 기소권을 달라'고 요구한 것입니다.

우리나라에선 범죄가 발생하면 이에 대한 수사와 기소는 모두 담당 검사의 손에 달렸다 해도 과언이 아닙니다. 세월호 사건도 예외는 아닙니다. 원칙대로 하자면 검사가 사건을 수사해서 얻은 증거를 가지고 재판을 열어 잘잘못을 판가름해야 합니다. 유가족을 비롯한 다른 이들은 그것을 지켜봐야지요. 이것을 검사의 기소권 독점이라고 합니다.

검사에게만 기소권이 있으니 당연히 검사가 기소를 안 하겠다고 결정하면 재판이 이뤄지지 않습니다. 이런 기소 독점의 근거는 앞서 말한 사법권 독점의 이유와 같습니다. 피해자의 개인적 감정이나 집단적 이해관계 또는 여론에 좌우되지 않기 위해서는 검사만이 기소권을 가져야 한다는 것이죠. 쉽게 말하면, 피해자가 직접 범인을 수사하고 기소를 하게 된다면 정당한 재판이 이뤄질 수 없다는 이야기입니다.

그렇지만 이런 기소권 독점에 대한 비판의 목소리가 만만치 않습니다. 검사가 기소를 안 하겠다고 결정해버리면, 아무리 억울한 피해자라도 가해자를 재판장에 세울 수조차 없기 때문입니다. 이렇게 검사가 지나치게 많은 권력을 가지게 되니, 피해자 개인이나 민간단체도 기소를 할 수 있게 해달라는 요구가 나오는 겁니다. 그것이 더 공정할 수 있고 민주주의의 원칙을 실현하여, 사법 제도에 대한 국민의 신뢰를 높을 수 있다는 것입니다.

세월호 사건을 계기로 불거진 기소 독점주의에 대한 논란은 더 크게는 사법권 독점의 문제와 연결되어 있습니다. 사법권을 이제껏 그래왔듯이 국가기관에게만 맡겨야 할지 아니면 그 문을 열어 일반 국민들도 참여할 수 있게 해야 하는지에 대한 중요한 문제가 놓여 있는 것이죠. 이 장에서는 기소 독점주의에 대한 상반된 관점을 살펴보며 민주주의와 사법 제도를 어떻게 조화시킬 수 있을지 생각해봅시다.

[쟁점 1] 왜 재판은 '그들만의 리그'로 진행되는가

➡ 억울한 피해자는 어디다 하소연하나

기소란 어떤 형사사건에 일어났을 때 법원에 심판해달라고 청구하는 것입니다. 그런데 지금 한국에서는 이 행위를 검사만이 할 수 있습니다. 예를 들어 누가 강도를 당했다고 해보죠. 그럼 그 사람은 일단 경찰에 신고할 겁니다. 경찰은 수사를 해 용의자를 검거합니다. 그리고 수사한 자료를 담당 검사에게 보냅니다. 검사는 이 자료를 검토하고 정황을 봐서 유죄라는 판단이 들 때 법원에 재판을 통해 처벌해달라고 요청합니다. 이 요청을 바로 기소라고 합니다.

그러니까 여러분 중 누가 강도나 폭행을 당했다고 해도 여러분이 직접 재판을 요청할 수 없는 겁니다. 검사가 그 일을 대신하게 되죠. 여러분 가족 중 누가 억울한 죽음을 당했을 때도 마찬가지입니다.

물론 검사는 등 법적 지식이 상당한 수준에 이르고 그 분야에 대한 경험도 풍부합니다. 그리고 제3자의 입장에서 치우치지 않고 중립적으로 사건을 판단할 수 있습니다. 그것이 현대 국가에서 검사가 기소를 맡는 이유이지요. 하지만 검사가 실수할 수 있지 않을까요? 또 검사가 외압에 흔들리거나 매수당할 가능성도 있습니다. 당연히 검사가 그러면 안 되는 일이지만, 우리는 현실에서도 그런 경우를 종종 보게 됩니다.

검사가 제아무리 전문적 식견이 훌륭하고 많은 재판 경험이 있다고 해도 그가 모든 걸 다 안다고 할 수는 없는 겁니다. 그가 증거라고 생각하지 않은 것이 진짜 증거일 수도 있고, 그가 관심을 두지 않은 증인이 사건에 대해 결정적인 증언을 할 수도 있습니다. 검사가 보기에 유죄 판결이 안 나올 거 같아 기소를 하지 않기로 결정했지만, 재판을 해보면 가해자가 유죄 판결을 받을 수도 있는 겁니다.

그래서 필요한 것이 사소私訴입니다. 검사뿐 아니라 개인들에게도 기소할 수 있도록 해야 검사가 의도했든 의도하지 않았든 잘못된 기소 처분을 내렸을 때 이를 제어할 수 있을 테니까요. 생각해보세요. 기소 독점주의 원칙만 준수하려고 하면 검사가 기소하지 않을 때 피해자는 재판 한 번 해보지 못하고 그 사건을 접어야 하는 문제가 발생합니다. 하물며 '슈퍼스타 K'에서도 패자부활전이 있는데 검사 한 명이 내린 결정만으로 더 이상 아무 방법도 없게 된다면 이건 너무 불공정한 일 아닌가요?

물론 검찰항고(검사가 불기소처분한 사건을 재수사해달라고 상위 기관에 요청하는 것)와 같은 방법이 마련돼 있긴 하나 실제로 효력을 발휘하지 못한다는 지적들이 적지 않습니다. 그런데 사소가 마련되면 개인(들)이 따로 사소를 제기하거나 또는 검사의 기소를 개인들이 강제할 수도 있게 됩니다. 그러면 누군가 어떤 사건과 관련해 형사 재판이 필요하다고 생각하는 이가 있을 때, 그 재판이 열릴 가능성이 훨씬 높아지게 돼 '재판 한 번 못해보고 그저 억울함을 참아야만 하는 이'가 훨씬 더 줄어들 수 있습니다.

실제로 피해자가 가해자를 직접 기소할 수 있는 나라들이 있습니다. 프랑스에서는 검사가 아닌 범죄 피해자, 지방자치단체, 노동조합, 사회단체 등이 예심을 청구하여 사건 조사에 들어갈 수 있습니다. 독일에선 개인생활과 밀접한 관련 있는 경미한 범죄(예를 들어 모

생각 VS 생각

욕죄, 협박죄, 주거침입죄, 상해죄 등)에 대해 피해자나 그 대리인이 언제나 기소할 수 있습니다. 또 범죄 피해자가 형사절차에 참여할 권리가 제도적으로 보장되어(소송참여제도) 있고요.

또 사적 기소가 피해자의 복수심과 맞물려 남발되는 제도적 장치 등을 활용해 보완하면 됩니다. 예를 들어 프랑스에선 사소 제기에 앞서 영치금을 부과하고 사소가 남용된 걸로 판단되면 그 영치금을 벌금으로 가져갑니다. 또한 고소 사실이 허위라는 걸 알면서도 사소 했다면 무고죄로 처벌할 수 있고, 사소가 경솔했다고 여겨지는 경우엔 1만5000유로의 벌금을 내야 합니다. 이런 제도를 활용한다면 사소가 남발되는 문제를 막을 수 있습니다.

사소의 권리는 기소 배심제도와 결합된다면 더 큰 효과를 발휘할 수 있습니다. 미드나 영드를 보다보면 일반 시민들로 구성된 배심원들이 재판정 한쪽에 앉아 재판을 지켜본 뒤 유무죄를 토론하고 그 최종결정을 판사에게 알려주는 장면들이 나오곤 하죠? 미국과 영국에서는 이 배심원들이 유무죄를 판결합니다. 판사가 아니라요.

재판 이전의 기소에서도 일반 시민들로 구성된 배심원이 검사의 기소의견을 들어보고 고민한 뒤 기소여부를 최종 결정하는 경우가 있습니다. 이것을 대배심Grand Jury이라고 부르죠.. 미국은 헌법에서 중대한 범죄는 대배심을 받을 권리를 보장하고 있습니다.(본래 미국에선 반드시 배심원들의 판단이 있어야 기소할 수 있었지만 효율성 문제로 최근엔 20개 주를 제외하곤 배심원들의 판단 없이 검사가 기소하는 것도 가능하도록 하고 있습니다.) 검사에게 너무 많은 권한을 주지 않고, 일반 시민들의 의견을 중시하는 것이지요. 전문성은 비록 부족하겠지만 다

미국 영화나 드라마에서 일반 시민으로 구성된 배심원들이 재판에 참여하는 모습을 종종 볼 수 있다. 사법권에 대한 국민의 참여와 신뢰를 높이기 위해서다. 미국은 일부 경우에는 기소 단계에서도 이런 배심제도를 운영하기도 한다.

수로 구성된 배심원단은 한쪽으로 치우치지 않고 의견을 나누며 판단을 내릴 겁니다. 오히려 그것이 검사가 결정을 내리는 것보다 더 공정할 수 있습니다.

사법 제도는 우리 사회에서 아주 중요한 영역이며, 사람들의 삶을 좌지우지 할 수 있습니다. 그런데 그런 것을 일반인들과는 동떨어진 전문가들만의 분야로 두는 것이 옳을까요? 사법 제도에도 민주적 참여가 필요합니다. 기소 과정에 시민들이 관여하도록 하는 것은 그래서 필요하고요. 그로 인해 형사소송은 '시민의 감시'를 받을 수 있습니다. 한편으로는 이 과정에서 형사소송과 재판에 대해 시민들이 생생하게 공부하고 깊게 생각해보게 됨으로써 시민들의 법의식이 높아지는 효과도 얻을 수 있습니다.

❸ 법과 처벌은 국가가 전담해야 할 문제다

어떤 범죄(예를 들면, 강도나 살인)가 일어났을 때 누가 범죄를 수사하고 범인을 찾아내고 잡나요? 경찰이 잡습니다. 경찰이 아닌 사람이 "이 사람이 범인이오!"라고 하면서 잡아서 처벌해도 될까요? 당연히 그런 권리는 있어서는 안 됩니다. 왜 그러냐고요? 만약 그렇게 되면, 서로 범인을 잡겠다며 나서서 혼란이 불가피할 겁니다. 애먼 사람을 범인으로 지목하기도 하고요. 그래서 경찰이라는 국가기관이 수사를 전담하는 거지요.

형사 재판의 기소 여부를 검사가 담당하는 것도 마찬가지 이유입니다. 형사 문제에 대해서는 개인들끼리 처리해선 안 되기 때문입니다. 누군가를 다치게 하거나 죽게 했거나, 남의 재산을 훔쳤거나 한 사람은 우리 사회의 적敵이 되었으니 검사가 사회를 대표해서 재판대에 올리겠다는 이야기입니다. 왜 개인이 그렇게 하면 안 되냐고요? 개인적인 복수심이나 특수성에 휘둘리지 않고, 보편적인 법에 근거해 형사 사건을 처리하기 위해서입니다.

근대 국가가 성립되기 이전에는 개인이 스스로 형사 사건을 처리했습니다. 유명한 「로미오와 줄리엣」을 생각해볼까요? 이 이야기에서 몬태규 가와 캐플릿 가는 가문들끼리 서로 원수가 되어 죽고 죽였습니다. '눈에는 눈, 이에는 이'를 각자가 실현한 거죠. 그 결과가 무엇이죠? 정의의 실현은커녕 혼란과 비극뿐입니다. 그래서 근대 이후의 국가들은 형사 사건에 대해서는 국가를 대표하여 검사가 사건을 조사하고 기소하도록 한 것입니다. 아주 합리적인 원칙인 거죠.

사소를 허용하거나 배심원 기소제도를 운영하는 국가들도 물론 있습니다. 하지만 왜, 어떻게 그런 제도를 두게 됐는지를 이해할 필요가 있습니다. 예를 들어 영국 같은 경우는 뿌리 깊게 남아 있는 개인주의의 흔적이라 할 수 있습니다. 영국에서 처음에 사람들은 범죄 피해를 입으면 경찰에 신고해 경찰이 자신들을 '대신' 수사하게 했습니다. 그리고 범인이 잡히면 처음엔 직접 기소를 했고, 이후엔 경찰에게 '대신' 기소를 맡겼습니다. 그런데 경찰들이 기소 절차와 관련해 법적 전문성이 부족하니 변호사들을 고용했는데 이런 '경찰의 변호사'들이 모인 조직이 나중에 검찰이 된 겁니다. 법 제도가 발달하면서 기소권을 검사가 전담하게 되었지만 과거의 전통으로 인해 배심원 기소제도가 남아 있는 것입니다.

독일과 프랑스는 개인의 기소를 허용하고 있다지만 앞에서도 봤듯 아주 제한적인 영역에서일 뿐입니다. 주거침입죄처럼 개인과 밀접히 관련 있는 범죄에서만 허용하는 거죠. 그런 것을 모든 영역에서 사소가 허용되는 것으로 오해하면 곤란합니다.

우리가 이 문제에서 정말 생각해야 할 것은 바로 '공정성'입니다. 만일 범죄 피해자가 스스로 피의자를 기소할 수 있게 한다면 그 기소가 과연 객관적인 걸까요? 피해자가 가해자를 기소하는 것이 되는데 이 과정에서 어떻게 복수심 등 자제하기 어려운 감정이 개입되지 않는다고 장담할 수 있을까요? 피해자 당사자가 사소하는 것이 문제라면 기소배심제에서처럼 '제3자'가 판단하게 하는 건 괜찮지 않겠느냐고요? 이것 역시 공정성 문제가 있습니다. 검사의 다른 이름은 '공익의 대변자'입니다. 사회 전체의 안정과 질서를 위해 시민들을 대신해 정의를 실현하는 것이 그의 본분이기 때문이죠. 그런데 대학생이나 가정주부, 마트 점원, 은행원 직원 등이 그런 것이 자신의 본분이라고 생각하며 살까요? 이들은 법에 대한 기본적인 지식마저 부족해 합리적 판단을 못할 가능성도 많을 뿐 아니라 '공익의 대변자'인 검사만큼 특별한 정의에 대한 사명감이 없을 수 있습니다. 그러니 공정성을 의심할 수밖에 없는 거죠.

또 한 가지 생각해볼 것은 어떤 분야에 대한 특별한 지식이 없는 사람은, 그 분야와 관련해 감정적인 호소가 있을 때 쉽게 흔들릴 수 있단 사실입니다. 예를 들어 아동성범죄처럼 대부분의 일반인들이 분노할 만한 사건에선 충격적인 사진 몇 장만으로 배심원단의 공분을 일으켜 증거가 다소 부족한, 그래서 검사가 했으면 기소되지 않았을 피의자마저 형사 재판장에 세우는 우를 범할 수 있는 거죠. 반면 검사들은 공정한 수사와 기소를 하도록 엄정하게 또 지속적으로 훈련받는 이들입니다. 따라서 검사가 보다 객관적이고 공정한 기소를 할 수 있는 겁니다.

[쟁점 2] 검사가 '마음대로' 결정하는 것은 문제인가

● 국민이 납득할 수 없는 검사의 판단

검사만이 기소권을 갖는 것은 기소의 또 다른 원칙인 편의주의와 맞물릴 땐 더욱 위험한 결과를 낳게 됩니다. 검사가 스스로 잘못된 재량을 발휘하거나 외압에 굴복해 일반인들이 상식적으로 납득하기 어려운 결정을 내려도 달리 어떻게 할 방법이 없습니다. 특히 정치적인 사건에서 담당 검사가 '윗사람'들의 압력에 흔들릴 가능성은 충분합니다. 검찰은 기본적으로 상하관계가 철저한 관료 조직이기 때문이죠. 대표적인 예는 1994년에 전두환, 노태우 두 전직 대통령에게 내려진 기소유예 결정입니다.

잠시, 현대사 공부를 해볼까요? 1979년 12월 12일 당시 육군 소장이었던 전두환은 노태우를 비롯한 동료들과 함께 군사 쿠데타를 일으킵니다. 그리고 계엄령을 선포하고서 반대파를 탄압하며 국정을 장악해나가기 시작합니다. 그러다 1980년 5월 18일에 광주에서 계엄령 철폐를 요구하는 시위가 벌어졌고, 시위가 격화되자 계엄군은 공수부대를 투입하여 유혈 진압합니다. 광주 시민 수백 명이 희생되었고요. 이후 전두환은 대통령이 되고, 그 뒤를 이어 노태우도 대통령에 당선되었지만 이들의 죗값을 물어야 한다는 요구가 끈질기게 이어졌습니다.

결국 시간이 흘러 군사정권이 종식되고, 1994년에 5·18민주화운동의 관련자들은 전두환·노태우 등 35명을 내란 및 내란목적 살인 혐의로 고소했습니다. 그런데 당시 검사는 불기소 처분을 내렸습니다. 검사 자신의 판단으로 아예 법정에도 보내지 않은 것입니다.

그가 그렇게 한 이유는 무엇이었을까요? 먼저 재판 과정에서 과거의 일이 거듭 거론되면 국론이 분열되고 불필요하게 국력이 소모돼 국가안정과 국가발전에 지장이 있다는 얘기부터 합니다. 또 검찰이 진상을 규명했고 범죄임을 명백히 인정했으니 과거를 이제 그만 청산하고 역사적 교훈으로 남기자는 역사학자나 할 법한 해석도 덧붙입니다. 그리고 이어지는 이유야말로 자의적 판단의 정수라 할 수 있습니다.

검사는 노태우가 선거에서 대통령으로 당선되고 이들을 대상으로 청문회가 열렸으나 별다른 처벌을 받지 않았으니 국민이 이들의 행동을 용인한 것 아니냐며 '이미 국민의 심판은 있었다'는 창의적(?)인 이유를 덧붙였습니다. 그리고는 전두환과 노태우가 14년간 나라를 통치하며 나름 국가발전에 기여했고 한 나라의 전직 대통령들을 단죄하면 질서가 무너지고 국민이 혼란스러워질 수 있다며 결국 '국가의 장래를 위해서' 기소를 하지 않는다고 매듭지었습니다.

결국 쿠데타와 광주학살의 피해자들이 두 눈을 뜨고 살아 있었지만, 이 피의자들은 기소조차 되지 않고, 법정에 한 번 서보지도 않고 풀려났습니다. 피해자들 입장에서는 '하늘이 눈을 감은 것' 같은 일인 거죠.

이후 특별법이 제정돼 두 전직 대통령을 기소하고 유죄 판결을 내릴 수 있었습니다. 그런데 이것은 달리 말하면 특별법이 제정되지 않았더라면 이들을 처벌할 수 없었다는 이야기죠. 이처럼 검사가 기소권을 독점하게 되면 검사가 국민 대다수가 인정할 수 없는 결정을 내리는 것도 어떻게 제어할 방법이 없어진다는 겁니다.

검찰이 가진 이런 무소불위의 권력. 피해자들이 아무리 억울한 일을 당해도 피의자들을 재판정에 아예 세우지도 않을 수 있는 권력을 통제할 수단을 만들어야 하지 않을까요? 범죄자들에게 잘못을 저지르면 어떤 권력을 가지고 있어도 반드시 처벌받는다는 교훈을 주기 위해서라 말입니다.

◑ 사익을 넘어 공익을 실현하기 위한 기소 독점

많은 사람들이 검사가 '마음대로' 기소를 결정하는 것이 문제라고 말합니다. 그런데 그렇다면 환자의 수술과 치료를 오로지 의사가 결정하는 것도 문제 아닌가요? 또 학교의 수업에서 해당 교사에게 수업 방법을 결정할 재량을 주는 것은 어떻고요? 물론 의사, 교사와 검사의 역할이 완전히 같은 것은 아니지만, 어떤 전문 분야에 대한 재량권 문제를 비교해볼 수 있단 얘깁니다. 의사가 재량권을 갖는다는 것이 의사 마음대로 아무 수술이나 할 수 있단 얘기가 아니라 환자의 나이·성별·병력 등을 종합 고려해 수술 방법을 선택하는 것을 의미하고, 교사 역시 학생들의 학년과 수준 등을 고려해서 수업 내용을 선택합니다. 검사의 재량 역시 정말 아무렇게나 마음대로 한다는 것을 의미하지 않습니다.

모든 이에게 기소가 허용되어 있다고 생각해봅시다. 그러면 세상이 얼마나 혼란스러울까요? 각각 고소와 고발이 난무하고, 사소한 일을 가지고도 법정에 가서 판가름하는 일이 비일비재할 겁니다. 그러다보면 사람들 사이에 불신만 더 커질 것이고요. 그렇기 때문에 검사가 기소할 만한 일과 기소하지 않아도 될 일을 미리 판가름하는 것입니다.

검사들은 피의자의 연령이나 성, 자라온 환경, 피해자에 대한 관계, 범행의 동기나 수단, 범행 후의 정황 등을 종합적으로 고려해서 기소 여부를 판단합니다. '무조건 검사 마음대로'가 아닌 거죠. 생각해보세요. 장발장처럼 너무 가난한 누군가가 굶주림에 괴로워하는 어린 조카를 위해 빵 한 조각을 훔쳤다면 '빵을 훔쳤다'는 사실에만

저울은 누구에게나 공정해야 한다. 사람마다 저울이 다르다면 혼란을 피할 수 없다. 우리 사회는 검찰을 비롯한 사법기관에 이 저울을 맡기고 죄의 유무와 무게를 판가름하게 한다. 법의 안정성과 공정성을 담보하기 위해서다.

집중해 법은 법대로 해야 한다며 무조건 기소를 하는 것이 과연 옳은 일일까요? 증거가 있다고 무조건 기소하면 솔직히 검사로선 고민할 필요가 없으니 훨씬 더 간단한 일이 될 겁니다. 자신의 실적 쌓기에도 도움이 될 테고요. 그런데, 너무 가난하고 절박한 상황이라서 이런 잘못을 저질렀다면 그를 절도죄로 무조건 기소하기보다는 용서하고 반성하게 하는 것이 보다 인간적이면서도 합리적인 결정 아닐까요? 실제로 많은 검사들이 피의자들의 딱한 사정을 고려하여 불기소 처분을 내리곤 합니다. 법을 곧이곧대로 적용하기보다 공익적 관점을 견지하는 것이지요.

그런데 만약 빵집 주인에게 개인적으로 기소할 권리가 있다면 어떨까요? 그는 자기 빵을 훔쳐간 범인을 불기소하지 않는 건 말도 안 된다고 하면서 유죄를 선고해야 한다고 주장하지 않았을까요? 아무래도 그는 사회 전체의 공익보다도 자기가 본 손해를 생각하지 않을 수 없을 테니까요. 이는 범죄의 피해 당사자가 사건에 개입하지 말아야 할 이유를 설명해줍니다. 피해 당사자의 심성이 매주 공정하고 착하다면 모를까, 대부분은 처벌을 요구할 겁니다. 그렇기 때문에 공익의 관점에서 판단할 수 있는 검사에게 기소의 재량권을 폭넓게 부여하고 있는 것입니다.

형법의 궁극적 목적은 잘못한 이에게 복수하는 것이 아니라 그가 죄를 반성하고 다시는 그런 죄를 저지르지 않게 하는데 있습니다. 그러니 도저히 범죄를 저지르지 않을 수 없는 상황이었거나 너무 어린 피의자일 땐 기소 자체를 '유예'로서 용서하고 반성하게 하는 것이 보다 진정한 정의에 가깝지 않을까요?

물론 앞선 주장에서 언급한 전두환, 노태우 두 전직 대통령의 경우처럼 검사가 '지나치게 자의적인' 결정을 내리는 일도 있을 수 있습니다. 그러나 설령 그것이 사회 정의에 맞지 않는 결정이었다 해도 그건 그 잘못은 검사 개인에게 물어야지, 검사에게 기소권의 재량을 허용하는 제도에 물어서는 안 됩니다. 그 제도는 현재 잘 기능하고 있기 때문입니다. 그리고 사실 기소유예 처분은 두 전직 대통령 사건 같은 경우가 아니라 범인이 딱한 경우인 일명 '장발장 사건'에서 주로 내려집니다.

한편 이처럼 어떤 범죄를 저지른 이의 상황을 종합적으로 고려하기 위해선 단순히 감정적인 동정심을 갖는 것만으로는 안 됩니다. 그저 불쌍하고 착하다는 이유만으로 봐줘서는 안 되니까요. 법에 관한 많은 지식과 폭넓은 경험이 있어야 보다 종합적으로 상황을 고려할 수 있고 적절하게 반성의 기회를 마련해줄 수 있습니다.

• 생각 정리 •

2014년 4월, 세월호 침몰 사건이 발생했습니다. 슬픔과 애도의 시간이 지나간 이후에 철저한 진상규명을 요구하는 유가족들과 정부 사이에 큰 갈등이 빚어졌습니다. 유가족들은 광화문 광장에서 단식투쟁을 벌였으며, 이들에 반대하는 사람들은 '자식을 팔아 투쟁한다'며 비난했습니다. 그 와중에 일베에서는 '폭식투쟁'을 벌여 눈총을 사기도 했죠.

무엇 때문에 이 비극적 사건을 놓고 싸움을 벌여야 했을까요? 대립의 핵심은 세월호의 진상을 규명하기 위한 진상조사위원회에 '수사권과 기소권을 달라'는 유가족들의 요구였습니다. 정해진 법대로 검사만이 세월호 사건을 수사하고 기소하게 하지 말고, 유가족들이 믿고 맡길 수 있는 사람들로 구성된 진상조사위원회에게도 그럴 권한을 달라고 요구한 것입니다.

세월호 선장과 선원들에 대한 검찰 수사와 재판이 진행되고 있는데 유가족들이 왜 진상조사위원회에게 수사권과 기소권을 주자는 주장을 하는지 꽤 의아할 수도 있습니다. 그러나 유가족들은 검사에게만 맡겨서는 이제껏 나온 의혹을 다 해소할 수 없다고 생각한 겁니다. 단순히 문제가 된 선장과 선원 및 선박회사만 처벌해서는 사건 재발을 막을 수 없다는 것이죠. 쉽게 말해서, '이렇게 중대하고 또 가족들이 희생된 사건을 그저 검찰에만 맡겨놓을 수 없다. 우리의 의견이 사법 처리 과정에 반영돼야 한다'라는 주장이라 할 수 있습니다.

이것은 우리가 앞에서 봐온 기소권 및 사법권의 독점에 대한 문제제기로 볼 수 있습니다. 또한 동시에 국가기관이 독점하고 있는 기소권과 사법권이 제대로 작동하지 않고 있다는 불만의 표시이기도 합니다. 검사가 만약 일점의 의혹도 없이 사건을 수사하고 죄가 있는 자들을 법정에 세운다면, 유가족들이 왜 수사권과 기소권을 요구하겠습니까? 그렇지 않고 진상규명이 지지부진해 수많은 의혹이 해소되지 않기에 검사만이 기소권을 독점하지 말고 진상조사위원회에도 달라고 요구하는 것이지요.

이제껏 우리나라에서는 검사와 판사 등의 전문가들이 국민을 대신해 사법권을 행사해왔으며, 일반 국민들은 그 과정에 개입할 수 없었습니다. 사법권은 철저히 민주주의의 원칙에서 제외되었던 것이죠. 물론 대부분의 다른 국가들도 사법권은 전문 기관이 독점하고 있으며, 앞에서 봤듯 거기에는 합당한 이유가 있습니다. 그럼에도 사법 과정이 온전히 국민들과 단절되어 진행되는 것도 바람직한 일은 아닙니다. 왜냐하면 우리는 민주주의 국가에서 살고 있기 때문이죠. 어떻게 하면 공정성과 중립성을 해치지 않으면서 국민의 의견을 수용하는 사법 제도를 마련할 수 있는지 고민이 필요합니다.

3부 생각 나누기

개인의 행복추구권 vs 사회질서 혼란

법으로 가로막힌 결혼

"인생에는 두 가지 비극이 있다. 하나는 사랑하는 사람을 잃는 비극이고 다른 하나는 사랑하는 사람을 얻는 비극이다."

이것은 동화 「행복한 왕자」의 작가 오스카 와일드가 남긴 말입니다. 좀 기묘한 말이지요? 사랑하는 사람을 얻었는데 비극이라니요. 이 말은 그의 삶을 살펴볼 때 온전히 이해할 수 있습니다.

어느 날 한 여자의 남편이자 두 아이의 아버지인 오스카 와일드에게 너무나 사랑하는 사람이 나타났습니다. 그런데 그 사람은 남자였습니다. 그것이 비극의 시작이었죠. 미소년 알프레드 더글라스와의 관계가 알려지면서 오스카 와일드는 시와 희곡, 동화를 쓰며 쌓아올린 명성을 한순간에 잃었습니다. 그리고 풍기문란 죄목으로 강제노역형을 선고받아 옥살이를 한 뒤엔 국적마저 박탈당하고 맙니다. 그 뒤 그는 모든 것을 잃고 파리에서 병든 몸으로 가난한 삶을 살다 생을 마치게 됩니다.

그땐 그랬습니다. 19세기 당시엔 남자가 남자를 사랑하는 일, 여자가 여자를 사랑하는 일은 형벌을 받고 모국에서 쫓겨날 만한 일이었습니다. 그런데 만일 지금 오스카 와일드가 환생한다면, 그래서 또다시 어떤 남자를 사랑하게 된다면 어떨까요?

일단 고향 아일랜드에서 다시 태어난다면 감옥살이를 하지도, 국외추방을 당하지도 않을 겁니다. 사랑하는 남자와 합법적인 결혼도 할 수 있고요. 이건 네덜란드나 벨기에, 캐나다 등에서도 마찬가집니다. 하지만 대한민국이라면 상황이 다르죠. 사랑은 하되 합법적인 결혼을 할 수는 없습니다. 우리나라에서 동성혼은 합법이 아니니까요. 그래도 중동에서 동성애자로 태어난 것보다는 낫습니다. 그랬다면 사형 당했을지도 모릅니다. 단지 동성을 사랑한단 이유로 말이죠. 이렇듯 현재에도 동성애자들의 사랑과 결혼을 받아들이는 정도는 나라마다 참 다릅니다. 그리고 시간에 따라 변하고 있기도 합니다.

세계적 추세를 보면, 동성혼을 합법화하는 나라들이 점차 많아지고 있고 우리나라에서도 이를 요구하는 목소리가 높아지고 있습니다. 동성애자인 남성 영화감독 김조광수 씨가 역시 남성인 사업가 김승환 씨와 서울시청 광장에서 동성결혼식을 올리고, 자신들의 결혼을 합법으로 인정해달라며 국가를 상대로 헌법소원을 제기하기도 했죠.

사실 이런 모습만으로도 어르신들은 세상 참 많이 변했다고 하십니다. 몇 년 전까지만 해도 한 연예인은 동성애 성향이 알려지자 출연중인 방송 프로그램에서 즉각 퇴출되었고, 세상은 이를 당연한 일로 여겼거든요. 그런데 요즘은 그 연예인이 자연스레 TV 화면에 등장해 자신의 동성애 성향과 관련한 농담까지 하고 있지요.

이처럼 세상이 바뀌었으니, 이제는 우리 사회에서도 동성 결혼과 그들의 자녀 입양을 허용해야 하는 걸까요? 그게 과연 올바른 방향일까요? 우리나라는 둘 모두를 인정하지 않지만, 어떤 나라들은 둘 모두를 인정하기도 합니다. 또 다른 나라들은 동성애자들의 결혼은 합법으로 해도 자녀 입양권은 인정하지 않기도 합니다.

자, 여러분의 생각은 어떤가요? 가상의 '10분토론'을 통해 이 문제를 여러 입장에서 고민해보도록 하죠.

[10분토론] 동성혼과 동성 부부의 자녀입양, 합법화해야 할까?

사회자: 시청자 여러분 안녕하십니까? 10분토론의 사회자 이진행입니다. 최근 한 남성 영화감독이 역시 남성인 사업가와의 결혼을 합법적으로 인정해달라는 소송을 제기하며 동성혼이 우리 사회 뜨거운 감자로 떠올랐습니다. 오늘 이 시간엔 '동성혼과 동성 부부의 자녀입양을 합법화해야 하는가'란 주제로 토론해보려 합니다.

토론에 앞서 패널 여러분을 소개하겠습니다. 찬성측엔 동성 부부로 살고 계신 왕동성, 나연애 두 분과 성소수자인권운동가이신 서인권 님이 나오셨습니다. 반대측엔 명성대 아동복지학과 김교수 님과 바른사랑지킴운동본부장 나정상 님이 참석해주셨습니다.

왕동성, 나연애 두 분의 얘기로 시작해볼까요? 소개와 함께 주장하시는 바를 간단히 부탁드립니다.

왕동성: 안녕하세요. 저와 제 옆에 있는 나연애 씨는 삼 년 전부터 함께 살고 있습니다. 하지만 법적으론 부부도 가족도 아니죠. 저희는 이런 식으로 살아가는 데 많은 한계가 있음을 절감하고 있습니다. 합법화되지 못한 동성 부부는 이성 부부와 달리 많은 것을 포기해야 하거든요.

나연애: 일단 법적으로 가족이 아니니 의료보험에 따로따로 가입해야 해요. 또 병원에 입원할 때도 서로 보호자가 되지 못하고요. 그런 것도 큰 불편이지만 아이를 키우는 즐거움을 누릴 수 없는 게 가장 괴롭습니다. 저희도 보통의 부부처럼 아이를 키우며 살고 싶어서 입양을 알아본 적이 있어요. 그런데 저희에겐 입양할 권리 자체가 없더군요. 입양기관에선 '당신들은 법적 부부가 아니므로 입양을 못 합니다'라는 겁니다. 어떤 이들은, 독신자도 입양할 수 있으니 정 그렇게 원하면 둘 중 한 사람만 아버지로 해 입양하라는데, 그렇게 하면 나머지 한 명은 아이와 아무 관계도 없는 사람이 되잖아요?

그제야 저희는 당당하게 부부로서 또 부모로서의 권리를 누리려면 지금 제도로는 안 된다는 걸 깨달았습니다. 그래서 이 문제를 공론화하기 위해 여러 모임에 참석하기 시작했고 이 자리에도 나오게 된 거예요. 동성혼과 동성 부부의 자녀입양권 합법화가 얼마나 필요하고 정당한 일인지 알리기 위해서요.

사회자: 두 분이 현재 처한 상황에 대한 진솔한 얘기 잘 들었습니다. 그런데 동성혼과 동성 부부 입양권에 대해 주장하시려면 보다 타당한 이유들이 필요할 텐데 좀 더 설명해주시겠습니까?

동성끼리는 왜 결혼할 수 없을까

왕동성: 우리 사회의 시민 모두에겐 행복을 추구하며 살아갈 권리가 있습니다. 저희 두 사람을 포함한 동성애자들도 마찬가지고요. 저희처럼 어떤 동성애자들은 보다 행복해지기 위해선 합법적인 부부와 부모가 돼야 한다고 생각합니다. 그런데 국가가 이를 막는 것은 동성애자들의 행복해질 권리를 침해하는 일이라고 생각합니다.

나연애: 맞습니다. 이성애자들은 사랑의 약속을 결혼이란 제도 속에서 인정받고 자녀도 입양할 수 있는데, 동성애자들은 왜 그럴 수 없는 거죠? 이건 명백한 차별 아닌가요?

사회자: 이거 토론 초반부터 너무 뜨거운데요? 이런 두 분 주장에 대해 반대측 패널 중 누가 반박 의견 주시겠습니까?

김교수: 동성애자들로서는 사랑하는 사이인데 결혼할 수도 아이를 키울 수도 없다니 권리를 침해당한다거나 차별받는단 생각이 들수도 있겠지만 그건 잘못된 생각입니다. 동성애자들을 차별한다는 건 동성애 자체를 범죄로 취급해 형벌을 내리거나 동성애자라는 이유로 불이익을 주는 걸 말하거든요. 예를 들면 동성애자란 이유로 영화관에서 출입금지를 당하거나 대학 입학을 거부당하거나 직장에서 해고되는 경우 말이죠. 이와 달리 결혼과 육아에서 동성애자들을 배제하는 건 권리 침해도 아니고 차별도 아닙니다. 이유는 간단합니다. 한 남자와 한 여자를 전제로 하고 있는 결혼이나 입양은 동성애자들에겐 처음부터 해당사항이 없는 제도이므로 권리니 차별이니 하는 것들과 무관하죠.

왕동성: 결혼과 육아가 동성애자들에겐 해당사항이 없다고요? 그

냥 연애만, 동거만 하고 싶은 동성애자들도 있겠지만 사랑하면 합법적인 결혼과 육아도 원하는 이들이 적지 않습니다. 그런데 어떻게 무 자르듯 딱 잘라서, 동성애자들에겐 사랑할 권리는 있지만 결혼할 권리는 없고 사랑할 권리는 있지만 육아할 권리는 없다고 하시나요? 그게 말이 되는 논리입니까?

나연애: 그리고 동성애자들에게 결혼과 육아에 대해 금지하는 건 분명 차별이라고요. 동성애자들을 다른 시민들과 동등하게 대하려면 다른 이들이 지닌 시민권을 똑같이 보장해야 하잖아요? 시민권엔 결혼할 권리, 육아할 권리가 포함돼 있는데 그것이 왜 동성애자들에게만은 예외가 돼야 하나요?

서인권: 두 분의 의견에 동의합니다. 그리고 저는, 동성혼과 입양은 동성애자들의 권리가 아니란 김교수 님의 얘기는 인권이 확대돼 온 역사를 무시하는 것이라고 생각합니다. 수백 년 전 유럽에선 귀족과 하층민은 사랑할 순 있어도 결혼할 순 없었습니다. 1960년대까지 미국에선 흑인과 백인은 사랑할 순 있어도 결혼할 순 없었고요. 하지만 인권이 확대돼 나가면서 사랑할 수 있어도 결혼할 순 없게 만들던 장벽들이 하나씩 무너졌습니다. 사랑하는 사람들의 결혼을 막는 것은 그들의 인권을 침해하는 일이란 걸 깨달으며, 인류가 결혼의 장벽들을 하나씩 무너뜨리는 진보의 역사를 만들어온 거죠.

그리고 최근 전세계적으로 무너지고 있는 장벽이 성적 지향의 장벽입니다. 그 장벽이 얼마나 차별적이고 인권 침해적인 것인지 깨달으며 합법적 동성혼과 동성 부부의 자녀입양권을 인정하는 선진국들의 수가 꾸준히 늘고 있습니다. 아니, 우리가 다른 건 다 선진국 따라가자고 난리들을 치면서 이런 인권보장 문제에선 왜 주춤하는 겁니까? 이제는 우리 사회도 변해야 합니다. 우리가 한층 더 인권을 보장하는 사회로 나아가려면 다수의 사람들과 성적 취향이 다르다는 이유로 동성애자들의 결혼할 권리, 자녀를 키울 권리를 막아선 안 되는 거라고요.

나정상: 정말 답답하기 짝이 없네요. 김교수 님 말처럼, 동성애자들이 결혼하고 입양할 수 없는 건 그것이 본질적으로 동성애자들이 주장할 수 없는 성격의 것이기 때문인 건데, 왜 자꾸 차별이니 인권이니 하는 얘기들을 하시는 겁니까? '동성 부부'나 '동성 부모'는 개념적으로 성립하지조차 않는 건데 말이에요.

부부는 지아비 부夫, 지어미 부婦가 결합한 단어예요. 남성이 지어미가 되거나 여성이 지아비가 될 수 있나요? 또 부모는 아비 부父에 어미 모母를 결합한 단어인데, 남성이 어미가 되고 여성이 아비가 될 수 있나요? 동성애자 분들이 서로 행복하게 함께 살 수 있으며, 그것을 탄압하지 말아야 한다는 데는 100% 동의합니다. 그렇지만 동성애자들은 '부부'와 '부모' 자체가 될 수는 없는 거예요.

나연애: 분명 동성 부부와 동성 부모는 전통적인 정의와 현재 제도에는 어긋나요. 하지만 사람들의 의식과 생각은 달라지는 법이고, 그에 따라 전통도 깨지고 제도도 달라질 수 있는 거죠. 현재의 정의와 제도는 절대적인 게 아닌 만큼, 남성끼리든 여성끼리든 '서로 사랑하는 사람들의 결합'으로 결혼의 정의 자체가 바뀔 수 있고, 또 그래야 하는 거라고요.

사회자: 잠시 사회자로서 개입을 하죠. 동성혼과 동성 부부의 자

녀입양을 인정하는 것이 차별인가 아닌가 하는 문제는 결국 결혼에 대한 정의 문제로 연결될 수밖에 없는 것 같은데요, 그럼 결혼이 남녀의 결합이어야만 하는지, 아니면 성별을 초월한 결합일 수 있는지 이 부분을 집중적으로 얘기해보도록 하죠.

앞서 나연애 씨는 결혼의 정의 자체가 남녀를 불문하고 '사랑하는 사람들의 결합'이란 것으로 바뀔 수 있지 않느냐고 하셨는데, 김교수 님은 동의하십니까?

동성혼을 결혼의 정의에 포함시킬 수 있는가

김교수: 아니요. 저는 동의 못합니다. 우리 사회에서 결혼의 현재 정의는 '사랑하는 사람들끼리의 결합'이 아니라 '한 남자와 한 여자의 결합'이고 앞으로도 그래야 합니다. 결혼의 주체를 한 쌍의 남과 여로 규정하는 건, 일단 가정의 재생산 기능 때문이에요. 남녀로 가정이 꾸려져야 자녀들을 출산해 사회를 유지, 발전시킬 수 있는 겁니다. 또 한 쌍의 남녀로 규정돼야 혼란 없이 자녀를 양육하고 가정이 쉽게 해체되지 않아 사회가 안정될 수 있고요. 결국 법과 제도 속에서 결혼을 정의내리고 이에 대한 권리나 의무를 정해놓은 가장 큰 이유는 우리 사회의 질서를 유지하고 지속시키기 위해서인 거예요.

왕동성: 결혼을, 사회구성원을 재생산하고 양육하기 위한 장치라는 식으로 말씀하시는데, 그럼 자녀를 출산하지 않는 이성애 부부에 대해선 왜 합법적인 결혼으로 인정하는 거죠? 또 그런 관점이라면 입양을 통해 기꺼이 자녀를 양육하겠다는 동성애 부부의 결혼은 오히려 장려해줘야 하는 것 아닙니까?

김교수: 무자녀로 사는 이성애 부부도 있기는 하죠. 하지만 그 경우는 전체 이성애 부부의 비율 중 극소수에 해당할 뿐이에요. 동성애 부부는 생물학적으로 자녀를 출산할 수 없기 때문에 입양을 한대도 그것이 동성 부부 가정의 본질적 기능이라고 보긴 어렵고요. 또 뒤에서 논의하겠지만 동성애 부부가 입양자녀를 양육하는 게 바람직하다고 할 수도 없죠.

나연애: 저는, 동성 부부의 가정이 자녀 출산과 관련해 본질적 기능을 못한다는 건 인정한대도 동성혼이 사회 질서를 무너뜨리고 혼란을 가져온단 식으로 말씀하시는 것만큼은 납득할 수 없어요. 동성애가 무슨 범죄도 아니고, 동성결혼을 한다고 해서 피해 보는 사람도 없는데 왜 그런 주장을 하시는 거죠?

나정상: 그건 제가 답하도록 하죠. 나연애 씨는 하나만 생각하고 둘은 생각 못 하시는 것 같은데요, 결혼은 개인들이 하는 것이지만 개인만의 문제로 끝나는 게 아닙니다. 결혼으로 만들어지는 가정은 사회의 기초단위로서 사회 전체에 영향을 준다고요. 그러니 당연히 결혼과 관련해 일정한 도덕적 기준이 있어야 하고 그 기준이 깨지면 사회가 혼란스러워지는 겁니다.

왕동성 씨와 나연애 씨는 동성애자들의 결혼만 금지된다고 생각하시는 것 같은데 그렇지가 않아요. 남매의 결혼도 금지되죠. 서로 아무리 사랑한다 해도 그걸 허용해서야 되겠습니까? 서양에서는 사촌끼리의 결혼이 허용되지만 우리나라에서는 사촌끼리도 금지되어 있습니다. 그렇다고 이걸로 우리나라가 그런 나라들에 비해 인권을 침해하는 것이라고 볼 수 있습니까? 또 일부 이슬람 국가에서는 일

태화강

동성애 성향 존중과 결혼·입양 합법화는 별개

김혜준
KACE 아버지다움연구소 소장

아버지와 어머니의 역할 대체 불가능

입양아 성 정체성·사회화 위해서라도

동성애자 입양을 인권인양 해선 안돼

역대 교황 중에 가장 대중에게 어필하는 교황을 꼽는다면 얼마전 우리나라를 방문하여 큰 반향을 일으켰던 프란치스코 교황이 아닐까 싶다. 프란치스코 교황은 2013년 7월에 "동성애자가 하나님의 뜻을 따른다면 내가 어떻게 그를 판단할 수 있겠는가?"라고 말했다. 이어서 로마 교황청이 동성애를 포용할 것 같다는 추측이 난무했다. 그러다가 '동성결합과 이성결혼 간에는 아무런 유사점이 없지만, 동성애 성향을 가진 사람도 존중하고 배려해야 한다'로 내용이 최종보고서에 담기게 되었다. 이때 국내 언론의 타이틀을 살펴보자. '동성애 포용 일단 무산… 미·영 보수파의 벽 못넘은 교황'(조선일보), '미뤄진 카톨릭 혁명…'(동아일보), '동성애·이혼 아직은… 문닫은 바티칸'(중앙일보) 한마디로 놀라웠다. '프란치스코 교황의 좋은 뜻이 꼰대들의 벽에 부닥쳐 좌절되었다'는 뉘앙스 일색이었다. 역시 이른바 '먹물'들은 진보적 취향이 강한 것 같다.

지난달 캘리포니아 지역 신문 '샌프란시스코 이그재미너(San Francisco Examiner)'는 박원순 서울시장이 "한국이 아시아에서 처음 동성결혼을 합법화하는 국가가 되길 바란다"고 발언했다고 보도했다. 박 시장은 보도가 와전되었다고 해명했지만, 박 시장이 추진 중인 서울시민인권헌장에서는 성소수자 문제가 다루어 지고 있었다. 며칠 전에는 애플사의 최고경영자 팀 쿡이 동성애자라고 '커밍아웃'했다.

이런 일에 쯧쯧 혀를 차고 있다면 조금 경각심을 가져야 하겠다. 대한민국은 LTE급으로 변화하는 나라이니 말이다. 미국의 여론조사 기관인 퓨리서치(Pew Research Center)에서 조사한 결과, 한국의 동성애 수용 증가율이 조사대상 39개국 중 가장 높은 증가율을 보이고 있기 때문이다. '동성애가 사회적으로 수용될 수 있다'는 응답 비율이 2007년 18%에서 2013년 39%로 1위를 차지한 것이다.

로마 교황청이 잘 정리한 것처럼 동성애자를 부당하게 차별하는 일이 있어서는 안된다. 하지만 그렇더라도 동성애를 바라보는 시각과 관련하여 반드시 짚고 넘어가야 할 문제가 있다. 바로 '동성애자들의 입양' 문제이다. 지금 지구촌은 동성애를 인정하는 분위기의 연장선에서 동성결혼도 법적으로 허용하는 나라가 늘고 있다. 동성결혼은 곧 '입양' 요구로 이어지기 마련이다. 이미 동성결혼이 인정되고 있는 영국에서는 여권 신청서의 부모 인적사항을 기재하는 란에 '아버지' '엄마' 대신 '부모1(parent1)' '부모2(parent2)'로 표기되고 있다. 한마디로 말해서 남녀의 결합으로 이루어진 가정에서 아이를 낳고 교육시킨다는 전통적인 가족 개념이 해체되고 있다.

아이에게 아버지란 아이의 전 인생에 걸친 영향력을 행사하는 존재이며, 아버지의 역할과 가치는 엄마가 대체할 수도 없다. 아버지와 엄마는 그 역할과 가치가 서로 다르기 때문이다. 아버지는 아들의 독립운동가이며, 대인관계의 원형을 형성시켜주는 존재이며, 남자로서의 롤모델이 된다. 따라서 아버지와 엄마는 그 역할과 가치가 서로 다르다는 대(大)전제를 부정하려는 생각에 결코 동의할 수 없다.

결국 '동성애자들의 입양'은 누구의 관점에서 이 문제를 바라볼 것인지 생각해보면 답이 명확해진다. 동성애자 입장에서야 살다보면 아이도 키우고 싶을 테지만, 동성애자 밑에서 자라날 아이의 입장을 생각해보라. 과연 건강한 성 정체성과 사회화가 이루어질 수 있겠는지 말이다. 앞으로 점증될 동성애자들의 권리주장에 있어서도 적어도 '미래세대의 성장'과 관련하여서는 보다 성숙된 자세가 절실하다. 동성애자의 확산을 조장하거나 동성애자의 입양을 인권인양 말하는 것에 대해서는 더 많은 사회적 논의가 이루어져야 한다. 아이를 양육하고 교육시키는 문제는 사회적 차원에서 볼 때 사회구성원을 총원하는 문제이기도 하기 때문이다.

동성애자를 차별하는 것은 아무 근거도 없는 반인권적인 행위이지만 동성 결혼과 자녀 입양을 허용하지 않는 데는 사회질서 유지와 입양아의 행복이라는 나름의 근거가 있다.(경상일보, 2014년 11월 3일)

부다처도 허용되고 있습니다. 석유재벌로 유명한 만수르 역시 부인이 둘이죠. 그렇지만 우리나라에서는 돈이 아무리 많아도 두 명 이상과 결혼하면 잡혀갑니다. 그래도 이걸 누가 결혼의 자유를 침해하는 거라고 말합니까? 그게 우리의 사회적 기준인 거고, 또 사회의 안정을 위해 지켜나가는 것이죠. 동성결혼을 허용하지 않는 것이 두 분 입장에서는 굉장히 불만스러우시겠지만, 그게 현재 우리 사회에서는 마땅히 받아들여야 할 규칙입니다. 쉽게 얘기하자면, 우리 사회는 동성결혼을 허용하기엔 아직 준비가 안 된 거죠.

나연애: 아니, 동성혼을 일부다처제나 근친혼과 동격으로 보시다

니, 그게 말이 되는 얘기인가요? 동성혼을 합법화하면 일부다처제나 근친혼까지 합법화해야 한단 논리는 비약이 너무 심하지 않습니까!

나정상: 비약이라고요? 그렇지 않습니다. 이미 그런 일이 발생하고 있는 걸요. 최근 미국에선 한 남성이 네 명의 여성과 실질적으로 결혼생활을 하고 있는 것에 대해 연방법원이 합헌 결정을 내린 바 있는데요, 전문가들은 미국에서 동성혼 합법화가 주마다 계속 확대되는 분위기와 이 판결이 무관하지 않다고 분석하죠. 사랑하면 남자끼리도 여자끼리도 결혼할 수 있게 해놓았으니 사랑해서 남자 한 명이 여자 네 명과 산다는 걸 처벌할 순 없으니까요. 또 미국에선 아예 자유시민연맹ACLU이란 단체가 등장해서 일부다처·일처다부·집단혼 같은 다양한 결혼 방식을 금지하거나 처벌하는 건 위헌이라며, 어떤 식의 결합이든 합법적 가정으로 인정하라고 목소리를 높이고 있습니다.

유리창에 뚫린 작은 구멍 하나를 방치하면 나중엔 창 전체가 박살나게 됩니다. 거대한 둑에 물이 새는 작은 구멍 하나는 둑 전체를 와르르 무너뜨릴 수 있고요. 동성혼을 합법화하면 이처럼 일부다처제나 일처다부제 같은 변종된 결혼들이 마구잡이로 등장하게 되고, 그랬을 때 이를 법적으로 막을 명분은 하나도 없어 우리 사회는 극심한 혼란에 빠질 게 분명한 겁니다.

왕동성: 아니요. 사회 혼란은 막을 수 있어요. '한 남자와 한 여자의 사랑'이란 결혼의 정의를 '한 사람과 한 사람의 사랑'으로 바꾸면 일부다처제나 집단혼 같은 건 충분히 막을 수 있다고요. 결혼에 있어 다양성을 인정하되 일정한 틀을 마련하면 되는 거죠.

나정상: 일정한 틀이란 게 두 사람의 결합이라는 건데 왕동성 씨, 그렇게 틀을 마련해야 하는 이유가 뭐죠? 두 사람의 결혼이 다섯 사람의 결혼보다 정의롭고 정당하기 때문인가요?

나연애: 저는 그렇다고 생각해요. 역사 속에서 여러 방식의 결혼이 등장해왔지만 인간의 본성에 가장 적합하고 서로의 권리를 가장 잘 지켜줄 수 있는 형태가 두 사람의 결혼이란 걸 인류가 알게 됐으니, 현재 대부분의 국가들이 그런 방식으로 결혼을 제도화해놓은 거 아닐까요? 오랫동안 그 두 사람은 서로 다른 성별의 사람들이었지만 이제 세계 많은 사람들이 동성인 두 사람의 결혼까지 포용하는 방향으로 변하고 있는 거고요.

나정상: 나연애 씨의 자가당착에 가까운 주장이 참 재밌군요. 인간의 본성에 가장 적합하다니. 아니, 우리 인간이 다양하면 얼마나 다양합니까. 그럼 아까 그 미국인들의 경우 다섯 명이 함께 사는 게 자기들 본성에 적합하고 자기들 권리가 가장 잘 보장되는 형태라고 주장하면서 자신들의 일부다처제 결혼방식을 합법화하라고 한다면 대체 뭐라고 반박할 겁니까?

다시 한번 말씀드리지만, 결혼제도는 개인들의 권리 보장 측면보다는 사회의 유지와 안정 측면에서 바라봐야 하는 겁니다. 그게 아니라면 우리는 다양한 개인들의 욕구대로 결혼을 인정할 수밖에 없고, 그건 결국 우리 사회 결혼제도의 근간을 흔들며 기본 질서를 완전히 무너뜨릴 수 있는 거라고요.

서인권: 아, 저는 좀 더 유연하게 생각하면 어떨까 싶은데요, 일부다처제나 일처다부제도 정말 원하는 사람들이 있고 그것이 사회적

합의를 얻으면 인정될 수도 있다고 생각합니다. 나정상 씨 말씀대로 결혼을 정의 측면에서 바라보면, 어떤 형태의 결혼도 금지할 명분은 사실 없으니까요.

또 이런 방식으로 결혼이 폭넓게 재정의되고 다양한 형태의 결혼이 등장한대도 그게 반드시 사회 혼란으로 이어진다고 생각지 않아요. 어떤 나라는 일부다처제나 일처다부제가 합법이지 않습니까? 그런데 그런 나라에서 결혼제도 때문에 사람들이 공황 상태에 빠졌다거나 범죄율이 높아졌다거나 또는 전쟁이 났다는 얘길 들어본 일이 없습니다. 아주 가까운 예도 있어요. 연예인 하리수 씨는 본래 남자였는데 남자와 결혼했죠. 뭐 성전환수술로 현재는 신체적으로 여자라고 해도 우리가 전통적인 결혼 정의에 얽매인다면 이것도 있을 수 없는 일 아닙니까. 그런데 하리수 씨가 결혼했다고 해서 우리 사회가 혼란에 빠지고 붕괴 직전이고 그렇습니까? 아무런, 정말 아무런 일도 일어나지 않지 않았습니까? 결국 결혼에 대해 다양성을 폭넓게 인정한대도 극단적으로 인권을 침해하거나 윤리에 어긋나는 방향으로까지 사회가 나아갈 일은 없다는 거죠.

또 만일 사회질서가 다소 흔들리게 된다 하더라도 그건 일시적일 뿐 그런 진통을 겪은 뒤 다시금 새로운 질서를 만들어나갈 수 있다고 생각합니다. 그것이 어떤 모습이든 말입니다. 그런데 이런 진통이 힘겹다고 해서 안정과 질서를 개인들의 권리 앞에 놓는 것은 잘못이라고 생각합니다. 어쩌면 우리는 인류가 새로운 삶의 형태를 만들어내는 과도기에 살고 있는지도 모르니까요.

동성 부부의 자녀는 행복하게 성장할 수 있는가

사회자: 지금까지의 논의를 정리하면, 결혼이란 사회적 산물이라는 점에 대해선 양쪽 모두 동의하시는 듯합니다. 하지만 왕동성 나연애 커플과 서인권 씨는 우리 사회가 동성혼을 인정할 수 있는 방향으로 변해야 한다고 생각하시고, 나정상 씨나 김교수 님은 그것은 혼란과 분란만 일으킬 수 있으니 현재와 같이 금지하는 게 필요하다고 여기시는 것 같고요.

자, 그럼 우리 사회가 동성애에 더 관대해지고, 결혼도 합법화하기로 했다고 해볼 때 동성 부부의 입양은 어떻게 바라봐야 할까요? 아동복지 전문가이신 김교수 님 얘기부터 들어볼까요?

김교수: 토론을 하면서 왕동성, 나연애 두 분이 서로 진심으로 사랑한다는 것을 느꼈어요. 하지만 안타깝게도 저는 두 분이 정식 부부가 돼 아이를 입양하는 데 반대합니다. 그건 아이에겐 엄마와 아빠가 모두 필요하기 때문입니다. 서로 다른 두 성별의 남녀는 서로 보완하며 아이들에게 이상적인 부모가 될 수 있거든요. 그런데 동성 부부의 경우는 아이에게 완벽한 엄마, 아빠의 역할을 해줄 수는 없는 게 사실이죠.

왕동성: 아니, 생물학적인 여자 엄마와 남자 아빠가 양육해야만 아이가 제대로 성장할 수 있다고 어떻게 단언할 수 있죠? 그런 식이라면 엄마 없이 아빠 혼자, 또 아빠 없이 엄마 혼자 아이를 키우는 가정의 아이들은 모두 제대로 성장할 수 없는 겁니까?

김교수: 우리 사회가 왜 '한부모' 가정에 특별한 혜택을 주겠습니까? 그것은 부모 중 한쪽이 없는 가정이 그렇지 않은 가정에 비해 취

약한 요소들이 많은 게 어쩔 수 없는 현실이어서 그런 겁니다. 엄마나 아빠 둘 중 한 부모만 있는데도 아이가 잘 자라고 행복할 수 있죠. 하지만 안 그럴 가능성이 보다 높으니 이런 제도적 지원까지 하는 건데 왜 이런 현실을 모른 척 하시나요?

나연애: 김교수 님 주장은 그저 그럴 가능성이 있다는 것뿐이에요. 제 주변엔 부모가 교통사고로 사망해 미혼의 삼촌과 아이가 살고 있는 가정이 있지만, 그 가정의 아이는 교수님 생각과 달리 행복하게 잘 자라고 있어요. 미혼의 삼촌이 아이를 충분히 사랑해주기 때문이죠. 부모의 핵심 요건은 사랑 아닌가요? 아이를 사랑하고 아낀다면 누구든 훌륭한 부모가 될 수 있는 거 아닌가요?

김교수: 답변 드리죠. 전문가 입장에서 부모의 가장 중요한 자격은 아이에 대한 사랑이 맞습니다. 그런데 사랑이 전부는 아닙니다. 사랑하지만 폭력적이거나 약물중독인 부모가 과연 부모로서 적합할까요? 사랑하지만 지적 수준이 정상인에 못 미쳐 제대로 된 생활지도를 할 수 없는 부모는 또 어떻고요? 동성 부부도 같은 맥락에서 봐야 합니다. 아이를 너무나 사랑하는 동성 부부라 해도 이성 부부에 비해 아이에게 적합한 환경을 제공할 수 없을 가능성이 매우 높아요. 특히 성역할 모델이나 성교육 측면에서 그렇죠.

나정상: 제가 좀 끼어들어도 될까요? 안 그래도 그 문제, 제가 여기 나오면 꼭 한번 짚고 넘어가야겠다 싶었습니다. 방금 교수님도 지적했지만 동성 부부는 자녀에게 제대로 된 성역할 모델이 되어줄 수도, 적절한 성교육도 해줄 수 없어요. 아이들은 부모를 보고 따라 하면서 여러 가지를 배웁니다. 예의범절도 배우고, 해도 되는 일 안

생각 VS 생각

되는 일도 배우고 말이죠. 성역할도 그렇게 배우는 것 중 하나죠. 남자 아이들은 아빠를 보면서 '아, 남자는 저래야 하는구나' 하고 배우고, 여자 아이들은 엄마를 보면서 배우죠. 그래야 사회에 나가서도 주변에서 자신에게 기대하는 성역할을 잘 수행할 수 있습니다. 그런데 동성 부부의 가정에서 자라는 아이들은 이렇게 자기와 같은 성별의 부모를 보며 모방학습할 기회를 갖지 못합니다. 그런 아이들은 커서도 성정체성에 혼란을 겪을 가능성이 더 높을 겁니다.

서인권: 아, 동성 부부에게 입양되면 성정체성에 혼란을 겪어서 동성애자가 될 가능성이 높다고 많이들 생각하시는데 그건 사실이 아니란 말씀을 드리고 싶네요. 과학자들은 동성애가 선천적인 성향이라는 데 합의하고 있습니다. 동성애 유전자까지 발견되고 있고요. 그러니 동성 부부에게서 자란다고 아이가 동성애자가 되는 건 아닙니다.

또 뒤집어 생각하면, 아이가 동성애 성향을 타고 태어났는데 이성애 부부가 양육하는 경우엔 그것이 오히려 왜곡된 성역할 교육을 하는 꼴 아닙니까? 그런 논리라면, 이성애 부부가 자녀를 키우다가 자녀에게서 동성애 성향이 나타나면 곧장 그 부부의 양육권을 박탈해야 할 겁니다. 동성애 성향의 자녀 입장에선 이성애 부부가 보이는 남성스런 아빠와 여성스런 엄마로서의 성역할 모습이야말로 자신을 힘겹게 하는 것으로 여겨질 테니까요.

그러니 제발 동성 부부가 성역할 교육을 제대로 할 수 없다는 편견으로 가득한 얘기는 그만두세요. 동성애 부모나 이성애 부모 모두 아이들에게 고정된 성역할을 주입하기보다 아이들 고유의 성적 특성을 존중해야 합니다. 이제는 새로운 가족 시대에 맞는 새로운 성교육 윤리가 필요한 거라고요.

나정상: 아, 좋아요. 성적 지향은 선천적이라는 거, 동성애자 부모 밑에서 자란다고 동성애자가 되지 않는다는 거 그건 인정하도록 하죠. 저도 부모님이 동성애자라고 해도 동성을 좋아하게 될 것 같지는 않으니 말이에요. 그래도 여전히 문제는 남아요. 자꾸 본인들 생각만 마시고 아이들 입장에서 생각해보세요. 동성 부부에게 입양된 아이들이 자라면서 본 부모는 남자와 남자, 또는 여자와 여자입니다. 그런데 그 아이들이 어린이집도 가고 유치원에도 가고 하면서 다른 가족을 보게 되면 뭔가 이상하다고 느끼지 않을까요? 그 가족의 부모는 남자와 여자니까요. 그냥 입양된 애들도 친부모와 사는 친구들과 분명 차이점을 느끼고 혼란스러워하는데, 동성 부부에게 입양된 애들은 얼마나 큰 혼란을 느낄까요? 전 제발 아이들을 한 번 더 생각해주셨으면 합니다.

왕동성: 아이들의 행복을 말씀하시니 최근에 읽은 『두 엄마: 거의 행복한 어느 가족 이야기』라는 스페인 작가의 소설이 생각납니다. 이 소설은 레즈비언 부부 밑에서 자라난 작가 자신의 얘기를 담은 자전적 소설입니다. 주인공 카를라가 두 살 때, 카를라의 엄마는 자신이 레즈비언임을 선언하고 아빠와 이혼한 뒤 사랑하는 여성과 동거하며 카를라를 키우죠. 통념으로 보면 참으로 비정상적인 가정이지만 카를라는 다양성을 인정하는 커다란 마음을 갖는 여성으로 자라나 사랑하는 남자를 만나 결혼하고 한 아빠, 세 엄마 모두와 함께 행복하게 살게 됩니다. 저는 반대측 패널 분들이 오늘 토론을 마치면 집으로 돌아가는 길에 꼭 이 소설을 사서 읽어보시길 바랍니다.

상상에만 근거해서 동성애자들이 키우면 불행해진다느니 하는 그런 얘기들 그만 좀 하시고, 동성 부부 가정 속에서도 얼마나 아이들이 행복하게 자라고 훌륭한 성인이 되는지를 직접 보시라고요.

나정상: 왕동성 씨. 저도 그 소설 벌써 읽었습니다. 그런데 죄송하지만 이런 말씀 드려도 될까요. 그건 말 그대로 한 사람의 체험이 담긴 소설일 뿐이에요. 그 작가는 어떻게 운이 좋아서 잘 성장했을지 모르지만, 동성 부부에 입양된 모든 아이들이 그렇게 잘 성장할 수 있을까요? 그리고 제가 그 소설 읽으면서 공감했던 부분이 뭔지 압니까? 다양성을 인정하는 큰마음이요? 아니요. 저는 어린아이의 내면적 갈등이 가슴 아팠습니다. 친구들에게 자신의 기막힌 상황을 차마 얘기도 못하고 어린아이가 얼마나 힘들었는지 소설 속에서 구구절절 읽히더군요. 대체 누가 그 어린아이에게 그런 고통을 안겨줄 권리가 있죠? 동성 부부의 행복추구권이요? 그럼 아이의 행복은 어쩝니까? 동성 부부가 행복을 추구하는 동안 아이는 아픔을 겪게 될 텐데, 동성 부부의 욕심이 너무 지나친 거 아닙니까?

그래도 저자는 여성인 동성 부모에게서 자란 여자아이였기 때문에 괜찮았는지 모릅니다만, 얼마 전 동성혼이 합법화된 미국 캘리포니아에선 심각한 문제가 있었어요. 여성인 동성 부부가 입양한 남자아이가 자신의 성기를 훼손한 일이 벌어졌거든요. 아이가 그런 행동을 한 건 자신의 성 정체성에 혼란이 오고 자신의 성기가 '더러운 것'으로 여겨졌기 때문이라고 해요. 두 엄마에게서 여성이라는 성역할 모델밖에 볼 수 없는 남자아이로서는 충분히 그럴 수 있었던 겁니다. 그런데도 이게 문제가 아니라는 겁니까? 소설의 저자는 운 좋게 잘 성장해 책까지 쓰고 그랬는지 모르지만, 캘리포니아의 남자아이처럼 고통을 겪는 아이들이 분명 적지 않을 텐데 말입니다.

김교수: 저도 한마디 하죠. 우리 사회엔 솔직히 동성애에 대해 곱지 못한 시선이 있지 않습니까. 이런 현실 속에서 동성 부부의 자녀들이 받게 될 조롱과 학대와 사회적 소외도 무시할 수는 없습니다. 학교에 다니고 친구를 사귀게 될 즈음이면 아이는 곧 고민과 괴로움에 잠 못 이루게 될 겁니다. 친구들이 '게이 자식'이라고 손가락질하고 따돌릴 테니까요. 이처럼 아이들이 고통 받고 불행해질 수 있는데도 동성 부부의 권리만 생각해 입양을 인정한다면, 그건 거칠게 말해 폭력가정에 입양의 자유를 허용하는 것과 다를 바 없지 않을까요?

당연히 이 아이들은 아무 잘못이 없습니다. 그렇다고 이 아이들을 입양한 동성 부부가 잘못을 했다고도 할 수 없고요. 하지만 동성 부부가 아이들을 입양하면 그 일 자체가 이렇게 아이들에게 괴로움을 줄 수 있는 겁니다. 잘못된 일이지만 세상이 지금 그런 걸 어떡합니까? 그런데도 동성 부부의 자기만족을 위해서 입양의 자유를 허용해버려도 될까요? 우리가 입양 문제에서 가장 중요하게 생각해야 할건 입양되어가는 아이들의 행복입니다. 입양하려는 사람의 입장이 아니라요.

나연애: 저희 같은 동성애 부부에 대한 사회의 따가운 시선, 인정해요. 그런데요 동성애 부부만이 그런 차별과 편견을 받고 있는 건 아니잖아요? 우리 사회엔 인종이나 얼굴색, 믿음, 외모, 장애 그리고 사회적 신분 때문에 희생자가 된 부모들이 이미 많다고요. 그렇다고 그런 문제의 해법이 그들의 자녀 입양이나 양육을 막는 데 있는 건

아니잖아요? 다문화가정 아이들이 왕따를 당해서 사회문제가 되고 있다고 다문화가정은 아이를 낳지 말자거나 다문화가정은 결혼을 금지시키자는 식으로 답을 찾을 수는 없지 않냐고요?

차별과 편견이 우려된다는 것이 동성 부부의 자녀 입양 반대의 논거가 될 순 없는 거예요. 동성애에 대한 혐오는 개인의 편견이지 그것이 따라야 할 원칙일 순 없잖아요. 그 편견은 극복되어야 할 것이지 이를 인정하고 가중시켜선 안 되는 거 아녜요? 더욱이 사회적 차별을 이유로 동성애자의 입양을 막는 건 오히려 그런 사회적 편견만 가중시킬 뿐이라고요.

사회자: 지금까지 여러 의견을 들어봤는데 우리 사회의 뜨거운 감자인 만큼 여러분 논쟁도 정말 뜨거웠는데요, 정말이지 팽팽하게 맞서는 논거들 때문에 어느 편이 옳다 그르다 판단이 쉽지가 않은 문제란 생각이 드네요. 짧은 시간 동안의 이 논쟁으로 동성혼과 동성 부부 입양을 결정지을 수야 없겠지만, 모쪼록 이 토론을 지켜보신 여러분께서 함께 많은 고민을 해주셨으리라 믿습니다.

∗∗ 생각 정리 ∗∗

'어떤 상대를 열렬히 그리워하거나 좋아하는 마음, 또는 그런 일'.
이는 2012년 12월 국립국어원이 내린 사랑의 정의입니다. 이전에 '이성의 상대'로 되어 있던 것을 '어떤 상대'로 바꿔 사랑의 정의를 바꿨던 거죠. 그런데 2013년 4월 국립국어원은 이 정의를 '남녀 간에 그리워하거나 좋아하는 마음'으로 해 '어떤 상대'를 '남녀'로 또 한

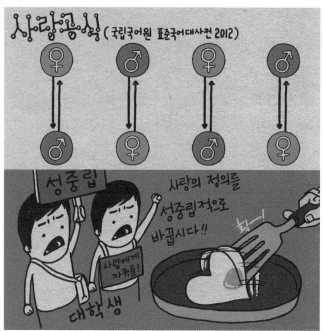

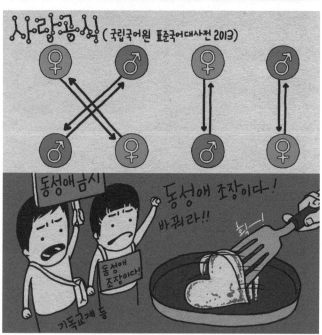

그동안 국립국어원은 사랑을 남녀간의 그리워하는 감정으로만 풀이해왔다. 그러다 2012년 성적 소수자를 포괄하지 못한다는 의견을 받아들여 그 해석이 '어떤 상대의 매력에 끌려 열렬히 그리워하거나 좋아하는 마음'으로 바뀌었다. 그러자 보수 기독교 단체 등의 항의로 인해 2014년 다시 사랑을 남녀간의 문제로만 되돌려놨다. ⓒ 미디어카툰(www.metoon.co.kr) 김은영 작가

번 바꾸고 사랑의 정의를 원점으로 되돌려 놓았습니다. "사랑이 어떻게 변하니?" 영화 〈봄날은 간다〉의 명대사를 떠올리지 않을 수 없습니다. 아니 원래 변한 사랑을 되돌려 놓았으니 경우가 좀 다른가요?

아무튼 우리나라의 사랑은 다시금 '남녀'만의 전유물이 되었습니다, 사전적으로는 말이죠. 하지만 사회 곳곳에 이런 정의와 무관하게 남자가 남자에게, 여자가 여자에게 '열렬히 그리워하거나 좋아하는 마음'을 갖는 경우가 있다는 걸 우리는 모르지 않습니다. 그리고 비록 사전적 정의에 어긋난다 해도 우리는 그 마음을 '사랑'이라고 할 수밖엔 없을 겁니다. 하지만 결혼은 얘기가 다릅니다. 합법적인 결혼은 국가가 인정하지 않으면 절대로 불가능한 것이니까요.

사랑해도 결혼할 수 없는 이들을 우리는 많이 알고 있습니다. 우리나라만 해도 과거에 양반과 천민은 결혼할 수 없었습니다. 하지만 이제 더 이상 우리 사회엔 신분 차이가 결혼할 수 없는 이유가 되지 못합니다. 우리는 이를 인권 보장이나 역사의 진보 등으로 설명할 수 있을 겁니다. 그러면 사랑해도 결혼할 수 없는 동성애자들을 가로막는 '성적 취향'이라는 장벽도 인권 보장을 위해 깨어야 하는 것이고, 동성혼도 합법화되는 게 역사의 진보일까요? 아니면 동성혼은 인권 문제와 무관한 것으로 우리 사회의 기본 단위인 가정을 보호하고 사회질서를 유지하기 위해, 또 무엇보다 아이들이 건강하고 행복하게 자라나기 위해 절대 법적으로 허용해선 안 되는 것일까요?

국립국어원의 변덕으로 사랑이 변했다가 돌아왔습니다. 그러면 결혼은 어때야 할지, 변해야 할지 말아야 할지 여러분의 생각이 궁금해집니다.

인간의 존엄성 vs 자기결정권 침해

신체 장기는 거래의 대상이 될 수 있는가

2012년 개봉한 영화 〈공모자들〉은 '장기매매'를 소재로 하고 있습니다. 정말 끔찍하게도 이 영화는 실제로 있었던 사건, 2009년 중국을 여행하다 납치된 신혼부부의 장기밀매 사건을 모티브로 하고 있습니다. 어디선가 드러나지 않는 곳에서 인간의 장기가 정말로 매매되고 있다는 것입니다.

그런데 만일 납치와 강제에 의해서가 아니라 본인이 원해서 장기매매를 하려고 한다면 그건 어떻게 봐야 할까요? 돈을 받기 위해 스스로 장기를 시장에서 물건을 팔듯 판다면 말입니다.

물론 이런 장기매매는 우리나라는 물론 대부분의 나라에서 금지되어 있습니다. 그래서 암시장에서나 이루어지죠. 특히 영화의 무대가 되기도 한 중국이나 동남아 등 법의 감시가 느슨한 나라들을 중심으로 벌어지는 장기매매 암시장은 상당히 큰 규모라고 합니다.

그런데 이런 암시장에서는 납치 등 범죄와 연관되는 일이 많고 제대로 된 의료적 처치가 잘 이루어지지 않는 등의 문제가 있어서 차라리 '장기매매 합법화가 필요하다'는 주장이 나오기도 합니다. 영국 왕립의학원 산하 의료장기이식위원회의 네이디 하킴 위원장도 그런 주장을 했습니다. 그는 장기 거래는 법률로 허용돼야 한다면서 장기 시장이 활성화된다면 날이 갈수록 증가하는 해외 장기이식 관광이 줄어들 수 있을 것이라고 주장한 바 있습니다.

또 영국의 한 교수는 장기매매금지법이 통과된 직후 자신의 뜻으로 신장을 다른 사람에게 팔겠다는데 무슨 이유로 반대할 수 있겠느냐고 반문했으며, 신장이식 대기자이기도 한 영국 보수당의 어느 국회의원은 자기 몸을 가지고 자기가 원하는 대로 하는 게 뭐가 잘못이냐고 항변하기도 했습니다.

이렇듯 장기매매를 금지하는 법을 바꿔야 한다는 목소리를 내는 이들이 있습니다. 하지만 사람의 생명과 직결된 장기이식 문제를 시장의 논리에 맡길 수는 없다는 주장도 만만치 않습니다. 그렇다면 장기매매는 온전히 개인의 자기결정 영역에 속하는 일일까요? 아니면 인간의 존엄성을 침해하는 일일까요? 고민해보려 합니다.

이 주제를 보다 흥미롭게 다루고자, 이 글은 한 의사의 신장매매 알선과 그 수술에 관한 모의재판 형식으로 만들어 보았습니다. 실제 재판 과정과는 다르지만, 장기매매를 처벌하려는 검사와 장기매매의 정당성을 옹호하는 피고인의 논박을 통해 이 주제를 깊이 이해할 수 있기를 바랍니다.

[모의재판] 불법 장기매매 시술 의사, 재판장에 서다

판사: 피고인은 장마에 씨가 맞습니까?

피고인: 네, 그렇습니다.

판사: 피고인은 의사 자격증이 있습니까?

피고인: 당연하죠. 만 10년을 우리나라 최고 명문대학병원에서 근무한 뒤 최근엔 프리랜서로 일하고 있습니다.

판사: 검사는 피고인에 대해 기소사실을 진술해주시기 바랍니다.

검사: 피고인은 지난 4월 4일 금전 3000만 원이 필요한 김절박 씨의 신장을 신부전증을 앓아온 나살려 씨에게 이식하는 수술을 해준 바 있습니다. 또 수술에 앞서 이들 둘을 연계해준 이도 피고인이며 이 과정에서 수수료 명목으로 김절박 씨에겐 1000만 원, 나살려 씨에겐 2000만 원을 받아 챙겼습니다. 또 지난 6월 6일에도 최절박 씨의 신장을 왕살려 씨에게 이식하는 수술을 하려던 중 경찰에게 구속되었습니다. 이 같은 장기매매 알선과 수술 행위는 우리나라에서 법으로 금지하고 있는 엄연한 범죄입니다. 명백한 범죄행위를 저질렀으니 처벌이 당연합니다.

장기매매는 인간의 존엄성을 침해하는가

검사: 피고는 장기매매는 물론 이를 알선하거나 그와 관련한 수술을 하는 것 모두 불법임을 알고 있었습니까?

피고인: 알고 있었소.

검사: 알고 있었다고요? 그런데 왜 불법을 저지른 거죠?

피고인: 하! 나라에선 장기매매를 불법으로 만들고 처벌한다는 걸 잘 알고 있소. 내 말은, 장기매매는 불법이 되어서는 안 된다 이거요. 그래서 내가 신장매매를 알선도 하고 직접 그 수술을 담당하기도 했던 거요.

검사: 아니, 피고인! 장기매매가 불법이 되어서는 안 된다니, 대체 어떤 근거로 그런 주장을 하시죠? 법에 대해 뭘 좀 아시긴 합니까?

피고인: 내가 법은 몰라도 의학은 잘 알죠. 검사 양반은 법은 잘 알아도 의학은 잘 모를 거요. 현대 의학으론 인간의 장기를 인위적인 무엇으로 완전히 대체할 수가 없어요. 장기에 문제가 생기면 다른 사람의 장기로 대체하는 게 최선의 방법인 거요. 생각해보시오? 생명을 구하기 위해 장기를 필요로 하는 사람이 있고, 또 그 장기를 기꺼이 제공하려 하는 사람이 있소. 그래서 그 두 사람을 연결해주고 수술을 한 것이 뭐가 문제요? 결과적으로 사람이 살았지 않소.

검사: 피고인은 지금 궤변으로 자신을 정당화하고 있습니다. 피고인은 자신이 사람을 살렸다고 자랑하지만, 실상은 불법적인 장기거래를 알선하고 이식 수술을 해서 금전적 이득을 취한 것 아닙니까? 장기이식은 기증을 통해서 충분히 가능합니다. 피고인은 그저 자기 욕심을 채우려 장기매매라는 불법을 저지른 것뿐입니다.

피고인: 이 순진한 검사님이 현실을 모르시는군요. 우리나라에 지금 장기이식 대기자가 얼마나 많은지 아시오? 대기중인 환자 수는 매년 2000명 넘게 늘어 이젠 누적 수 2만 명이 훌쩍 넘었소. 그래서 기증에만 의존해서 수술 받으려면 평균 2~3년은 기다려야 하고, 그러다보니 이식을 기다리다 사망하는 사람이 한 해에만 1000명도 넘

는 게 현실이오.

애초에 왜 이렇게 장기를 기증하는 사람이 적은가 생각해보시오. 아무 보상이 없기 때문 아니겠소? 사실 자기 몸 한 덩어리를 뚝 떼어 주는 건데 그런 일을 아무나 쉽게 할 수 있겠소? 충분한 보상을 줘도 할까 말까 할 일이죠. 물론, 훌륭한 마음씨를 가진 사람들은 기꺼이 공짜로도 기증을 하겠지. 그렇지만 그런 사람이 얼마나 된단 말이오? 당신은 당신 부모가, 당신 자녀가 당장 이식받지 못하면 죽을 수도 있다는데 무작정 기증자가 나오기만 기다리고 있을 거요? 돈으로 장기를 구할 수 있다면, 구하는 게 인지상정 아니오?

저기 방청석에 와 있는 나살려 씨를 좀 보시오. 얼굴에 혈색이 도는 게 얼마나 건강해 보입니까? 나살려 씨는 더 이상 괴로운 신장 투석을 할 필요 없이 아주 건강해져 완전히 새 삶을 살게 됐소. 어디 나살려만 그런가, 지금까지 내가 수술한 사람들 모두 건강과 생명을 되찾았소. 물론 나도 그 일로 돈을 꽤 벌었지요. 허나 생명을 여럿 살린 걸 생각하면 마땅한 보상이라 생각합니다. 숭고한 일에도 보상은 필요한 법이니까.

검사: 피고인의 이 엄청난 자기합리화에 제 귀를 의심하게 되는군요. 피고는 지금 장기매매가 숭고한 행위라고 말하는 겁니까? 한 사람의 장기가 다른 사람에게 전해지고, 이를 통해 장기를 이식받은 이가 새롭게 건강과 삶을 찾는 것은 숭고하고 아름다운 일이 맞습니다. 하지만 이 과정에서 돈이 개입된다면 얘기는 달라집니다.

누군가 자기 장기를 시장에서 물건 팔듯 돈 받고 판다는 것은 자기 신체와 나아가 생명과 존재 자체를 팔아넘긴다는 겁니다. 인간이라는 존재가 물건처럼 거래되어서야 되겠습니까? 이는 명백히 인간의 존엄성을 침해하는 일입니다.

이렇게 인간의 몸이 돈벌이의 대상이 되면 끔찍한 범죄도 일어나게 됩니다. 2013년 중국 산시성에서 여섯 살짜리 소년이 납치된 뒤 두 눈을 적출당하고 버려진 엽기적인 사건이 발생했습니다. 각막 등 장기매매를 노린 범죄로 보입니다. 이렇듯 사람의 장기가 돈의 대상이 되면 인간의 존엄성, 생명의 가치는 땅에 떨어지는 것입니다.

판사: 변호인, 피고인 신문을 하시겠습니까?

변호인: 피고인은 4월 4일과 6월 6일 수술과 관련해 장기를 주는 쪽과 받는 쪽에 장기매매를 권유한 일이 있습니까?

피고인: 절대 없소. 모두 자기 발로 찾아왔죠.

변호인: 그러니까 피고인 말은 장기 수여자와 수혜자들 모두 스스로, 자신의 의지대로 이식수술을 결정했고 피고인에게 도움을 청한 것이군요?

피고인: 바로 그거요. 스스로 결정한 일이오.

변호인: 혹시 나살려 씨와 김절박 씨가 수술을 요청한 이유를 피고인에게 말한 일이 있습니까?

피고인: 그거야 뻔하지 않소. 나살려는 신장을 이식받아 건강하게 살고 싶어서, 김절박은 돈을 받아 가난하지 않게 살고 싶어서라고 말했소.

변호인: 건강하게 산다, 가난하지 않게 산다. 결국 이들은 모두 더 나은 삶을 바란 거군요.

피고인: 그렇지, 그렇지. 아, 우리 변호사님 말 한 번 잘 통하네. 누

구도 손해 보지 않았고, 모두에게 이득이 되는 일이었소. 한쪽은 건강한 삶을 얻었고, 다른 쪽은 경제적으로 안정된 삶을 얻었으니까. 수술을 한 내게도 득이 되었고. 나 또한 인간이 존엄한 존재고 생명이 무엇보다 중요하다고 생각하는 사람이요. 그리고 그런 내 생각을 실천하고자 이렇게 수술로서 기여하고 있는 것이요.

변호인: 판사님. 피고인의 어법이 다소 거칠기는 하나 그의 말에는 진실이 있습니다. 인간이 인간다운 삶을 이어가려면 신체적 건강과 생활의 안정이 모두 필요합니다. 나살려 씨는 건강한 신장이, 김절박 씨는 돈이 없었습니다. 그래서 둘은 충분히 만족스러운 삶을 살 수 없었죠. 그런데 피고인이 이들을 도왔습니다. 서로에게 부족한 것을 채워 결국은 양쪽 모두 건강하고 안정된 삶을 살게 만든 것입니다.

두 사람이 서로 필요한 것을 얻는 과정에서 피고인은 돈이라는 대가를 받았습니다만 이를 비난할 수는 없습니다. 자기 일에 대한 대가를 요구하는 걸 문제 삼을 수 없지 않습니까. 어쨌든 피고인은 절박했던 이들 모두를 살려냈습니다.

검사: 판사님. 피고인에게 좀 더 질문을 해야겠습니다.

판사: 알겠습니다. 시작하십시오.

검사: 피고인은 앞서 장기매매를 주선하고 수술을 해줘서 인간의 존엄성을 실현했다고 하셨는데 맞나요?

피고인: 그렇게 말했지요.

검사: 한 가지 가정을 해봅시다. 만일 나살려 씨를 수술하기 전에 다른 누군가가 1억 원을 더 내고 김절박 씨의 신장을 산다고 했다면

피고인은 나살려 씨와 그 누군가 중 누구를 수술하셨겠습니까?

피고인: 그걸 질문이라고 하쇼? 그럼 당연히 돈 더 준다는 사람한테 수술을 해줘야지.

검사: 왜 그렇죠?

피고인: 기왕 파는 신장인데 더 비싸게 받는 게 더 이득 아니오. 그래야 신장을 파는 김절박 씨에게도 더 도움이 되고.

검사: 그럼 나살려 씨는 신장 수술을 못 받을 수밖에 없겠군요? 그로 인해 생명이 위험할 수도 있겠고요.

피고인: 그야…… 어쩔 수 없이 그렇게 되지 않겠소.

검사: 피고는 완전히 모순적인 말을 하고 있군요. 아까는 장기매매로 인간의 존엄성을 실현하고 생명을 구한다더니, 여기서는 돈이 없으면 장기를 이식받을 수 없고 생명을 보장받지 못한다고 말하고 있습니다. 인간의 존엄성과 생명의 가치가 그렇게 돈에 따라 달라지는 겁니까? 이처럼 피고인이 자기모순에 빠져버린 것은 장기매매를 통해 인간의 존엄성을 실현할 수 있다는 말이 결코 진실이 아니기 때문입니다.

장기 이식을 이렇게 거래에 맡기면 어떤 일이 벌어질지 피고인 스스로 고백하고 있습니다. 장기들은 결국 가장 비싼 값을 지불하려는 사람들이 차지할 겁니다. 중요한 장기일수록 더욱 비싸겠죠. 비싼 값을 치를 수 있는 사람만 장기이식을 받을 수 있고, 그의 생명만이 소중하게 여겨지는 겁니다. 여기에 어디 인간의 존엄성이 있단 말입니까? 결국 피고인은 스스로의 입을 통해 자신의 장기매매 알선과 수술은 인간의 존엄성을 해치고 있음을 드러내고 있습니다.

변호사: 저도 피고인에 재신문을 하겠습니다. 피고인은 대학병원에서 10년간 근무한 경험이 있다고 했는데, 병원에서 근무할 당시 수술하지 않으면 생명이 위태로울 환자들을 무조건 수술해줬나요? 수술비와 입원비를 낼 여력이 없는 환자들도 말입니다.

피고인: 안타깝지만 그렇진 않았소. 내가 근무한 병원에선 돈 없는 환자들까지 무료로 수술해주지 않았다오.

변호사: 앞서 검사는 인간의 존엄성이 실현되려면 모든 사람의 생명이 똑같이 존중받아야 한다고 했습니다. 그런데 피고인이 근무했던 대학병원 같은 곳에선 수술비를 낼 수 있는 사람의 생명만 존중한 게 아닌가요?

피고인: 처음 의사가 됐을 땐 나도 그런 문제로 고민이 참 많았지요. 하지만 나중엔 병원이 이해가 됩디다. 병원도 먹고 살아야 하는 거고 시설과 의료진이 한정돼 있는데 어쩔 수 없는 거잖소? 우리 사회가 원래 돈을 내야 뭐든 제공받을 수 있게 생겨먹었는데 뭐 어쩌겠냔 말이오.

변호사: 저는 방금 피고인이 한 말에 주목해야 한다고 생각합니다. 수술도 돈을 내지 않으면 받을 수 없고 치료도 돈을 내야 받을 수 있습니다. 누군가의 생명이 다른 누군가의 생명보다 소중해서가 아니라 단지 그것이 우리의 현실인 겁니다. 생명의 가치를 차별해선 안 된다는 말은 그 자체로는 참으로 훌륭하게 들리지만, 이는 우리 사회의 현실과 의료 시스템 자체를 알고도 모르는 척하는 비현실적인 말이 아닐까요? 돈을 내야만 수술을 받을 수 있는 의료 현실과 돈을 내야만 장기를 이식받을 수 있도록 하는 장기매매가 무엇이 다

생각 VS 생각

를까요? 왜 한쪽은 묵인되고 한쪽은 불법이라며 처벌을 받아야 하는가요? 중요한 건 장기매매를 허용했을 때의 효과입니다. 더 많은 사람이 장기 이식을 받을 수 있고, 또 기증자도 경제적 이득을 얻는다면 허용하지 않을 이유가 없습니다.

검사는 이런 사고방식이 만연하게 되면 장기 관련 범죄가 발생하게 된다고 했는데 그런 주장은 근거 없는 추측에 불과합니다. 오히려 장기 관련 범죄는 장기매매가 불법이어서 장기의 공급이 부족하기 때문에 범죄가 많이 발생한다고 볼 수도

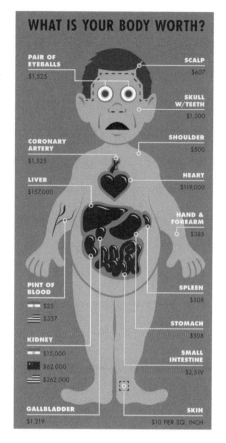

해외 의학 전문 사이트 '메디컬트랜스크립션'가 공개한 부위별 장기 가격. 심장 11만9000달러, 간 15만 7000달러 등 구체적으로 액수가 매겨져 있다.

있습니다. 장기매매가 합법화되면 장기를 팔려는 사람도 늘어나 가격이 적정해질 겁니다. 또 그러한 합법적인 장기 시장에서는 납치 등 불법적인 방법으로 구한 장기 거래는 차단할 수 있습니다. 그러면 수요자가 굳이 암시장에서 장물인 장기를 살 필요가 없어지겠죠.

장기매매는 자기결정의 대상인가

변호사: 이번에는 자신의 신장을 판매한 당사자인 김절박 씨를 증인으로 신청하는 바입니다. 김절박 씨는 4월 4일, 피고인을 찾아가 신장을 팔겠다고 한 일이 있죠?

증인(김절박): 네. 그랬습니다.

변호인: 쉽지 않은 결정이었을 텐데 왜 그랬던 거죠?

증인(김절박): 사업에 실패해 빚이 많았습니다. 막노동도 하고 있는 재산, 없는 재산 다 팔아도 봤지만 빚을 갚기에는 너무 부족했고, 가족들 입에 풀칠하기도 힘든 생활이었습니다. 그러던 차에 주변에서 신장을 팔면 3000만 원을 받을 수 있단 얘길 들었습니다. 저에겐 다른 선택이 없었습니다. 막다른 길에 놓인 저로서는 제 장기를 파는 게 할 수 있는 유일한 선택이었습니다.

변호인: 증인이 신장 이식을 결정할 때 피고인이 이를 강요한 일이 있었습니까?

증인(김절박): 아니요. 결코 그렇지는 않았습니다.

변호인: 그럼 피고인이 증인의 장기매매를 충동질하거나 유혹한 일이 있습니까?

증인(김절박): 장마에 선생님은 저를 충동질하지도 유혹하지도 않았습니다. 여러 고민 끝에 제가 스스로 결정한 일입니다. 제 몸은 제가 원하는 대로 사용할 수 있는 것 아닌가요? 누구에게 피해를 주는 일도 아닌데 장기를 팔건 말건 무슨 상관이냐는 게 제 생각입니다. 오히려 다른 사람을 살리는 데 도움을 줄 수 있고, 또 저한테도 도움이 되니 좋은 일이라고 판단했습니다. 그래서 전 제 신장을 돈을 받고 팔았습니다. 그게 왜 문제가 되는 거죠?

변호인: 증인은 이에 대한 마음의 거리낌은 없었습니까?

증인(김절박): 약간의 갈등은 있었죠. 제 몸에 칼을 대는 건데 어떻게 아무렇지 않겠습니까. 하지만 법으로 그 일을 막는 건 도무지 이해가 안 됩니다. 다른 사람 게 아니라 제 장기를 파는 건데 왜 막는 건가요? 제 몸이 국가의 것인가요? 전 돈이 필요하고, 상대방은 제 신장이 필요하답니다. 그래서 우리가 필요한 것들을 주고받았습니다. 장마에 선생님이 그 일을 도와줬고, 저희는 사례금을 드린 거고요. 제 생각에는 정당한 거래입니다.

변호인: 판사님, 보다시피 증인과 나살려 씨는 피고인의 권유나 알선, 강제 등이 없이 신장 거래 결정을 스스로 내렸습니다. 우리에겐 자신이 가진 것을 마음대로 할 자유가 있습니다. 거기에는 우리가 가진 장기도 예외는 아닐 것입니다. '자유로운 처리'엔 사고파는 행위도 당연히 포함됩니다. 증인의 진술에서도 알 수 있듯 증인과 나살려 씨는 모두 자유롭게 장기를 팔고 또 샀습니다. 이러한 자유로운 장기 거래나 이를 중개하는 행위들은 개인의 자유에 속하는 문제이며, 이를 통제하는 것은 개인의 자기결정권을 침해하는 것이라고 주장하는 바입니다.

판사: 검사 반대신문 하시겠습니까?

검사: 네 하겠습니다. 증인, 증인이 빚이 없고 경제적으로 여유가 있었어도 장기매매라는, 증인 말대로 아주 자유로운 그 선택을 했을 겁니까?

증인(김절박): 도, 돈이 있었다면…… 아니요. 절대로 아닙니다!

검사: 경제적 여유가 증인의 선택을 좌우하는 건가요?

증인(김절박): 당연하죠. 빚도 없고 가난하지도 않으면 왜 굳이 그런 선택을 하겠습니까? 후유증도 생길 수 있고 뭣보다 수술받다 죽을 수도 있는데 돈이 많으면 왜 그런 것들을 굳이 감수하면서까지…….

검사: 그럼 증인이 정말 자유로운 선택을 한 건 아닐 수 있는 거군요? 말하자면 가난 때문에 어쩔 수 없이 그런 선택을 하도록 내몰린 것은 아닙니까?

증인(김절박): 그때 전 분명 제가 스스로 선택했습니다! 누구의 강요도 없이요. 뭐…… 그 당시 제 상황에서는 다른 선택지가 거의 없던 것도 사실이긴 합니다만……. 그래도 제 선택은 선택이었습니다.

검사: 좋습니다. 하지만 사실은 원치 않은 선택이었겠죠? 다시 말하면, 경제적 난관에서 벗어날 다른 방법이 있었다면 결코 하지 않았을 결정이었을 것이란 이야기입니다. 누구든 막다른 곳에 몰리면 정상적인 경우라면 하지 않았을 선택을 하곤 합니다. 정신적으로나 육체적으로 너무 괴로우면 마약 같은 약물을 투약하고 싶어지기도 합니다. 극단적으로는 자살을 선택하는 사람도 있죠. 증인도 사업이 잘 됐을 때는 자신의 장기를 팔 생각을 전혀 하지 않았을 겁니다. 그건 미친 짓이라고 생각했겠죠. 그렇게 상황에 몰려 선택한 일에 대해서도 개인의 자유라고 존중해줘야 할지 모르겠군요.

증인(김절박): 하지만 어쨌든 제 몸 아닙니까? 제 몸을 제가 원하는 대로 처분하겠다는데 뭐가 문제죠?

검사: 자기 몸이라고 자기가 마음대로 할 수 있다는 건 그럴듯하

지만 사실은 문제가 많습니다. 증인은 사람 몸에 두 개가 있는 신장을 판 거니까 그렇게 큰 문제를 못 느끼는 것 같네요. 눈의 각막이라면 어떨 것 같습니까? 증인보다 더 어려운 처지의 사람은 각막을 팔아 평생 앞을 못 보게 될 수도 있습니다. 심장 같은 건 어떨까요? 어딘가에는 심장을 원하는 돈 많은 환자도 있을 겁니다. 그리고 가족을 사랑하는 어떤 가난한 사람은 자기 심장을 팔아서라도 돈을 가족들에게 주려고 하겠죠. 증인은 이런 것도 자기 몸을 가지고 하는 정당한 거래니까 간섭하지 말아야 한다고 보십니까? 증인의 논리대로 하면 자신을 노예로 파는 것도 허용해야만 합니다.

개인의 자유라는 이유만으로 사람 신체의 매매를 허용해서는 안 됩니다. 그건 가뜩이나 황금만능주의가 판을 치는 우리 사회에서 돈으로 사실상 생명을 거래할 수 있게 만들 겁니다.

장기매매는 사회적 약자에 도움이 되는가

판사: 좋습니다. 피고측 증인 신문은 이상으로 마치고 검사측 증인 있으면 말씀해주세요.

검사: 피고인이 10년간 함께 근무한 병원의 한생명 박사를 증인으로 신청합니다.

판사: 증인 신청 채택합니다.

검사: 증인은 지금 어떤 일을 하고 계십니까?

증인(한생명): 10년 정도 병원에서 피고인과 함께 근무했고 현재에도 그 병원에서 계속 근무중입니다.

검사: 같은 의사로서 신장을 기증받지 못해 죽어가는 환자를 보

**장기기증,
생의 마지막 순간
또 다른 생명을
살릴 수 있습니다**

지금 당신이 뿌린 희망의 씨앗은 누군가가
그토록 원하던 생명의 시작입니다.
당신의 숭고한 마음은 영원히 살아 숨 쉴 것입니다.

장기이식이 필요한 환자가 이식을 받기 위해선 다른 이들에게 장기를 기증받아야 한다. 그러나 이식을 기다리는 대기자는 많고 기증자는 적은 것이 현실이다. 2013년 장기이식 대기자는 2만6000여 명이었는 데 반해 실제 이식은 3700여 건만 이루어졌다.

느니 돈을 내고 신장을 사도록 하는 편이 낫다는 장마에 씨의 말을 어떻게 생각하십니까? 그의 말에 따르면 어쨌든 생명을 구하는 일 아닙니까?

증인(한생명): 장마에 선생이 그렇게 말하던가요? 그 친구 정말 갈 데까지 갔군요. 검사님, 그건 말도 안 되는 궤변입니다. 장기매매가 불법인 현재에도 음성적으로 신장이나 간의 일부, 골수, 각막 등은 물론 생명과 직결되는 장기까지 팔려는 이들이 전세계적으로 적지 않습니다. 합법화가 되면 이들의 수는 더 늘어날 거고요. 그런데 이들의 공통점은 이들 대부분이 빈곤층이란 겁니다. 특히 경제적으로 낙후한 나라들의 빈곤층일수록 장기매매 시장에서 스스로 상품이 되는 경우가 많은데요, 제가 몇 년 전 『뉴욕타임스』에서 본 기사에 따르면 실업률이 50%에 달하는 세르비아의 돌레바츠 지역 주민 1만 9000여 명 가운데 장기를 팔겠다고 하는 주민이 3000명에 달한다고 합니다. 인도의 어느 마을은 키드니바깜(신장마을)이란 별칭이 붙었는데 주민들 대부분이 돈을 벌기 위해 자신의 신장을 팔아 그렇다고 하고요.

장기매매로 생명을 구할 수 있겠죠. 하지만 부자들의 생명만 구할 수 있습니다. 부자들은 장기를 돈으로 사서 이식받아 보다 건강해지고 오래 살고, 가난한 사람들은 수술 과정에서 의료사고를 겪거나 후유증을 얻은 나머지 건강을 해치고 생명을 단축시키게 되는 겁니다. 빈부격차가 건강격차와 생명격차로 고스란히 이어지는 것이죠.

검사: 그래도 장기매매를 허용하면 장기를 제공하려는 사람이 더 늘어서 여러 환자들을 살리는 데 도움이 되지 않을까요? 피고인은 그것이 궁극적으로 더 많은 사람을 살릴 수 있다고 말하더군요.

증인(한생명): 그런 얘길 했다니 참으로 답답한 노릇입니다. 장기매매가 합법화된 사회에선 무상기증자는 너무도 드물게 될 것이고, 그럼 돈이 없어 기증 말고는 방법이 없는 사회적 약자들은 장기 이식 기회를 영영 갖지 못하게 됩니다. 돈으로 장기가 거래되는 사회, 단지 가난한 사람들만 장기를 팔고 부자들만 쉽게 장기를 살 수 있는 사회, 이런 사회가 과연 인간의 존엄성이 존재하는 사회라 할 수 있을까요?

검사: 재판장님, 제가 하고 싶은 얘기들을 증인이 모두 해주셔서 저는 더 할 말이 없을 정도입니다. 증인의 말대로 장기매매는 빈부격차를 고스란히 생명격차로 이어지게 하고, 인간의 존엄성은 절대 실현할 수 없는 장기이식 방법입니다.

판사: 변호인, 반대신문 하시겠습니까?

변호인: 네. 증인은 장기매매가 우리 사회에서 어느 정도 일어난다고 알고 계십니까?

증인(한생명): 워낙 비밀리에 일어나는 일이라서 정확하게 파악되지는 않고 있습니다. 그렇게까지 많을 것 같진 않습니다만, 몇 년 전 결혼을 몇 달 앞둔 젊은 남자가 장기적출로 의심되는 흔적들을 남기고 실종되는 사건도 있었고, 여러 수요가 있으니 장기매매가 상당히 일어나고는 있을 겁니다.

변호인: 그렇습니다. 저 역시 증인처럼 우리나라에서도 장기매매가 상당수 벌어지고 있다고 생각합니다. 인터넷 검색만 해도 장기매매에 대한 괴담들이 엄청나게 발견되고, 지하철 화장실 같은 데 보면 장기매매를 알선한다는 연락처 전단지도 종종 보이니까요. 우리나라는 장기매매가 불법인데 증인은 왜 그런다고 생각하십니까?

증인(한생명): 그거야 너무 간단하죠. 장기를 간절히 원하는 사람이 있고, 또 장기를 팔아서라도 현실의 경제적 고난을 해결하려는 사람이 있으니까요. 가장 막다른 상황에 처했을 때 장기를 팔게 된다고 알고 있습니다. 목구멍이 포도청인 거죠.

변호인: 그럼, 장기를 팔아서 삶이 좀 나아질 수 있다는 건 인정하시는 겁니까?

증인(한생명): 뭐, 경제적인 문제만 놓고 이야기하면 돈을 벌 수야 있겠지요.

변호인: 한 가지 더 질문 드리죠. 장기이식이라는 게 결코 쉬운 수술이 아닐 텐데 병원에서 적법하게 할 때와 암암리에 불법시술을 받을 때 중 어느 쪽이 더욱 위험하다고 생각하십니까?

증인(한생명): 그건 제가 의사가 아니라도 드릴 수 있는 답변인데요. 당연히 병원에서 제대로 수술받을 때 더 안전해지죠.

변호인: 그럼 장기매매가 합법일 때와 불법일 때 중 어느 쪽이 더 불법시술이 판칠 가능성이 높다고 생각하십니까?

증인(한생명): 이것도 당연히 불법일 때 암시장이 형성되고 불법시술이 성행하겠죠.

변호인: 알겠습니다. 답변 감사합니다. 판사님. 증인은 사회적 약자들의 삶이 장기매매로 더 나아질 수 있느냐는 저의 질문에 긍정적으로 답했으며, 또 장기매매가 합법화되었을 때 좀 더 안전하게 장기이식을 할 수 있다고 말했습니다. 그러나 이런 장점들에도 불구하고 윤리적인 이유로 장기매매를 반대하고 있고요. 이것은 증인만이 아닌, 장기매매에 대한 편견을 가진 이들 대부분의 태도라고 생각합니다. 장기매매를 합법화하는 게 실제로 장기를 파는 사람들에게 도움이 된다는 걸 알면서도 애써 모른 척하고 계속 불법으로 두는 것입니다.

장기매매, 네, 저도 이게 바람직하지 않은 일이라는 걸 잘 압니다. 하지만 현실에서는 장기를 팔아서라도 자신과 가족이 겪는 어려움을 해결해보겠다는 사람들이 있습니다. 그래서 없어지지 않고 있고요. 그렇다면, 합법화를 통해 생명에는 지장을 주지 않도록 최소한의 가이드라인을 만들고, 이들이 합법적인 장기매매 시스템에서 적정가격에 제대로 된 의료인을 통해 장기를 거래할 수 있도록 법규를 정비하고 감시하고 도와주어야 하는 것 아닐까요? 지금처럼 불법인 상황에서는 장기매매 브로커들에게 과도한 수수료를 뜯기거나 사기를 당하기도 할 테니까요.

저는 장기매매 반대론자들에게 말하고 싶습니다. 장기를 팔고 있는 이들은 이미 많다고. 그 현실 앞에서 제발 눈감고 있지 말라고. 그들 대부분이 그렇게 하고 있는 이유는 가난에서 벗어나기 위해서고 그 가난을 당신이 해결해줄 수 없다면 그들의 선택을 함부로 막아서는 안 된다고 말입니다. 이상입니다.

판사: 증인은 자리로 돌아가 주시고, 이것으로 피고인과 증인 신문을 비롯한 오늘의 재판을 모두 마치기로 하겠습니다.

✱✱ 생각 정리 ✱✱

장기매매 사건을 다루는 이 모의재판은 우리에게 많은 생각거리를 던져줍니다. 인간의 존엄성과 자기결정권, 그리고 사회적 약자에 대한 보호 문제까지. 장기매매와 관련한 논점에서 검사와 변호인의 입을 통해 주장되는 서로 다른 생각들은 혼란스럽기까지 하지요. 어느 한쪽으로 분명한 입장을 가진 사람이라도 상대방의 의견을 쉽게 무시할 수는 없습니다. 양쪽 모두에 다 일리가 있기 때문이지요.

그런데 한 가지 명백한 것이 있습니다. 장기매매가 겉으로 보기에 순전히 개인이 알아서 판단할 '개인만의 영역'으로 보이지만, 논점들을 따라가다 보면 사실은 사회적인 문제이기도 하다는 사실입니다. 여러분은 그 지점들을 중심으로 이 문제에 대한 답을 찾아보기 바랍니다.

과연 장기가 시장에서 거래될 수 있는 것인지에 대한 문제도 중요한 논점입니다. 이 부분도 고민에 고민을 더해보기 바랍니다.

바른 교육 수호 vs 정치적 자유 억압

정치 얘기를 많이 하는 선생님은 문제일까?

여러분이 부모님 다음으로 자주 만나 얘기를 듣는, 그래서 영향 받기 쉬운 사람으로 '선생님'을 들 수 있습니다. 어떤 친구들은 자신이 좋아하는 연예인에게 더 큰 영향을 받기도 하고, 요즘엔 교권이 무너져 사제관계가 예전만 못하단 얘기도 나오지만 그래도 우리 사회에서는 아직까지 학생들에게 미치는 선생님의 영향은 적지 않습니다.

선생님들은 다양한 분야의 지식을 가르쳐주고 진로나 교우관계에 대한 상담도 합니다. 그 과정에서 직간접적으로 선생님들의 인생관이나 가치관이 여러분에게 전달되기도 합니다. 사람과 사람의 만남인 이상 그건 당연한 일이죠. 그런데 그 영향이 정치 영역과 관련한 것이라면 어떨까요?

이런 문제에 대해 우리 사회에선 몇 차례 뜨거운 논쟁이 있었습니다. 사회적 문제로 교사들이 '시국선언'을 하면 교육부는 정치적 중립성을 위반했다며 그들을 징계하곤 했습니다. 또 정당에 후원금을 지급해온 선생님들이 검찰에 기소되는 일도 있었습니다. 우리 헌법에 있는 '교사의 정치적 중립'을 지키지 않았다는 이유이지요. 이렇듯 우리 사회에서는 교사가 정치에 관여하는 것을 엄격히 제약하고 있습니다.

몇 해 전 '블루유니온 선동편향신고센터'는 어느 고등학교 선생님이 대통령 선거 직전에 "이명박 대통령을 뽑은 사람들은 미친 짓을 했던 것"이며 "이명박과 똑같은 인물인 박근혜가 당선돼서는 안 된다"는 이야기를 수업시간에 했다고 밝혔습니다. 또 한 중학교에서 선생님이 "이승만도 이완용이랑 비슷한 친일파로 나라를 팔아먹으려 했다" 등의 발언을 한 것을 학생이 학부모단체에 제보한 일도 있습니다. 또 다른 중학교 선생님은 자신의 SNS에 '종북척결, 종북검사 구속, 촛불총장구속'이라고 적힌 A4용지를 든 남학생의 사진을 올려 논란이 되기도 했습니다.

이렇듯 교사들이 정당에 가입하는 등 직간접적으로 정치에 참여하거나 학교에서 학생들에게 정치적 견해를 피력하는 일에 대해서 논란이 분분합니다. 교사의 정치적 자유를 옹호하는 주장이 있는 한편, 교사의 정치적 중립의 필요성을 역설하는 사람들도 있습니다.

여러분이 거의 매일 만나는 선생님들에 대한 논쟁이란 점을 생각해본다면 다소 조심스런 주제가 아닐 수 없습니다. 하지만 이 문제는 교육과 직간접적으로 연결된 주제이기에 고민해볼 필요가 있습니다. 보다 생생한 논박을 위해 구성한 학부모와 교사 간의 가상 대화를 읽으며 교육에서 정치적 중립이 지니는 의미는 무엇인지, 중립적 교육과 관련해 학생의 권리와 교사의 권리는 어떤 관계이고 또 무엇이 우선해야 하는지 진지하게 고민해보기 바랍니다.

[가상대화] 정치에 관심 많은 김 교사, 학부모 대표를 만나다

박 대표: 선생님, 바쁘신 중에 시간을 내주셔서 감사해요.

김 교사: 뭘요, 학부모대표님이 학생들 일로 할 말씀이 있으시다니 당연히 와봐야죠.

박 대표: 미리 말씀 드렸다시피 학부모들 중엔 김 선생님을 비롯한 몇몇 선생님들께서 좀 부적절한 교육을 하고 계시지 않나 걱정하는 분들이 많아 만나 뵈러 왔어요.

김 교사: 처음 그 얘기를 듣고 제가 무슨 잘못된 교육을 하고 있다는 건지 당황스러웠습니다. 아이들에게 부적절한 교육이라니, 대체 무엇이 걱정되신다는 거죠?

박 대표: 저희는 김 선생님께서 전에 A정당의 당원이셨고, 그래서 정치후원금을 내시고 문제가 돼 벌금을 내시기까지 했다고 들었어요. 사실이신가요?

김 교사: 네 그렇습니다만.

박 대표: 저희는 바로 그 부분을 걱정하는 거예요. 벌금 내셨다고 해도 여전히 그 정당을 지지하고 계실 테고 또 여러 정치적 활동도 하실 거 아니에요?

김 교사: 네, 뭐 그것도 맞습니다. 그런데 아이들 교육이 걱정돼 절

만나러 오시고는 왜 자꾸 제 개인적인 이야기만 하시는 거죠?

박 대표: 선생님의 정치적 활동이 아이들 교육과 상관없는 문제인가요? 전 그렇게 생각하지 않아요. 선생님이 누구와 밥을 먹고 어떤 영화를 보건 그런 건 교육과 무관하겠죠. 하지만 선생님이 정당에 가입하고 지지하는 일을 하거나, 시위나 집회에 참여하시는 일 같은 건 아이들 교육에 영향을 미칠 수 있어요. 솔직히 말씀드려서, 정당에 가입했을 정도로 정치 성향이 강한 교사가 아이들을 제대로 교육할 수 있을까 저희 학부모들은 좀 걱정스럽네요.

김 교사: 아니, 교사가 정치적이면 아이들이 제대로 된 교육을 받지 못할 거라고요? 그게 대체 무슨 말씀이신가요? 전혀 납득이 안 가네요. 박 대표님이 생각하시는 제대로 된 교육이란 게 대체 뭐기에 그런 말씀을 하시죠?

박 대표: 저는, 교육은 중립적이어야 한다고 생각해요. 교육이 어느 한쪽으로 치우쳐서는 안 된다는 거죠. 우리 아이들 모두에겐 그런 중립적 교육을 받을 권리가 있는 것이고, 그건 달리 말해 선생님들에겐 중립적인 교육을 해야 할 의무가 있단 겁니다.

김 교사: 아, 무슨 말씀이신지 이제 알겠습니다. 그런 생각이시군요. 그런데 전 그런 생각에 동의하기 어렵네요. 대표님의 우려도 기우라고 생각하고요. 저는 정치적으로 중립적인 교육이 제대로 된 교육이라고 생각하지 않으며, 또 학생들이 중립적 교육을 받도록 하는 게 교사의 의무라는 데도 생각을 달리합니다. 설사 중립적 교육이 중요하다고 해도 교사가 정당에 가입하거나 후원금을 낼 때 교육의 중립이 훼손된다거나 학생들의 중립적 교육을 받을 권리가 위협

받는 건 아니라고 생각하고요.

정치적 중립 교육이 가장 바른 교육인가

박 대표: 잠시만요. 그렇게 한꺼번에 말씀하시지 말고요, 하나씩 짚고 넘어갔으면 합니다.

김 교사: 그게 좋을 것 같네요. 일단 중립적 교육이 제대로 된 교육이라고 생각한다고 하셨는데 왜 그렇게 생각하시는지 여쭤도 될까요?

박 대표: 너무 당연한 것 아닌가요? 그럼 선생님은 교실에서 우리 사회에 대해 가르칠 때 한 입장에 치우쳐서 가르치는 것이 바람직하다고 생각하시는 건가요?

김 교사: 무조건 바람직하진 않지만 그것이 필요할 때도 있겠죠.

박 대표: 정말 이해가 안 되는 말씀이시네요. 전 초·중·고 학생들을 대상으로 한 수업에선 그렇게 정치적으로 편향된 수업은 절대 바람직하지 않다고 생각해요. 성인들을 대상으로 할 땐 그런 수업도 괜찮을 수 있겠죠. 어느 정도 가려 듣고 판단할 수 있는 능력이 있으니까요. 예를 들어 어떤 교사가 교단에서 "지금 대통령이 하는 행동은 잘못된 것이다"라고 말했다고 생각해보세요. 성인이라면, '아, 저 사람은 저렇게 생각하는구나. 하지만 내 생각은 다른 걸'이라며 비판적으로 걸러 들을 수 있겠죠. 하지만 선생님이 가르치는 이들은 성인이 아니라 청소년들이에요. 이 아이들은 선생님이 하는 말을 그냥 받아들일 가능성이 높아요. 사회관이나 정치관이 완전히 정립되어 있지 않으니까요. 그런 아이들에게 편향된 정치 교육을 할 때 그 결과

는 불 보듯 뻔한 것 아닙니까? 편향된 정치관을 그대로 흡수할 수 있다고요. 적어도 현실 정치사회에 대해 아이들 머릿속은 백지상태라 해도 과언이 아니니까요. 이건 정말이지 우려할 일 아닌가요?

김 교사: 결국 미성년자인 학생들은 비판의식도 자아도 미성숙한 상태니까 중립성을 벗어난 교육은 위험하다 이런 말씀인가요?

박 대표: 네. 그래요. 아, 이제야 말이 좀 통하는군요.

김 교사: 그런데 박 대표님, 편향된 가치나 극단적 생각이 무조건 위험한 것일까요? 그렇다면 예수라는 극단주의자는 대체 어떻게 평가해야 할까요?

박 대표: 예수요? 갑자기 무슨 말씀이시죠?

김 교사: 종교를 떠나서 예수는 존경받는 인물이 분명하죠. 그런데 그 예수도 결코 중립적인 인물은 아니었어요. 사랑에 대한 극단주의자였다고요. 가난하든 죄를 지었든 이웃을 사랑하라고, 사랑이 으뜸이라고 했으니까요. 그런 측면에서 보면 문제는 우리가 극단주의자인가 아닌가 하는 게 아니라 어떤 종류의 극단주의자인가 하는 것 아닐까요? 증오를 위한 극단주의자인지 아니면 사랑을 위한 극단주의자인지, 혹은 불의를 위한 극단주의자인지 아니면 정의를 실현하려는 극단주의자인지가 중요하다는 게 제 생각인데 어떻게 생각하시죠? 사랑이나 정의에도 중립이 필요하다고 생각하시나요?

박 대표: 갑자기 황당한 질문을 하시네요. 뭐, 사랑이나 정의에는 중립이란 게 없겠죠.

김 교사: 사실 제가 지금 한 얘기는 마틴 루터 킹 목사가 감옥에 있을 때 쓴 편지 중 일부를 인용한 겁니다. 그가 흑인인권 보장을 위

해 얼마나 큰 역할을 했는가 하는 건 박 대표님도 잘 아시리라 믿습니다. 흑인의 인권보장 문제에서 킹 목사는 이처럼 자신이 극단주의자임을 인정했고 어떤 부분들에선 편향된 가치가 필요한 것임을 강조했습니다. 박 대표님, 킹 목사가 살아 있다면 학교에서는 무조건 중립적 교육을 해야 한다는 주장에 동의할까요?

박 대표: 아, 음…… 그래요. 마틴 루터 킹의 말이든 김 선생님의 생각이든, 때론 중립에서 벗어난 교육을 할 수도 있어요. 그런데 그건 사랑이나 정의나 인권처럼 누구나 동의하는 문제에 한한 것 아닌가요? 제가 처음에 제기한 우려는 여전히 해소가 안 되네요. 저는 편향된 교육이 언제나 누구에게나 문제가 된다고 하지 않았어요. 중립을 지켜야 할 내용이 있고 대상이 있다는 거죠.

사랑이나 정의나 인권처럼 누구나 동의하는 문제에선 극단주의가 필요할 수 있겠지만, 서로간의 의견이 다른 정치적 문제와 관련해 편향적인 교육을 해도 될까요? 또 대학생이 아닌 초·중등 학생들을 대상으로 그런 교육을 해도 될까요? 선생님은 이런 제 질문에 대한 답변은 회피하고 전혀 다른 얘기들을 하고 계신 거 아닌가요?

김 교사: 킹 목사가 주장한 흑인인권은 당시에는 아주 논쟁적인 문제였어요. 논쟁적인 문제라고 이야기하는 걸 꺼려서는 안 된다는 이야기입니다. 무엇이 더 가치 있는 일이고 어떤 게 더 옳은가로 토론하는 건 민주주의 사회에서 아주 필요한 일이고 무엇도 그 예외가 될 순 없죠. 이건 어른의 세계만이 아니라 아이들 세계에서도 그렇고요. 교사가 자신이 중요하다고 생각하는 가치를 학생들에게 얘기하고, 학생들과 함께 때론 학생들끼리 진지하게 고민하고 탐색하는 수

업은 매우 의미 있는 것이 아닐까요?

박 대표: 음, 아니죠. 그래도 구별은 필요해요. 생각해보세요. 사회에서 직장동료가 정치적 의견을 얘기하는 것과 교실에서 교사가 학생에게 그런 얘기를 하는 게 어디 같나요? 같은 말이라도 완전히 다르게 받아들일 거고, 훨씬 큰 영향을 줄 겁니다. 그러니 교실에서만큼은 중립적으로 이야기할 필요가 있어요.

김 교사: 그렇다면 아이들을 정치적 무중력 공간에 떼어놓은 채 현실 정치에 대해선 아무 고민도 하지 않게 하고, 사회문제를 볼 때도 어떤 입장도 가지지 않게 하는 게 올바른 교육인가요? 전 오히려 그것이야말로 제대로 된 교육이 아니라고 생각합니다.

미성년자라 해도 자기가 발 딛고 서 있는 현실을 평가하고 분석할 권리가 있고 또 그럴 의무도 있어요. 사회에 아무 관심도 없던 학생이 스무 살이 넘었다고 해서 갑자기 우리 사회에 관심을 갖고 자기 나름의 견해와 주장을 펼 수 있나요? 이분법으로 사회에 관심을 가져도 될 때와 아닐 때를 구별할 수는 없는 거잖습니까.

저는 오히려 어린 시절부터 다른 사람들의 주장을 듣고 고민한 뒤 이를 비판하거나 옹호하면서 아이들이 자신만의 생각을 갖도록 하는 교육이 진짜 교육이라고 봅니다. 그건 '편향된' 교육이 아니라, 주관을 갖게 해주는 교육이고요. 그런 교육이 있어야 아이들이 우리 사회를 보다 나은 곳으로 만들어나갈 진짜 시민으로 성장할 수 있다고 봅니다.

다른 나라 이야기를 해볼까요? 제2차 세계대전 후 독일이 선택한 것은 비정치적 교육이 아니라 적극적 정치 교육이었습니다. 유대인 대량학살과 파시즘이 나온 원인이 저항할 줄 모르는 순종적 국민과 그런 국민을 길러낸 잘못된 정치 교육에 있다는 걸 깨달았기 때문이죠. 그래서 독일의 학교에선 교사와 학생들이 함께 자신의 지지 정당을 밝히며 토론하는, 기계적 중립에서 벗어나 진짜 시민을 길러내는 수업을 실시하고 있습니다. 그런 독일에 반해 우리는 어떻습니까? 요즘 투표율은 정말이지 낮고, 특히 젊은 세대 투표율은 심각할 정도 아닙니까? 이렇게 정치적 무관심이 갈수록 높아지는 건 어쩌면 교육에서 정치적 중립을 지나치게 강조한 나머지 미래의 유권자들을 비정치적으로 만들어버렸기 때문이 아닐까요?

박 대표: 그런 얘기라면 저도 할 말이 있네요. 선생님은 그럼 당시 독일에서 사상교육을 받은 소년들이 히틀러를 찬양하고 전쟁에 참여했던 건 어떻게 평가하시나요? 이런 것이 편향된 정치 교육의 문제점 아닐까요? 독일만 그랬나요? 중국에선 권력자인 마오쩌둥에 감화된 청소년들이 지주계급과 지식인 계층을 잔인하게 처단하는 데 앞장섰습니다. 이것이 바로 중국 현대사의 가장 큰 비극인 문화대혁명입니다. 다소 극단적일 수 있지만 청소년들을 정치적으로 동원하는 건 이렇게 무서운 결과를 가져온다는 뜻이에요.

선생님 말씀대로 어릴 때부터 현실을 비판적으로 보고 고민하는 교육을 받으면 사회의식이 일찍부터 깨이면서 보다 바람직한 우리 사회의 시민으로 성장할 수도 있겠죠. 하지만 일부 교사가 이를 악용하거나 잘못 적용하면, 아직 주관이 확실하지 않은 아이들의 생각을 한쪽으로만 치우치게 만들 수 있습니다. 그런데 왜 그런 모험을 해야 하는지 학부모인 저는 모르겠습니다. 비유하자면 아이들은 물들기 쉬운 스펀지와 같다고요. 이 스펀지를 일부러 하나의 색으로 물들이려는 건 바람직하지 않다는 게 제 생각입니다.

교실 밖 정치활동도 학생에게 영향을 주는가

김 교사: 그럼, 좋습니다. 백번 양보해 박 대표님 말씀대로 우리 사회에 대해 가르칠 땐 중립적 태도를 가지는 게 최선이고, 학생들에겐 정치적으로 중립적인 교육을 받을 권리가 있다고 해보지요. 그렇다 해도 학생들의 권리를 보장하기 위해 교사가 정당을 후원하고 가입하는 등의 정치활동까지 막는 건 지나치지 않나요? 교사도 대한민국 국민인데 말입니다.

박 대표: 선생님은 정당 가입과 후원 같은 교사의 학교 밖 정치활동은 아이들 교육에 문제될 게 없다고 생각하시는 건가요?

김 교사: 당연하지요. 정당에 가입 서명을 했다고, 후원금을 냈다고 그 교사가 국회에 있는 것은 아니니까요. 더욱이 근무시간 외에 개인적으로 정치 관련 활동을 하는 게 대체 왜 문제가 됩니까? 정치적으로 중립적인 교육을 해야 한다손 치더라도 교사가 사적 시간에 사적인 정치활동을 하는 것까지 막아선 안 되는 거 아닙니까? 한마디로 최소한 '학교 내에선 정치적 중립, 학교 밖에선 정치적 자유'란 정도의 이중 기준은 적용돼야 하는 거 아니냐는 거죠.

사실 종교 영역에선 이미 이렇게 이중 기준을 적용하고 있습니다. 우리 사회는 교육에서 특정 종교를 가르쳐서는 안 된다고 정하고 있습니다. 그래서 기독교 재단이 운영하는 미션스쿨이라 해도 예배 시간에 동참하고 싶지 않은 학생들은 따로 자습하거나 다른 수업을 들을 수 있도록 하고 있죠. 수업시간에 교사가 특정 종교를 학생들에게 강요해선 안 된다는 원칙도 존재하고요. 하지만 학교 밖에선 어디 그런가요? 선생님들은 저마다 교회나 성당, 절에 갈 수 있고 자기 종교와 관련한 모임에 적극 참여할 수도 있죠. 학교에서는 교사로, 교회 등에서는 종교인으로 다른 옷을 입을 수 있다고요. 그런데 왜 정치에서는 그러면 안 되는 거죠?

박 대표: 이중 기준이라고요? 인간의 삶이 그렇게 수학공식처럼 완전히 분리될 수 있을까요? 퇴근 후 활동은 교육에 영향을 미치지 않을 것이라니, 그게 정말 그럴까요?

예를 들어보죠. 어느 일요일에 선생님이 버스 정류장에서 'OO정당에게 한 표를!'라고 쓰인 피켓을 들고 있었는데, 선생님 반 학생이 그걸 봤다고 해보죠. 그것이, 교실에서 선생님이 'OO정당이 옳다'는 말을 한 것과 무엇이 다를까요? 특히 요즘은 교사와 학생 간에 SNS로 소통하는 일이 많아져서 이런 상황이 더 잘 일어날 수 있어요. 선생님이 쓴 정부 비판 글이나 집회에 참석한 사진을 SNS로 학생들이 볼 수 있다는 거죠.

김 교사: 좋습니다. 교사가 정치활동을 학생들이 어떻게든 알 수 있다고 해보지요. 그런데, 그럼 안 됩니까? 학생들이 선생님의 학교 밖 정치활동을 알았다고 해서 꼭 영향을 받는다는 보장이 있습니까? 앞서 말했듯 종교활동에서는 교사가 학교 밖에서 어느 활동을 하든 아무런 문제가 안 되지 않습니까? 그런데 왜 정치활동만은 안 된다고 생각하시나요?

박 대표: 하나씩 답해보죠. 먼저 선생님의 학교 밖 정치활동을 학

보수 성향의 교사들과 진보 성향의 교사들이 각자 정치 성향을 드러내고 활발히 정치 활동을 하게 되면 그것을 보고 영향을 받는 학생들은 혼란을 겪게 될 것이다. 교사의 개인적인 신념을 실천하는 것이라 해도 그것이 학생에 미치는 영향이 적지 않다는 우려가 존재한다.

생들이 알면 영향을 받겠냐고 물으셨는데 저는 그렇다고 생각해요. 아니, 정확히는 그럴 가능성이 충분히 높다는 거죠. 학교에서 선생님은 학생들에게 옳고 그름을 가르치는 존재이니까요.

선생님들은, 수학시간엔 정확한 공식을 가르치고 국어시간엔 올바른 읽기를 가르쳐요. 교칙을 어기면 엄하게 야단치고 상담시간엔 이렇게 저렇게 길을 제시하고요. 그러니 우리 아이들은 선생님 입에서 나오는 말들을 믿고 따를 가능성이 높죠. 특히 어린 학생들일수록, 또 해당 교사가 자신이 존경하는 교사일수록 그렇겠죠. 이처럼 우리 사회에 대해 아직 아는 것도 부족하고 판단력도 미흡한 십대의 학생들은 자신이 존경하는 교사가 지지하는 정당을 따라 지지할 가능성이 높고, 사회적 논쟁 사안에 대해서도 교사의 의견을 따라갈 가능성이 높아요. 자신의 주관에 따라 깊게 고민하고서 판단하는 게 아니라 '우리 선생님이 지지하니까 좋은 정당일 거야'라고 단순하게 생각해버릴 수 있단 얘기예요.

그리고 종교활동은 되는데 왜 정치활동은 안 되냐고 하셨는데 그 둘은 아예 영역이 다른 걸요? 자신이 왜 하나님이나 부처님을 믿는지 과학적 근거를 동원해 논리적으로 설명하는 종교인이 얼마나 있을까요? 종교는 그야말로 과학이나 지식으로 설명할 수 없는 문제를 다루고 있죠. 그만큼 철저히 개인적인 신념의 영역이고요. 그러니 자신의 담임선생님이 퇴근 후 교회에서 집사로 적극적으로 활동하는 모습을 보거나 선생님이 수업시간에 아예 교회를 다니라고 학생들에게 얘기를 해도 학생들은 '아 저 선생님은 기독교인인가 보구나' 하고 넘어갈 거예요.

하지만 정치활동은 얘기가 달라요. 정치는 내세가 아니라 우리가 사는 세상의 이야기를 하고 있으니까요. 선생님이 "하나님을 믿어야 천국에 간다"고 말하는 것과 "□□당을 뽑으면 나라가 망하니 절대 지지해선 안 된다"고 말하는 것을 학생들이 같게 받아들일까요? 종교적 발언 같은 건 그냥 덕담 같은 것이지만, 정치적 발언은 목적이 분명하고 구체적이어서 실제로 영향을 미칠 수 있습니다.

김 교사: 박 대표님과 이렇게 근본적으로 생각이 달라 안타깝지만, 한편으론 아이 무릎에 작은 생채기만 생겨도 흉이라도 질까 노심초사하는 부모 입장에서 생각하면 이해는 갑니다. 혹 교사들이 극단적이고 편협한 사상이나 의견을 아이들에게 주입시키지 않을까 걱정하시는 부모의 마음이시겠죠. 농담입니다만, 학벌주의에 반대하는 교사의 생각에 물들어 학생이 대학 갈 생각을 안 한다면 부모님은 참 걱정이시겠죠. 그런 생각을 해보면, 박 대표님 생각에 말에 동의하진 않지만 그 심정만큼은 이해가 갑니다. 그런데 박 대표님, 잠시 생각을 좀 달리해보면 어떨까요?

학생들에게 큰 영향을 주는 어른이란 이유만으로 교사의 개인적 활동까지 금지시켜야 한다면, 영향력이 더 크면 크지 적지 않은 연예인의 정치적 발언과 활동도 금지시켜야 하지 않습니까? 심지어, 영향이 누구보다 큰 부모님들이 밥상머리에서 뉴스를 보며 자녀에게 이런저런 얘기를 하는 것까지도 모두 금지해야 하는 거고요. 당연히 연예인이나 부모님에게 정치적 중립을 요구하는 것은 불가능할 뿐 아니라 부당한 일입니다. 그런데 왜 그들보다 훨씬 영향력이 적을 가능성이 높은 교사만이 정치적 중립의 굴레에 묶여 있어야 할까요?

게다가 어떤 교사들이 특정 정당을 지지하고 분명한 정치적 입장이 있다고 해도, 아이들에게 영향을 주려는 의도가 있는 건 아니지 않습니까? 그렇다면 우연히 학생이 선생님의 정치활동을 알게 되고 영향을 받는다 해도 그 교사가 책임질 이유는 없는 거 아닐까요? 그런데도 영향을 줄 가능성이 100만 분의 1이라도 있으니 정치활동을 하지 말라는 식으로 교사에게 책임을 요구한다면 교사는 평생 투표할 때만 정치적 권리를 행사할 수 있지 24시간 족쇄에 묶여 있게 된다고 생각합니다.

그리고 과연 학생들이 정치적인 영향을 받는 게 나쁘기만 한 일일까요? 학생들은 배우며 자라는 과정에서 주변의 어른들이 다양한 정치적 입장을 가지고 있음을 알 필요가 있습니다. 그런 다양한 의견을 보고 접하면서 자신의 생각을 조금씩 다듬어나갈 수 있지 않을까요? 부모님과 다른 가족들, 좋아하는 연예인, 학교의 교사 등이 다 그렇게 영향을 주는 존재가 될 수 있지요. 그런 다양한 영향을 받으며 아이들은 어른으로 성장하게 되는 것이고요. 아이들이 미숙하다는 말씀을 많이 하셨지만, 아무리 어리다 해도 사람은 누구나 주관이 있는 존재이지 완전히 백지 상태인 사람은 아무도 없습니다. 어려도 다 생각을 한다는 거죠. 그러니 다양한 정치색을 접할 때 학생들이 일시적으로 혼란을 느낄 수는 있겠지만, 결국엔 진짜 옳은 게 무엇인지 자신만의 생각을 만들어갈 수 있단 얘깁니다.

박 대표: 부모를 비롯한 여러 사람들의 다양한 정치색이 학생들의 성장에 도움이 된다고요? 아니요. 저는 처음부터 얘기했던 대로 십대는 아직 정치 영역에서 무언가를 고민하고 판단하기엔 너무 어리다고 생각해요. 그리고 부모와 연예인은 되면서 왜 교사는 안 되냐는 식으로 말씀하셨는데, 제가 보기엔 요즘 연예인들은 정치적 발언과 행동에 대해 많이 조심하고 있는 것 같아요. 경솔한 사회정치적 발언에 대해선 사과도 많이 하고요. 그들 스스로 조심을 하는 거죠.

또 교사가 정치적 중립을 지켜야 한다면 부모도 밥상머리에서 정치적 얘길 하지 말아야 하는 것 아니냐고 하셨는데, 우리 부모들도 아이들 앞에서 말을 많이 조심합니다. 상식적인 부모 대부분이 아이들 수준에 맞춰 부적합한 얘기는 거르고, 엄마 아빠의 사회활동에 대해서도 이해 가능한 수준에서만 설명해주고 있습니다. 물론 신념이 특출한 분들은 자신의 정치적 견해에 대해서도 여과 없이 자녀에게 자주 얘기해주고 그렇겠죠. 아이를 유모차에 태우고 집회에 나가시는 분들도 있으니까요. 그런데 그렇다고 그 부모를 비난할 수는 없어요. 왜냐하면 부모는 자녀가 성인이 될 때까지 자녀의 삶을 통째로 떠받치고 있는 책임자니까요. 그러니 가정폭력과 같이 사회적으로 금지된 방식을 쓰는 것만 아니라면 부모는 자녀를 자신만의 방식으로 키울 권리가 있습니다. 예컨대 자기 종교와 정치적 입장에 따라 자녀가 자라도록 가정교육을 할 수 있다는 거죠. 그런데 학생의 인생 전부를 책임지는 게 아닌 교사와 부모를 어떻게 일대일로 비교하며 그런 비약을 하시나요?

김 선생님은 다양한 정치색의 어른을 접하며 아이들이 자신만의 정치색을 만들어갈 수 있을 거라고 낙관하시지만, 제겐 이 그럴싸해 보이는 말이 너무도 위험해 보일 뿐이에요. 다시 한 번 강조하지만 이유는 아주 간단해요. 우리 아이들은 아직 어리니까요. 아이들에 대한 교육은 아무리 조심하고 신중해도 지나치지 않은 거죠.

교사는 왜 정치에 관여하면 안 될까

김 교사: 그렇다 해도 학생들의 권리를 보장하기 위해 교사가 정당을 후원하는 것까지 막는 건 지나치지 않나요? 교사도 대한민국 국민인데 말입니다.

저는 교사도 대한민국 국민인 만큼 다른 국민들이 갖는 여러 가지 정치적 권리들을 가질 수 있어야 한다고 생각합니다. 아무리 아이들을 위해서라 해도 다른 국민들은 다 할 수 있는 정당 가입이나 후원까지 못하게 하는 건 부당하다고요.

박 대표: 아니, 누가 선생님이 국민이 아니라고 했나요? 선생님도 대한민국 국민 맞아요. 특정 정치인이나 정치세력을 지지할 수도 있고 정부가 추진하는 정책들에 찬성이나 반대를 할 수 있다고요. 다만 다른 사람들과 달리, 그런 선생님의 생각을 투표권 행사 외의 방식으로 지나치게 표현하거나 정당 후원 같은 적극적인 활동으로 전개하지 않아야 한다는 것뿐이에요.

좀 억울하기도 하겠죠. 하지만 선생님은 일반 회사원이나 자영업자와 달리 공무원이잖아요? 국민의 세금으로 월급을 받고 일하는 이상 다른 사람들과 달리 일정한 제약을 감수해야 하는 게 당연한 일 아니겠어요? 공무원이 된 이상 내 권리보다 국민의 권리를 우선하란 거죠. 게다가 선생님은 학생들 교육을 맡고 계시죠. 그럼 선생님의 권리보다 학생의 권리를 먼저 생각해야 하는 게 당연하지 않을까요? 바로 이런 취지에서 우리 사회가 교사의 정당 가입이나 후원금 지급 같은 행위들을 금지하고 있는 거라고요.

김 교사: 마침 말씀 잘 하셨네요. 우리 사회가 교사의 정당 가입이나 후원금 지급을 금지하는 취지를 지적하셨는데, 박 대표님은 지금 그 취지를 완전히 잘못 알고 계시는 겁니다. 우리 헌법에 교육의 중립과 관련한 조항이 있는 건 박 대표님 생각처럼, 학생에 대한 중립적인 교육을 보장하기 위해서가 아닙니다. 오히려 그 조항은 교사

의 정치적 권리를 제대로 보호하고 보장하려고 만들어진 것이랍니다. 하긴 그렇게 오해하시는 것도 무리는 아니죠. 지금까지 그 조항의 의미가 왜곡돼왔으니까요.

사실 헌법에 이런 조항이 들어가게 된 건 독재정권 시절에 교사들이 정치적으로 중립을 지킬 수 없었기 때문입니다. 이승만 대통령이 독재를 하면서 교사와 공무원을 부정선거에 동원하거나 학생들에게 독재를 옹호하도록 가르치게 하는 등 정치적으로 이용하는 일이 많았거든요. 그래서 4·19혁명 이후 시민사회에선 다시는 이런 일이 되풀이되지 않게 하자는 취지로, 교사와 공무원이 정치권력의 압박으로부터 자유로울 수 있도록 정치적 중립성을 '보장'하는 내용을 헌법에 넣은 거죠. 결국 헌법에 담긴 '교육의 정치적 중립'은 교사에 대한 강제가 아니라 보호와 보장이 핵심이란 얘기지요.

박 대표님은 마치 이 조항이 교사의 정치활동을 금지하는 근거가 되고 교사는 중립적이어야 할 의무가 있다는 식으로 말씀하시는데, 그랬다면 '보장'이 아니라 '의무'라고 했겠지요. 이런 역사적 배경이나 취지를 모르고 헌법을 운운하며 저희 교사들에게 중립 의무를 말씀하시는 건 잘못이라고 전 생각합니다.

박 대표: 선생님, 저도 그런 배경은 잘 알고 있어요. 하지만 법을 만들어진 당시 기준으로만 해석할 필요가 있을까요? 그보단 현재 상황에 맞게 필요한 방향으로 해석되는 것이 보다 바람직할 때도 있는 거 아닐까요? 제 말은, 교사들의 정치적 중립을 보장하기 위해 그런 헌법 조항을 만들었다 해도 그건 수십 년 전 당시의 논리였을 뿐 지금은 그 조항을 권리뿐 아닌 의무로까지 넓혀 해석하는 게 더 맞

다는 거예요.

김 교사: 왜 그래야 하는 거죠?

박 대표: 왜냐하면 지금은 정부의 압력이 없어도 스스로 특정 정치색을 띠고 학생들에게 편향된 교육을 하는 선생님들이 있기 때문이에요. 전교조 같은 진보적 성향의 교사들만 말하는 게 아니에요. 친일이나 독재 등을 미화하는 교과서를 채택하려는 모습들을 보세요. 교육 현장에 정치적으로 개입하려는 세력은 어디에나 있어요. 그렇지만 교육이 그렇게 정치 논리에 좌우되어서야 되겠어요? 그러니 이젠 교사가 정치적 중립을 권리일 뿐 아니라 의무로 받아들여야 한다는 겁니다.

다시 한 번 강조하지만, 선생님의 정치적 권리는 어느 정도 제한되어야만 해요. 교사에겐 학생의 권리가 자신의 권리보다 더 중요해야 하니까요. 의사가 자신의 휴식을 포기하며 환자의 생명을 위해 밤잠을 설치듯 선생님들도 학생들의 바른 성장을 위해 자신의 정치적 권리를 조금은 포기해야 하지 않겠어요? 교사로서의 의무를 다하려면 그 정도 희생은 감수해야 해요. 그런 각오도 없이 어떻게 교단에 서나요? 그러려면 차라리 다른 직업을 택하셨어야죠.

김 교사: 희생이라고요? 밤잠 줄여가며 수업 연구를 하고 학생들과 상담하고, 때론 사비를 털어 도와주기도 하는 건 교사로서 당연한 희생일 겁니다. 하지만 정치적 권리를 포기하는 게 어떻게 교사로서의 희생일까요? 교육과는 전혀 다른 영역의 문제이며, 국민의 기본권에 해당하는 일인데 왜 그런 희생을 해야 하냔 얘깁니다. 좋아요, 학생들을 위해 희생할 수도 있겠죠. 하지만 희생은 자발적으로 당사

공무원의 정치 활동을 금지하고, 처벌까지 하는 현행 제도는 헌법에 보장된 국민의 기본권을 침해하는 것이라는 지적이 많다. 교사는 정치적 의견을 표출하지 않고 조용히 있어야만 할까?(경향신문, 2009년 7월 6일 김용민의 그림마당)

자가 택해야 아름다운 거 아닙니까? 아이들을 가르치고 지도하는 데 전념하고자 스스로 정치활동을 접는 교사가 있다면 그것은 아름다운 희생이겠지만, 학생의 권리라는 명목으로 정당에 가입하거나 후원금을 내는 등의 정치활동들 모두가 금지되어야 한다는 건 누가 봐도 아름답지 않은, 폭력에 가까운 희생 아닙니까? 교사도 시민이며 교사에게도 정치적 권리가 있습니다. 국민의 세금을 받고 학생을 가르친다고 해서 교사의 권리를 과도하게 제한하고 억압하는 것은 옳지 않다고 생각합니다.

박 대표: 휴, 이렇게 길게 얘기했지만 결론은 잘 안 나는군요. 교육의 정치적 중립 문제를 놓고 선생님과 저는 너무 생각이 다르네요. 저는 교육은 중립적이어야 하고 교사의 정치적 발언과 활동은 교실 밖이든 안이든 자제해야 한다는 생각인데, 선생님은 적극적인 정치교육과 활동까지도 옹호하시니까요.

김 교사: 아이들을 사랑하고 바른 방향으로 교육하고 싶다는 생각은 같아도, 이처럼 박 대표님과 제가 교사의 정당 가입과 같은 정치활동에 대해 갖는 견해 차이는 참 선명하네요. 그래도 계속 얘기하다보면 어느 한편으로 서로 가까워지거나 제3의 대안을 함께 찾을수도 있겠죠.

박 대표: 네, 저도 그렇게 생각합니다. 시간 내주셔서 다시 한 번 감사드리고 앞으로도 우리 대화로 함께 교육을 고민해요, 선생님.

김 교사: 네. 저도 비록 일치에 이르진 못했어도 정치적 중립 교육에 대한 학부모님들의 생각을 박 대표님을 통해 엿볼 수 있어 많은 도움이 됐습니다. 앞으로도 종종 허심탄회한 대화 기대하겠습니다.

✱ 생각 정리 ✱

"교육의 자주성, 전문성, 정치적 중립성 및 대학의 자율성은 법률이 정하는 바에 의하여 보장된다."

우리 헌법 제31조 4항에선 이렇듯 교육의 정치적 중립이 언급돼 있는데요, 방금 가상대화로 본 논쟁은 바로 이 조항에 대한 해석과 밀접한 연관이 있습니다.

이 조항을 김 교사의 입장대로 '이 조항은 과거 독재정권 시절처럼 교사가 정권의 하수인·대리인으로 이용되지 않도록 교사의 자율성을 보장해놓은 것일 뿐 교사에게 어떤 의무를 부과하고 강제, 억압하기 위한 것이 아니'라고 해석해볼까요? 그러면 교실에서 특정 정치색을 보이는 수업을 한다 해도 그것은 문제될 수 없습니다. 정당 가입과 후원, 시국선언 등 퇴근 후의 학교 밖 정치활동은 말할 것도 없고요.

이번엔 박 대표의 '이 조항이 과거에 어떤 의미로 만들어졌건 현재엔 교사의 정치적 중립 의무를 부과하는 방향으로 해석해야' 한다는 입장에 서 봅시다. 이 관점에서 보면 교실에서 편향된 정치 교육을 하는 건 교사들이 의무를 위반하는 위험한 행동이 됩니다. 또 퇴근 후 정당 활동을 하는 것 역시 옳지 않은 모습이 되고요

두 입장 중 어느 편이 더 타당한 것 같은가요? 교사들에게 정치적 권리를 보장해줘야 할까요? 아니면 학생들을 위해 정치적 중립을 지킬 의무가 교사들에게 있는 걸까요? 더불어 앞서 언급했듯 현재 우리 정부와 사법부는 이를 두고 후자에 가까운 입장을 취하고 있습니다. 그렇게 하고 있는 이유들을 찾아보며 그것이 과연 바람직한지 생각해보는 시간이 되었기를 바랍니다.

자기결정권 침해 vs 태아의 생명 보호

낙태를 바라보는 서로 다른 시선

몇 년 전 서울 모 교회 목사가 아기를 넣어두는 상자인 베이비박스를 설치해 논란이 된 일이 있습니다. 아기를 아무데나 버리면 목숨을 잃을 수도 있으니 안전하게 아이를 보관(?)할 수 있는 베이비박스라는 상자를 놓은 것이죠. 목사는 좋은 뜻으로 설치한 것이겠지만, 이것이 영아 유기를 조장하는 게 아니냐며 비판이 일기도 했습니다. 물론 베이비박스 자체가 영아 유기를 부추기거나 하는 것은 아닙니다. 사실 아이를 버리는 일이 줄지 않는 것은 양육비 부담과 같은 경제적 이유와 미혼모 발생 증가 및 미혼모에 대한 부정적 인식이 주요 이유니까요.

같은 이유로 아이를 낳기 전에 낙태를 선택하는 여성들도 많습니다. 아이를 기를 상황이 도저히 안 돼 낳고 버릴 바에야 아예 낳지 않겠다는 거지요. 그렇지만 현재 우리나라에서는 낙태가 불법입니다. 일부 경우에 한해서만 허용하고 있지요. 낙태 허용 사유로는 ① 임산부나 배우자의 우생학적 또는 유전학적 정신장애나 신체장애 ②임산부나 배우자의 전염성 질환 ③강간 또는 준강간에 의한 임신 ④혈족 또는 인척 간의 임신 ⑤임신의 지속이 모체의 건강을 심각하게 해치고 있거나 해칠 우려가 있는 경우만입니다. 하지만 우리나라의 낙태 건수는 경제협력개발기구OECD 회원국 가운데 가장 높은 수준입니다. 한 해에 150만 건으로 추산되는데 이는 독일의 20배, 프랑스의 10배 정도이며, 국내 연간 신생아 수의 3배에 달합니다. 많은 이들이 불법적으로 낙태 시술을 받고 있는 것이지요.

결국 법과 현실의 괴리는 낙태 시술을 하는 의사나 산모를 모두 잠재적 범법자로 만들고 있는 셈입니다. 엄연한 불법이 묵인되고 있는 것은 분명히 비정상이고, 더구나 생명과 직결된 일이라는 측면에서 더 이상 방치할 수 없는 문제이기도 합니다. 그러나 어떤 이들은 낙태를 합법화하는 것이 낙태(반대자들은 '영아살해'라고도 부르죠)를 조장한다고 말합니다. 반대로 일부 전문가들은 낙태시술이 금지되면서 영아 유기가 더 증가하는 문제가 발생했다고 주장합니다.

지난 반세기 동안 우리나라는 낙태 천국, 낙태 공화국이라는 오명을 벗지 못했습니다. 그러나 이제는 저출산을 막겠다며 낙태 금지론이 강하게 대두되고 있습니다. 2010년 낙태를 반대하는 산부인과 의사들로 구성된 프로라이프의사회가 낙태 시술을 한 산부인과 의사들을 고발하면서 낙태는 한국 사회의 뜨거운 이슈로 떠올랐습니다. 낙태 논쟁의 핵심은 태아의 생명권이 우선이냐 여성의 신체에 대한 자기결정권, 즉 산모의 자유가 더 중요하냐입니다. 저출산 대책을 앞세워 여성의 선택권을 짓밟으면 안 된다는 주장과 낙태는 범죄와 다를 바 없어 태아의 생명권을 존중해야 한다는 주장 사이에서 여러분은 어떤 주장에 더 점수를 주시겠습니까?

낙태를 바라보는 서로 다른 입장을 모의공청회 형식으로 알아봅니다.

[모의공청회] 낙태 수술 합법화, 무엇이 문제인가?

사회자: 일부 산부인과 의사들이 불법낙태 시술 의혹이 있는 동료 의사들을 고발하자 여성계가 이에 강력 반발하고 나서 낙태 논쟁이 벌어지고 있습니다. 낙태를 반대하는 쪽은 "오죽 심각했으면 의사들이 동료를 고발했겠느냐"며 "인간의 생명은 존엄한 것으로 어떤 경우에도 훼손돼서는 안 된다"고 주장합니다. 반면 낙태를 허용하자는 측은 "사회가 아이를 길러주지도 않으면서 왜 여성들에게 낳으라고 강요하느냐"며 여성의 신체 자유에 대한 권리 보호가 더 중요하다고 강조합니다. 한쪽에서는 태아의 생명권을, 또 다른 쪽에서는 산모의 자기 몸에 대한 결정권을 우선해야 한다며 서로 팽팽히 맞서고 있습니다.

이번 공청회는 낙태 찬반 논쟁에서 쟁점이 되는 세 가지 문제를 중점적으로 다루게 되겠습니다. 쟁점 ①은 태아의 생명권과 여성의 자기결정권 가운데 어느 것이 더 우선되어야 하는가입니다. 쟁점 ②는 낙태를 합법화하면 낙태로 인해 발생하는 사회적·경제적 문제를 해결할 수 있는가 하는 점입니다. 쟁점 ③은 불법 낙태를 금지하게 되면 낙태가 줄어들 것인가 하는 문제입니다.

공청회에서 나온 여러 관계자들의 의견은 낙태 합법화 입법에 참고가 될 것입니다. 지금부터 공청회를 시작하겠습니다.

태아의 생명권과 여성의 자기결정권

프로라이프의사회 대표(이하 의사회 대표): 낙태 문제에서 가장 크게 부딪히는 쟁점 중의 하나는 바로 '여성의 자기결정권과 태아의 생명권'이라고 할 수 있습니다. 낙태를 허용해야 한다는 측의 주장은 간단합니다. 여성에게 자기 몸을 원하는 대로 할 권리가 있다는 거죠. 임신을 한 여성이 스스로 낙태를 할지 아이를 낳을지 정할 수 있다는 겁니다.

좋아요, 여성에게 그런 권리가 있다고 합시다. 그런데 배 속의 태아도 여성 자신의 몸이라고 할 수 있나요? 아니죠, 태아와 산모는 분명 별개의 생명체입니다. 여성이 신체의 자기결정권 운운할 대상이 아니라는 이야기입니다. 그럼에도 형성 중에 있는 태아의 생명을 박탈하는 건 사실상 살인입니다. 국가는 마땅히 태아의 생명을 보호할 의무가 있습니다. 여성의 자기결정권이라는 감투를 쓰고 이뤄지는 불법 낙태는 자신의 행복만을 위한 이기적인 결정입니다. 인간의 생명을 해치는 행위는 절대 있어서는 안 됩니다. 낙태는 엄격하게 금지해야 합니다. 이미 많은 나라에서 낙태를 법으로 금지하고 있으며 명백한 범죄로 다루고 있습니다. 낙태로 태아를 희생시키는 것은 여성의 자기결정권의 행사를 넘어선 명백한 살인행위입니다.

여성단체연합회장(이하 여연 회장): 최근 한 보도를 보면 한국에서 하

낙태는 태아의 생명권을 침해하는 일일까, 여성의 자기결정권을 실현하는 일일까. 두 입장은 현재 우리나라는 물론 모든 나라에서 첨예하게 부딪히고 있다. 대체로 여성의 권리가 높은 곳에서 낙태가 폭넓게 허용되곤 한다.

루 평균 4100건, 1년에 평균 150만 건의 낙태가 이뤄지고 있다고 합니다. 일부 경우를 제외하고는 낙태를 허용하지 않음에도 불구하고, 여전히 수많은 낙태시술이 음성적으로 행해지고 있다는 이야기입니다. 현실이 이러한 상황이라면 낙태를 금지하는 현행 법안은 재고해봐야 할 것입니다.

　임신은 여성의 몸에서 벌어지는 현상이고 그에 대한 통제권은 당연히 그 여성에게 있어야 합니다, 국가가 아니라요! 태아의 생존권이라……, 태아를 과연 독립적인 생명이라고 할 수 있을까요? 태아는 산모의 몸 안에서만 있는 존재일 뿐, 그 밖에서는 생존할 수 없습니다. 엄밀히 말해서 일정 시기 이전의 태아는 인간으로 발달해가기 시작하는 단계라 할 수 있습니다. 태아를 권리로 가진 존재로 보는 건 이치에 맞지 않습니다. 그렇지만 인간인 산모의 권리는 분명합니다. 아직 태어나지도 않은 생명을 위한다고, 생명과 의지가 있는 산모가 희생하는 건 옳지 않습니다. 산모에게는 낙태를 결정할 수 있는 권한이 있어야 합니다.

또한 태아의 생명권이 중요하다면 왜 태아에 유전 질환이 있거나 강간으로 인한 임신의 경우에는 낙태를 허용하죠? 다 동등한 생명인데 말입니다. 이미 법은 상황에 따라 낙태를 선택할 수 있도록 되어 있는 겁니다. 저희는 이걸 더 자유롭게 선택할 수 있게 해야 한다고 주장하는 거고요.

게다가 국가는 지금 태아의 생명권 보호를 운운하지만 1970년대에는 출산율 억제를 위해 낙태를 묵인하고 방조했습니다. 그때는 중요하지 않았던 태아의 생명권이 이제 와서는 중요해진 건가요? 얼마나 위선적인 태도입니까. 이런 사실을 보면 국가가 실제로 관심 있는 건 여성이나 태아의 권리가 아니라 인구조절과 가족계획이라는 걸 알 수 있죠.

의사회 대표: 임신은 여성의 몸에서 벌어지는 일이지만 태아는 여성의 몸에 부속된 게 아닙니다. 사람 몸의 신장이나 폐나 간 같은 건 몸에 속한다고 할 수 있겠죠. 하지만 태아가 그와 같습니까? 그리고 발달중인 생명은 생명이 아닙니까? 한 번 잉태된 생명은 그 발달을 해치지 않고 가만히 내버려두면, 약 10개월 뒤 몸 밖으로 나옵니다. 점차 커나가고 발달할 뿐이지, 생명의 본질은 변하지 않습니다. 그러면 똑같은 생명으로 취급하는 것이 자연적, 논리적으로 합당합니다.

태아가 생명이 아니라는 건 낙태를 정당화하려는 궤변에 불과해요.

낙태 합법화가 해결책이 될 수 있는가

사회자: '낙태는 살인이다'라고 낙태 합법화를 강하게 반대하는 쪽과 '낙태를 결정하는 것은 여성의 고유권한이다'라고 낙태 합법화를 찬성하는 쪽의 주장을 들었습니다.

의사회에서는 낙태가 태아의 생명을 해치는 살인이라며 반대하고, 여성단체에서는 여성의 몸에서 일어나는 일에 대해 여성이 스스로 결정하는 것이 여성의 권한이라고 주장합니다. 이 두 입장은 팽팽히 맞서고 있습니다. 태아를 하나의 온전한 생명으로 봐야 할지, 아니면 여성에 몸에 종속된 미발달 존재로 봐야 하는지가 중요한 지점일 것 같습니다.

이제 두번째 쟁점인 낙태 합법화에 관한 문제를 다룰 텐데요, 낙태에 관한 문제를 다른 각도에서 바라봐보죠. 실제로 낙태가 합법화되면 사회적으로 더 많은 문제가 발생할까요? 아니면 우리가 겪고 있는 문제를 해결하는 데 도움이 될까요? 이 주제에 대해 이야기를 해보지요.

산부인과 교수: 낙태의 합법화는 그로 인해 여러 가지 사회적 문제를 불러올 겁니다. 먼저 낙태의 합법화는 생명경시 풍조를 심화시킬 수 있습니다. 지금 문제가 되는 것은 법적 제도보다는 낙태에 대한 의식 자체입니다. 낙태가 법으로는 금지되어 있는 상황에서도 이를 너무 쉽게 여기는 게 현재 대한민국 현실입니다. 그래서 적절한 피임 방법이 있는데도 이를 사용하지 않고 임신을 해버리고 무책임하

게 낙태를 선택하는 산모가 많습니다. 지금도 이렇게 낙태율이 높은데, 낙태가 아예 허용되어버리면 어떻게 될지 끔찍합니다. 결국 낙태에 대한 죄책감이 더욱 줄어들어, 생명 경시풍조가 우리 사회에 만연하게 될 것입니다.

또한 낙태 합법화는 여성의 건강 또한 위협할 수 있습니다. 산모의 생명을 위협하여 불가피하게 낙태를 하는 경우를 제외하고는, 낙태는 산모의 건강을 해치게 됩니다. 차후 유산의 확률이 높아지는 것은 물론, 임신후유증을 만들기도 합니다. 심하면 산모가 정작 아이를 가지고 싶을 때 임신 불능이 되는 상황까지 올 수 있습니다. 저출산 문제가 심각한 우리나라의 현실에서 이는 크나큰 손실이기도 하지요. 현행 모자보건법이 일정한 조건에서 임신부에게 선택적인 낙태를 허용하고 있음에도 불구하고, 일부에서 그 외의 낙태까지 자유롭게 허용해 달라고 주장하는 것은 지나치고 부당합니다. 단지 형편이 어렵다는 이유로, 그리고 사회적인 불이익을 받는다는 이유로 낙태에 대한 선택권을 허용해서는 안 됩니다.

여성인권위원장: 저는 방금 말씀하신 주장은 근거가 약하다고 생각합니다. 낙태는 물론 산모의 건강에 좋지 않죠. 하지만 이미 많은 사람들이 낙태를 하고 있잖아요. 불법적인 낙태 시술은 더욱 더 건강에 좋지 않습니다. 지금 여성들은 무자격자에게 낙태시술을 받기도 하고, 해외 원정 낙태시술을 하기도 합니다. 오히려 낙태 허용의 기준을 완화하고 합법적으로 안전하게 낙태 시술을 받게 해야 여성의 건강을 지킬 수 있는 거 아닌가요?

낙태를 금지한다고 문제가 해결되지 않습니다. 이제는 사회경제적 통념과 출산환경 수준에 맞는 낙태 관련 규정을 새롭게 마련해야 합니다. 지금 한국 사회의 더 큰 문제는 낙태가 아니라, 미혼모에 대한 사회적 지원의 부족이나 아이 양육에 대한 과도한 경제적 부담, 그로 인한 영아 유기 등입니다. 모두 원치 않는 출산 때문에 발생하는 문제들이지요. 현재 대한민국 정부는 무책임하게도 원치 않는 출산으로 발생하는 문제에 대처할 많은 사회제도적 장치를 마련하지 않으면서 낙태만을 엄히 금지하고 있습니다. 이런 불합리로 인한 많은 문제들을 해결하려면 낙태를 합법화해야 합니다.

사회자: 두번째 쟁점에 대한 의견도 치열하게 맞서고 있는데요, 여러분은 지금까지 어떻게 보고 있습니까? 이제 세번째 쟁점에 대해서도 듣도록 하겠습니다. 낙태 금지는 낙태율 감소에 실효성이 있는가? 아니면 낙태 금지는 낙태율 감소에 실효성이 없는가의 문제입니다. 의견 말씀해주시기 바랍니다.

낙태 금지 조치와 낙태 감소에 효과

여연 회장: 낙태의 금지는 낙태율을 감소시키는 데 효과가 없습니다. 기본적으로 낙태를 금지하는 법안을 채택했음에도 불구하고, 여전히 OECD 국가 중 최고의 낙태율을 기록하고 있는 게 우리 상황으로 전체 낙태에서 96%가 불법 낙태입니다. 이는 현행 법안의 실효성을 의심하게 하는 부분입니다. 대부분의 선진국들은 우리나라보다 훨씬 더 낙태가 허용되어 있음에도 우리보다 낮은 낙태율을 보이고 있습니다. 예컨대 미국의 경우 주마다 허용 범위가 다르긴 하지만, 연방대법원이 1973년에 판결한 '로 대 웨이드 사건' 이후 모든 주

에서 낙태 선택권이 대체로 인정되고 있습니다. 이 판결에서는 임신한 지 3개월 이내의 낙태는 허용되고 그 후 3개월 안에는 산모의 건강을 위한 경우에 낙태가 허용되는 원칙이 정해졌지요. 또한 캐나다, 중국, 러시아를 포함한 대다수의 유럽 국가들도 비슷한 식의 기준으로 낙태를 허용하고 있습니다. 그럼에도 우리나라보다 낙태율은 적지요. 합법화가 낙태율을 증가시킨다는 주장이 근거 없는 편견이라는 것을 증명해줍니다.

의사회 대표: 우리나라 불법 낙태, 정말 많습니다. 그런데 불법 낙태를 하는 사람이 많고 금지하기 힘들다고 해서 허용해버리는 게 옳은 일입니까? 도둑질을 막을 수 없으면 허용해야 합니까? 그릇된 낙태 시술을 더 엄히 금지하는 것이 답입니다. 낙태를 단속하면 음성적인 낙태가 늘 것이라는 주장도 궤변에 불과합니다. 낙태 단속 강화로 낙태 수술이 예전에 비해 어려워지고 낙태 비용도 오르고 있습니다. 낙태하기가 점점 더 어려운 환경이 되어가고 있는 것이죠.

그리고 낙태가 힘들어지면, 당연히 사람들은 임신을 조심하겠죠. 피임을 확실하게 하겠고요. 낙태를 강하게 제약하는 것과 함께 피임 교육을 확실히 한다면 세계적으로도 높은 우리나라의 낙태율을 낮출 수 있을 겁니다.

여연 회장: 낙태가 불법이고, 또 여성 몸에도 좋지 않음에도 그렇게 낙태를 많이 하는 이유는 무엇일까요? 첫째는 피임에 대한 인식의 부족으로 원치 않는 임신이 많이 일어나기 때문일 겁니다. 그렇기에 피임 교육이 중요하다는 말씀에는 전적으로 동의합니다.

그렇지만 임신은 남녀 둘의 행위로 이뤄지지만 그로 인한 책임은

낙태를 반대하는 이들은 낙태가 태아의 동의를 구하지 않은 채 생명을 빼앗는 사실상의 살인 행위라고 본다.

거의 전적으로 여성이 지고 있는 현실도 지적하지 않을 수 없습니다. 왜 미혼모·낙태모는 있는데 미혼부·낙태부는 없을까요? 통계청의 2010년 인구 총조사에 따르면 한부모 가구는 10년 전에 비해 41%p 늘어난 159만 가구이며, 이 중 78%가 미혼모 가정이라 합니다. 여자 혼자 아이를 기른다는 게 얼마나 힘든 일인지는 말 안 해도 아시겠지요? 직장도 제대로 구하기 힘들고 사회의 시선도 따갑죠. 제도마저도 미혼모에 불리합니다. 현재 미혼모가 아이를 입양 보내지 않고 직접 양육하겠다고 결정했을 때 받을 수 있는 지원금은 한 달에 고작 5만 원입니다. 양육시설에 월 25만 원이 지원되고 국내 입양부모에게 월 10만 원이 지원되는 것을 감안하면 한참 부족한 금액이지만, 그마저도 가정에서 자체 소득이 월 120만 원 이상 발생하면 지원이 중단된다고 합니다. 이런 환경에서 무조건 아이를 낳아 기르라고 하는 건 너무 가혹한 일 아닐까요?

사실 이건 부부라 해도 마찬가지입니다. 아이를 기르기 힘들어 낳자마자 버리는 경우를 지금도 적지 않게 볼 수 있습니다. 그 결과 많은 아이들이 해외로 입양되기도 하고요. 열악한 상황에서 원치 않는 출산은 아이와 부모 모두에게 해가 됩니다.

사회자: 지금까지 낙태 허용과 금지 사이에서 논란이 되고 있는 세 가지 쟁점을 중심으로 낙태에 대한 각계의 의견을 들었습니다. 이제 마지막으로 각 입장을 대표하는 분은 최종 마무리 발언을 하기 바랍니다.

의사회 대표: 낙태를 개인적인 문제로 볼 수도 있지만, 꼭 그렇지만도 않습니다. 출산의 문제는 개인의 문제만이 아니라 우리 사회의 문제이기도 합니다. 어머니 배 속의 태아는 장차 이 사회의 일원이 되고 살아갈 존재인데, 여성 개인이 그 생사여부를 결정할 수는 없습니다. 여러분 중 어느 누구도 부모가 자기 자식의 생명을 뺏을 권리가 있다고 생각하지 않을 겁니다. 영아살해라는 끔찍한 범죄는 엄히 처벌받습니다. 그런데 왜 낙태로 태아를 죽이는 것에 대해서는 관대해져야 할까요?

아이를 낳고 기르는 게 어렵다는 것 저도 잘 압니다. 특히 우리나라에서 온갖 생활비에 주거비에 정말 살기 힘들다는 거 인정하고요. 여자 혼자서라면 더욱 그렇겠죠. 하지만 그런 딱한 사정 때문에 범죄를 눈감아줄 수는 없는 것 아니겠습니까?

낙태는 태아에게는 생존권 박탈이며, 우리 사회의 비극이라는 걸

잊어서는 안 됩니다. 그 태아가 어떤 인생을 살아갈지는 아무도 모릅니다. 힘들 수도 있겠지만, 행복할 수도 있겠죠. 부모의 편의와 자의적인 판단 때문에 그 아이의 미래를 빼앗아서는 안 됩니다.

여연 회장: 수요가 있다면 반드시 공급이 있습니다. 국가에서 낙태를 금지해도 원치 않는 임신을 누군가는 반드시 하게 됩니다. 이때, 도덕이란 이름으로, 윤리라는 명목으로 낙태를 비판하고 음지로 몰아넣는다 해도 불법 낙태시술은 근절되지 않을 것입니다. 또한 이는 낙태율을 줄이는 근본적인 해결책이 될 수 없을 게 분명합니다. 오히려 낙태를 합법화하여, 안전하게 시술을 받도록 하고 정신적으로 충격이 클 산모를 위해 전문적인 치료를 받게 하면서 원치 않는 임신을 하지 않도록 의무적으로 성교육을 하고, 올바른 성지식을 갖도록 정책적으로 지원한다면 낙태율은 지금보다 훨씬 더 낮아질 것입니다.

지금 임신과 출산 및 양육의 책임은 거의 전적으로 부모에게, 특히 여성에게 지워져 있습니다. 국가가 애를 낳고 기르나요? 국가는 그 일에는 거의 개입하지 않습니다. 그런데 낙태만을 금지하고 있죠. 임신과 출산은 개인적인 일입니다. 거기에 국가가 관여할 권리는 없어요. 아이를 낳을지 안 낳을지, 그것은 전적으로 개인의 선택에 맡겨져야 합니다.

사회자: 지금까지 낙태에 대한 여러 주장에 대해 깊이 있게 말씀을 주신 전문가님께 감사드립니다. 오늘 나온 의견을 바탕으로 낙태 입법에 좋은 참고가 되길 바랍니다.

낙태가 인류역사에서 금기시된 건 언제부터였을까요?

역사학자 백승종의 자세한 설명을 들어보겠습니다. "바빌론의 함무라비 법전에는 임부를 때려 낙태시킨 사람을 처벌하는 규정이 상세하다. 아시리아와 유대 지방에도 태아와 여성을 폭력으로부터 보호하려는 법적 장치가 마련되어 있었다. 그러나 낙태행위 자체를 범죄시하지는 않았다. 고대 그리스에서는 태아의 부모가 고령일 경우 낙태를 권장했다. 인구밀도가 높은 도시에서도 낙태가 유행했다. (…) 16세기 말 교황 식스투스 5세는 낙태를 살인행위로 규정했다. 이로써 낙태를 둘러싼 끝없는 논쟁이 점화되었다. 그 결과 19세기부터 영국과 미국 등 서양 여러 나라는 낙태금지법을 제정했다. 하지만 반발도 없지 않아, 20세기 전반 소련과 아이슬란드, 스웨덴 등은 낙태의 권리를 보장했다."(백승종, 「[백승종의 역설] 낙태」, 『한겨레』)

이처럼 인류가 낙태를 해온 역사는 길며, 낙태를 허용하느냐 아니면 금지하고 처벌하느냐의 논쟁도 수백 년째 이어져오고 있습니다. 그런데도 논쟁은 아직도 끝나지 않고 있습니다. 그건 아마도 이것이 '생명의 문제'와 관련되므로 신중할 수밖에 없는 탓이겠지요. 결론이 쉽게 나지 않는 문제라도 우리는 답을 찾아야 할 것입니다.

기본권 보장 vs 도덕적 해이

모두에게 무조건 돈을 준다고?

기본소득이라는 말 들어보셨나요? 아마 처음 듣는 사람도 있을 겁니다. 기본소득이란 모든 사람에게 아무런 조건 없이 일정한 금액을 주는 것을 말합니다. 어린애든 노인이든, 일을 하든 하지 않든, 모든 이들에게 고정적인 수입을 주는 겁니다. 황당한 얘기라고 생각하시나요? 일을 하지 않아도 돈을 준다니 꿈 같은 이야기라고요?

그러나 기본소득은 현재 우리가 겪고 있는 여러 문제들을 해결해 줄 수 있는 아이디어로 세계 곳곳에서 주목받고 있습니다. 일부 지역에서는 기본소득 제도를 이미 실시하고 있기도 합니다. 기본소득을 주장하는 사람들은 이를 통해 사회 불평등뿐 아니라 노동 조건, 생태 문제, 여성 문제 등 많은 것을 해결할 수 있다고 합니다. 복지국가의 다음 단계로 기본소득이 필요하다는 주장도 있습니다.

그러나 기본소득을 반대하는 사람들은 기본소득이 실현 불가능하며, 올바르지도 않은 정책이라고 말합니다. 모든 국민에게 줄 기본소득의 재원을 마련할 수도 없을뿐더러, 아무 일도 안 하는 사람에게 돈을 주는 건 일하고자 하는 의욕을 낮추어 많은 문제를 발생시킨다고 말이지요. 이 자리에서는 기본소득을 우리 사회에 도입해야 할 것인가와 관련하여 찬성측과 반대측의 토론 형식으로 살펴보도록 하겠습니다. 기본소득이 무엇인지, 그리고 왜 논란이 되는지 알게 되기를 바랍니다.

[가상토론회] 제1회 기본소득 토론회

사회자: 제1회 기본소득 토론회에 오신 여러분 환영합니다. 최근에 우리나라 모든 국민에게 기본소득을 제공하자는 주장이 나오고 있습니다. 기본소득이 우리 사회에 산적한 문제를 해결할 열쇠라는 주장인데요, 반대로 기본소득은 불가능할 뿐 아니라 우리나라를 이제까지 발전시켜온 근면과 성실의 정신과 맞지 않다는 의견도 있습니다. 그럼 지금부터 기본소득을 우리 사회에서 실시해야 할 것인가와 관련하여 토론을 하도록 하겠습니다. 찬성측 첫번째 토론자 말씀 해주십시오.

"일정한 소득은 국민의 권리다"

찬성측 제1토론자: 우리나라 헌법 34조는 "모든 국민은 인간다운 생활을 할 권리를 가진다"고 규정되어 있습니다. 저희가 기본소득을 주장하는 건 바로 이 헌법의 내용처럼 모든 국민이 인간다운 생활을 할 수 있도록 만들기 위해서입니다. 그래서 '아무런 조건 없이' 국민 '누구에게나' 일정한 '소득'을 주자는 것입니다.

먼저 '아무런 조건 없이'에 대해 설명해보겠습니다. 빈곤 가정이 기초생활보호를 받기 위해서는 얼마나 가난한가를 스스로 증명해야 합니다. 아무리 가난하다고 해도 이를 증명하지 못하면 혜택을 받지 못합니다. 특히 우리나라는 복지의 책임을 가족에게 떠넘기고 있기 때문에, 소득이 있는 가족이 있다는 이유로 기초생활보호를 받지 못하는 경우가 많습니다. 예를 들어 돈을 벌고 있는 자식이 있으면, 늙은 부모는 아무리 가난해도 기초생활보호 대상자가 되지 못합니다. 자식이 부모를 전혀 돌보지 않아도 말이죠. 이러한 복지 사각지대에 놓인 이들은 견디다 못해 스스로 목숨을 끊거나 제대로 된 생활을 하지 못하는 가운데 죽음을 맞이하게 됩니다. 그렇기 때문에 모든 국민이 '조건 없이' 사회복지의 대상이 되는 것은 매우 중요합니다.

기본소득은 '누구에게나' 지급해야 합니다. 이는 부자이건 가난한 사람이건, 소득이 있든 없든 모든 사람에게 지급해야 함을 의미합니다. 이는 앞서 '아무런 조건 없이'에서 설명한 바와 같습니다. 누구에게나 지급한다는 것은 어른이건, 아이이건 개인을 대상으로 지급한다는 뜻입니다. 기본소득은 모든 개인을 동등하게 대하면서, 개개인 삶의 경제적 기반을 형성하게 해줍니다. 따라서 개인이 선택할 수 있는 자유를 더 크게 누릴 수 있습니다. 기본소득을 받는 국민들은 자신이 국가에 소속되어 있음을 더 강하게 느끼게 될 것이며, 국가 구성원으로서의 책임감도 더 강하게 받게 될 것입니다.

기본소득은 '소득'을 주는 것입니다. 쌀과 같은 현물을 주거나 의료보험으로 치료비의 일부를 보전받는 것과는 다릅니다. 그렇기 때문에 앞서 말씀드린 바와 같이 개인의 자유를 극대화할 수 있습니다. 그 소득을 어떻게 쓸지는 개인의 자유에 맡겨져 있으니까요.

우리 사회는 심각한 경제적 불평등으로 양극화 사회가 되고 있습니다. 과거에 사람들은 노동한 대가로 소득을 얻어 생활할 수 있었습니다. 그러나 현대사회는 일자리 자체가 줄어들고 있습니다. 정보화와 자동화의 영향이지요. 특히 정보화 사회에서는 인간의 노동보다 정보와 지식이 부가가치의 원천이 되면서 정보와 지식을 소유한 소수에게 부가 집중되는 경향이 나타나고 있습니다. 그렇지 못한 많은 이들은 일자리를 구하지 못하며 구해도 낮은 임금으로 많은 시간을 노동해야 하는 상황입니다. 이런 식으로 양극화는 심해지고 있으며 사회적 불만과 불안은 커질 수밖에 없습니다.

이러한 상황에서 복지국가에 대한 요구는 당연한 것입니다. 기본소득은 매우 새롭고 급진적인 제도로 보일 수 있으나, 사실 기존 복지제도의 연장선상이라고도 볼 수 있습니다. 지금은 아이가 태어나게 되면 국가에서 모든 아이를 대상으로 양육비를 보조하고 있으며 중학교까지 급식을 무상으로 제공하고 있습니다. 만 65세가 되면 노인들께 무료로 지하철을 이용할 수 있게 하거나 소득 및 재산 하위 70%의 노인을 대상으로 기초노령연금을 지급하기도 합니다. 이처럼 대가 없이도 주어지는 복지제도는 여럿 있습니다. 기본소득은 이런 복지제도를 발전시켜 모든 국민에게 일정한 소득을 주자는 겁니다. 그것이 우리 국민들이 인간다운 생활을 할 수 있도록 해줄 것입니다.

사회자: 네 잘 들었습니다. 반대측에서 반론해주시기 바랍니다.

"기본소득은 잘못된 복지다"

반대측 제1토론자: 찬성측 첫번째 토론자의 주장 잘 들었습니다. 저 또한 찬성측에서 주장한 바와 같이 우리 헌법이 복지국가를 지향하고 있으며 우리 사회가 복지사회로 나아가야 한다는 점에서는 동의합니다. 그러나 기본소득은 올바른 복지의 방향이 아닙니다.

복지제도는 국민의 생활을 안정시켜주기 위해서 존재하지 생활 전체를 책임져주는 게 아닙니다. 만약 일하지 않아도 먹고살 수 있게 되면 일할 필요가 없다는 사회적 분위기가 만들어져서 결국 경제 발전에 가장 큰 걸림돌이 될 것입니다.

대체 일하지 않는 사람에게 주는 그 돈은 어디서 나옵니까? 일하는 사람들에게서 나올 수밖에 없겠죠. 기본소득은 '누구에게나' 조건 없이 지급한다고 했습니다. 세금 한 푼 안 내도, 죽을 때까지 계속 받는다는 의미겠죠. 실업급여 같은 건 그래도 가입자가 매달 보험료를 내며, 기한도 정해져 있습니다. 국민연금도 기본적으론 본인이 낸 보험료에 비례해서 받게 되는 겁니다. 그런데 기본소득은 어떻죠? 아무런 기여가 없어도 똑같이 지급됩니다. 그러면 당연히 열심히 일해서 세금을 내는 사람들은 상대적 박탈감을 느낄 수밖에 없습니다. 당연히 근로의욕도 줄어들겠죠.

기본소득 제도를 실시하려면 우선 엄청난 재원이 필요합니다. 지금 65세 이상 노인들 70%에게만 지급하는 기초노령연금도 재원을 마련하지 못해 허덕이는데, 전국민에게 준다면 얼마나 많은 세금이 필요할지 상상도 안 됩니다. 20만 원이 되었든, 50만 원이 되었든 기초소득을 주려면 증세가 불가피한 거죠. 결국 부유층을 중심으로 포

생각 VS 생각

사회교과서 판 개미와 베짱이

옛날에 옛날에 부유한 개미와 가난한 베짱이가 살았습니다.
베짱이가 너무너무 가난에 쪼들려 하자 임금님께서 베짱이를
가엽게 여겨 개미에게 어마 무시한 세금을 뜯어내
베짱이에게 퍼 주었습니다.
이듬해 베짱이가 잘 살고 있나 구경하러
가신 임금님께서는 놀라 자빠질 만한
광경을 보고 말았습니다.

벌레들이 하나같이 배부르고 등따신 노래방에서
노래나 띵가띵가 부르고 있는 것이 아니겠습니까.

기본소득의 재원은 결국 많은 소득이 있는 사람이 낸 세금에서 나올 수밖에 없다. 이렇게 되면 열심히 일하는 사람이 일하지 않는 사람을 부양하는 셈이 된다. ⓒ 미디어카툰(www.metoon.co.kr) 김은영 작가

괄적인 증세로 갈 수밖에 없고 국민의 조세 저항이 엄청날 겁니다. 열심히 일하고 많이 버는 사람일수록 저항이 거세겠지요.

치안·국방·교육·의료 같은 것은 공공재로 국가가 제공하는 것이 옳습니다. 세금은 그런 곳에 써야 하는 것이지, 기본소득이라는 이름으로 국민 개개인들에게 돈을 주기 위해 걷어서는 안 됩니다. 그리고 우리 사회가 기본소득을 말하기 이전에 그런 복지는 제대로 돼

있습니까? 교육비와 의료비 부담이 갈수록 커지고, 저소득층이 살기가 더 팍팍해지고 있습니다. 그러면 선후관계를 따져서 기본적인 복지를 탄탄히 하고 저소득층을 구제하는 데 재원을 우선 사용해야 하는 게 당연하지 않나요? 무리하게 기본소득을 추진하게 되면 기초적인 복지제도 역시 후퇴하게 되어 기본소득을 실시하지 않는 것만 못한 결과가 나올 겁니다.

사회자: 네, 반대측 주장 들었습니다. 찬성측 제2토론자 반론해 주십시오.

"기본소득은 이미 현실로 나타나고 있다"

찬성측 제2토론자: 반성측 제1토론자께서는 기본소득은 실현이 불가능하고 실현된다 해도 결과가 아니함만 못할 거라고 하셨습니다. 그러나 기본소득은 현재 다른 나라에서는 이미 실시되고 있습니다. 가장 대표적인 경우가 미국의 알래스카입니다. 미국은 주마다 다른 법을 가지고 있는데 알레스카 주에서는 알레스카에서 나오는 석유 수입을 기반으로 알래스카에 1년 이상 공식적으로 거주한 모든 사람에게 연령에 관계없이 매년 일정한 금액을 줍니다. 덕분에 알래스카는 미국에서 가장 평등한 주가 되었습니다. 브라질에서는 2004년에 이미 기본소득법이 제정되었으며, 전체 가구의 4분의 1가량이 일정한 소득을 지급받고 있습니다. 최근 스위스에서는 국민들이 기본소득법을 발의하여 국민투표에 붙여질 예정이라고 합니다.

아프리카 남부의 작은 나라인 나미비아의 기본소득 실험은 주목할 만합니다. 기본소득을 주장하는 사람들이 나미비아에서 실험을 했습니다. 만약 사람들에게 기본소득이 생기면 어떻게 할까 하고요. 나미비아는 과거 백인의 지배를 받던 곳으로, 지금도 대농장은 백인들 소유고 흑인들은 백인들 농장에서 일을 해서 생활합니다. 실업률은 높고 소득은 매우 낮으며, 각종 생계형 범죄도 끊이지 않고 일어나는 곳입니다. 주민들은 변변한 교육도 받지 못하고 미래의 희망을 품지 못한 채 술이나 마시고 다닐 뿐이었죠.

이 나라의 작은 마을에 작지만 큰 실험이 진행됩니다. 바로 기본소득 프로젝트이지요. 모든 사람에게 아무런 대가 없이 매월 100나미비아달러(한화 1만6000원)를 줄 경우 이들이 어떻게 생활하는지를 보자는 겁니다. 많은 백인들은 이렇게 말했습니다. "그들은 돈이 생기면 술을 더 많이 마시고 말 거야. 쓸데없는 일을 왜 하려는 거지?" 그러나 실험은 예상과 다르게 진행되었습니다. 주민들은 작은 돈이지만 그걸로 음식을 만들기 시작했습니다. 빵을 구울 수 있었고 남은 것은 팔기도 했습니다. 손재주가 있는 사람은 재봉틀을 사서 옷을 만들기도 했고, 벽돌을 구워 파는 사람도 생겼습니다. 물론 기본소득을 받는 다른 이들이 그것을 살 수 있었기 때문이지요. 이렇게 기본소득은 나미비아를 바꾸어놓았습니다. 주민들의 소득은 올라가고 고용 증가에 따라 실업률은 낮아졌습니다. 또한 생계형 범죄 역시 줄어들어 더 안전한 사회가 되었습니다.

이렇듯 기본소득은 의지만 있으면 얼마든지 실시할 수 있습니다. 실현 불가능한 것이 아닙니다. 경제학자들 사이에 우리나라에서 재정상 실현이 가능한가를 두고 논의가 있으니 더 두고 볼 일입니다. 그러나 분명한 것은 우리나라의 경제수준이라면 얼마든지 실시할 수 있다는 것입니다. 또한 나미비아의 사례에서 보듯 기본소득은 사회에 긍정적인 효과를 가져옵니다. 반대측 토론자께서는 기본소득이 근로의욕을 저하시킨다고 말씀하셨는데, 그렇지 않습니다. 기본소득은 근로소득을 대체하는 것이 아닙니다. 말 그대로 기본적인 수입이 될 뿐이지 그것만으로는 충분히 풍족하게 살 수가 없지요. 기본소득 이상의 수입을 위해서는 여전히 열심히 일해야 합니다. 물론 추가 소득이 생겼기 때문에 이전보다는 노동시간을 좀 줄이고 여가생활을 하고자 하는 사람은 분명 생길 것입니다. 이것은 그 개인에게는 삶을 풍요롭게 만들어줄 테고 사회적으로는 일자리를 나누는 효과가 있을 겁니다. 또한 임금이 지나치게 낮은 직종은 자연히 없어지거나 조건이 더 좋아지게 될 겁니다. 기본소득 덕분에 사람들이 그 일을 안 하게 될 테니까요.

사회자: 흥미진진하게 잘 들었습니다. 반대측 제2토론자 반론해 주십시오.

"기본소득은 국가의 지나친 개입이다"

반대측 제2토론자: 다른 나라에서 실시되는 예를 들어서 우리나라에도 기본소득을 실시할 수 있다고 말씀하셨는데요, 제가 보기엔 그 예가 너무 적고 특수한 것 같습니다. 말씀하신 대로 알래스카는 석유가 있기 때문에 가능하죠. 우리나라에 석유가 있습니까? 우리나라는 국가가 이용할 만한 그런 천연자원이 없는 나라 아닙니까? 또 천연자원이 풍부한 브라질마저도 4분의 1 가구밖에 지급받지 못 한다고 하지 않으셨습니까? 기본소득은 조건 없이 누구에게나 주는 것이

생각 VS 생각

라고 하셨는데, 이러면 기본소득이 아니지 않습니까? 이는 결국 기본소득이든 뭐든 복지제도는 충분한 재원이 마련되기까지는 선별적으로 실시해야 한다는 것을 보여주고 있습니다. 무턱대고 모든 이에게 다 줄 수는 없는 것이죠.

나미비아의 예는 그냥 작고 가난한 농촌 마을에서 실시한 한 실험에 불과합니다. 참여인원도 몇백 명 수준에 필요한 돈도 기부금으로 조달했죠. 거기서 좋은 결과가 나왔다고 우리나라와 같은 경제 대국에서도 좋은 결과가 나올 것이라고 믿을 수 있을까요? 전 그 사례에서 어떤 시사점도 얻기 어렵다고 생각합니다. 결국 찬성측에서 제시한 기본소득 실시의 예는 도리어 이 제도를 현실 국민경제에서 실현하기 매우 어렵다는 것을 보여줄 뿐입니다.

지금 우리 사회에 필요한 건 비현실적인 기본소득이 아니라 빈곤계층을 다시 일으켜 세울 수 있는 복지제도입니다. 기초생활보장제도를 보완해 실질적으로 빈곤층이 더 큰 혜택을 볼 수 있게 해야 할 겁니다. 또한 보육·교육·의료에 대한 복지 지원을 늘리고 직업교육 및 창업교육을 활발히 해서 국민들이 제대로 일자리를 가지고 살 수 있도록 도와야겠지요.

국가의 역할은 거기까지라고 생각합니다. 기본소득은 직장을 가지지 않아도 되도록 국가가 공짜 월급을 주는 것과 다름없습니다. 그러나 자기 삶을 꾸려나갈 책임은 그 사람 본인에게 있는 겁니다. 스스로 직업을 구하고 소득을 얻어야죠. 국가가 그 일을 도와주는 건 당연하지만 직접 소득을 주는 것은 개인들의 경제활동에 대한 지나친 개입입니다. 나미비아 같은 작고 가난한 사회에서는 안 그럴지도 모르지만, 우리나라에서 기본소득을 지급하게 되면 기본소득과 그때그때의 알바 수입 정도에 만족하고 직업을 구할 생각을 안 하는 사람들이 늘어날 것입니다. 우리나라 헌법은 근로의 의무를 규정하고 있습니다. 인간은 노동활동을 통해 경제적 소득을 얻기도 하지만 자아실현을 하기도 하죠. 결국 인간은 자신의 노동을 통해 큰 만족감을 얻을 수 있습니다. 국민이 노동을 하지 않으려는 국가에는 희망이 없습니다.

사회자: 잘 들었습니다. 그럼 마지막으로 찬성측 마지막 반론해주시기 바랍니다.

"기본소득은 모든 사람의 존엄성을 인정해준다"

찬성측 제3토론자: 저희는 기본소득에 찬성합니다. 많은 분들이 오해를 하시는데 기본소득은 아무 대가 없이 주는 것이 아닙니다. 기본소득은 그동안 무시되어오던 가치에 대해 그 진가를 인정해주는 것이라고 할 수 있습니다. 무슨 이야기냐고요? 가사노동을 전담하는 전업주부, 미래에 이 사회를 이끌어갈 학생과 어린이, 지금껏 열심히 경제활동을 했고 지금도 눈에 보이지 않게 손주들을 키우고 돌봐주시는 할머니와 할아버지 모두 이 사회에 기여하고 있지 않나요? 고민을 잘 들어주는 친구, 생활에 도움을 주는 이웃, 사회에 적극 참여하는 시민들도 다 이 사회에 필요한 존재들입니다. 그렇지만 시장경제에서 이들의 이런 기여는 인정되지 않죠. 기본소득은 이런 이들의 '가치'를 인정해주는 것이기도 합니다.

그렇습니다. 기본소득은 사람의 가치를 인정해줍니다. 요즘 취업

기본소득, 그것은 가까이 있다

오준호 작가·기본소득한국네트워크 회원

'아유, 늦으면 안 되는데.' 소영은 버스에서 내려 뛰었다. 8 신문사가 주최하는 대담에 청소년 참가자로 초청받았던 것이다. 대담 제목은 '기본소득 도입 10년, 시민들에게 듣는다.' 대담 장소로 들어가니 다른 사람들은 도착해 있었다. 나이도, 하는 일도 다양해 보였다.

사회자가 입을 열었다. "올해 2024년은 기본소득이 도입된 지 10년째입니다. 현재 전 국민에게 매달 150만 원씩 기본소득이 지급되고 있죠? 기본소득이 10년간 우리 삶을 어떻게 바꾸었는지, 시민들의 의견을 들어보려 합니다." 소영은 약간 난감했다. 매달 20일이면 통장에 돈이 들어오는데, 어릴 때부터 늘 그랬으므로 뭔가 특별한 건

년 전만 해도 청소년들은 경제적 능력이 없어 진로를 정할 때 부모님의 말을 거부하기 힘들었다고 했다. 대학에 가더라도 연봉 높은 회사에 취업할 수 있는지 먼저 생각해야 하고, 당연히 취업에 유리한 대학과 학과를 가려고 몇 배에 대 일의 경쟁을 뚫어야 했다는 것이다. 소영은 깜짝 놀랐다. 그러고 보니 옛날 기사를 검색하다가 성적 비관으로 자살한 청소년 이야기를 본 것 같다. '하고 싶은 일을 하지 왜 꼭 대학에 가려 했을까?' 하고 의아해했던 기억이 난다.

30대 중반의 어떤 아저씨는 기본소득이 도입되기 전에 제조업 비정규직이었다고 한다. 비정규직이 뭐냐? 소영은 궁금했다. 아저씨는 그때 아침 8시부터 잔업 포함해 저녁 8시까지 일하고 주말에도 일했다고 한다. 소영

불리기 위해 모두 정규직으로 전환했단다. 아저씨는 남는 시간을 공부를 해서 대학원 철학 박사 과정을 수료했다고 한다.

40대의 한 아주머니는 목소리가 호탕한, 여장부 같은 분이었다. 그전에는 형편이 어려워 시급 5000원에 식당 일을 해야 했지만, 기본소득이 생기고

예술가보다 공무원이 되려는 청소년이 많았다니.

들어보니 기본소득의 도입 과정이 만만치 않았던 모양이다. 반대자들은 기본소득을 주면 사람들이 아무도 일을 안 할 거라고 했단다. 세상에 소영은 기본소득을 받지만 아무 일도 안 하고 빙굴빙굴 놀 생각은 추호도 없다.

기본소득은 복지에서 사각지대를 없애며, 사회 전반의 안전판이 될 수 있다. 아직 지지하는 이들이 많지는 않지만 기본소득은 우리 사회의 모습을 크게 바꿀 힘이 있다고 기대되고 있다.(한겨레, 2014년 2월 20일)

을 못 하고 있는 청년들을 가리켜 뭐라고 하던가요? '잉여'라고 하지 않나요? 사람을 이렇게 쓸모없는 잉여 취급하는 사회가 제대로 된 사회일 수 있겠습니까? 기본소득은 모든 사람의 남다른 가치를 인정하기에 조건 없이 모두에게 똑같이 일정한 소득을 주는 겁니다. 모두가 이 사회의 소중한 일원이기 때문이며, 그렇게 함으로써 개인의 존엄성을 지켜주는 것이죠. 이러한 측면에서 기본소득은 국민의 기본권으로 인정해야 합니다.

흔히 우리 사회에선 패자부활이 불가능하다고 이야기들 합니다. 잘 다니던 직장이 망하거나 해고되면, 혹 잘 하던 사업이 망하면 다시 극복하고 재기하기가 대단히 힘들다는 이야기입니다. 사회적 안전판이 없어 한 번 미끄러지면 나락까지 떨어지는 겁니다. 그래서 많은 사람들이 안정만을 추구하게 되지요. 지금 젊은이들이 직업으로

교사와 공무원을 선호하는 것은 경제적 불안정에 대한 두려움을 보여주는 것입니다. 이제 바뀌어야 합니다. 내가 도전하다 실패를 해도 기본적인 생활을 할 수 있도록 국가가 나를 지탱해준다는 믿음이 있을 때 실패를 딛고 또다시 도전할 수 있을 것입니다. 모든 이가 기본소득을 보장받는다면 사람들은 과감히 새로운 일에 도전할 수 있습니다. 더 모험적이고 창조적인 일에 말이죠. 앞으로는 이런 창조적인 사업들이 큰 경쟁력이 될 것입니다.

우리는 흔히 '일하지 않는 자는 먹지도 말라'라는 말을 금과옥조로 받아들이고 있습니다. 그러나 반대로 뒤집어 생각하면 '먹지 못하면 일하지도 못합니다'. 우리는 주위에서 게으르지 않고 열심히 일하지만 가난하게 사는 사람들을 주위에서 얼마든지 찾아볼 수 있습니다. 예술이나 사회운동, 봉사 영역에서 일하는 사람들이 특히 그렇지요. 이들은 우리 사회를 밝고 좋게 만드는 일을 하면서도 제대로 된 대우는 받지 못합니다. 기본소득은 이들에게도 정당한 보상을 줍니다.

이렇게 우리는 기본소득이 인간의 존엄함을 지키고 패자부활의 기회와 도전 가능성을 열어주는 희망의 문이라고 봅니다.

사회자: 자, 이제 반대측 제3토론자께서 마지막 반론해주시기 바랍니다.

"기본소득보다 사회복지제도의 확충이 더 낫다"

반대측 제3토론자: 저희는 기본소득을 실시하자는 주장에 대해 반대합니다. 기본소득은 일단 실현하기도 거의 불가능할 뿐 아니라, 실시한다 해도 찬성측이 주장하는 것처럼 긍정적이지도 않을 겁니다.

생각 VS 생각

찬성측은 지속적으로 기본소득이 국민의 기본권으로 인정되어야 한다고 했습니다. 모든 국민에게는 물론 인간답게 살 기본권이 있습니다. 그렇지만 그 수단이 반드시 기본소득일 필요는 없습니다.

만약 기본소득을 실시하게 된다면 국가재정 적자가 눈덩이처럼 커져 사회보장제도 전반을 후퇴시켜 사회적 안전망으로부터 국민을 밀어낼 것이라는 지적이 나오고 있습니다. 기본소득을 강조하는 사람들은 '사회보장 후퇴 없는 기본소득'이라고 선전하지만, 많은 전문가들은 불가능하다고 지적합니다. 재원이 한정되어 있기 때문이죠. 확실한 재원 마련 대책이 없는 상황에서 기본소득을 실시하는 건 다른 사회보장제도의 약화를 불러올 수밖에 없습니다. 또한 직접 현금을 제공했을 때 예상치 못한 결과도 발생할 수 있습니다. 예를 들이 아동과 청소년의 경우 기본소득을 부모에게 지급하게 될 텐데 그럴 때 그 돈을 부모가 자녀에게 아닌 엉뚱한 데 쓰지 않는다는 보장이 없지요. 그렇게 현금으로 지급하는 것보다는 학생이 무상으로 더 좋은 교육을 받을 수 있게 해주는 것이 더 나은 복지가 아닐까요? 성인의 경우도 마찬가지입니다. 기본소득이라는 이름으로 현금을 줘서 개인이 마음대로 사용하게 하는 것보다 그 돈으로 정말 필요한 복지제도를 만드는 것이 더 나을 수 있습니다. 이를테면, 무상 대학 교육이나 무상의료, 무상교통 같은 것으로 말입니다. 개인이 흐지부지 낭비하는 것보다 그게 더 낫지 않을까요?

기본소득은 오히려 불평등을 조장할 수 있습니다. 예컨대 중산층 이상 되는 사람들은 기본소득을 받으면 조금 더 생긴 여유 덕분에 공공 서비스보다 민간의 서비스를 더 이용하게 될 겁니다. 이를 테면 사립학교를 보내거나 사립 유치원에 보낼 수 있게 되는 거죠. 기본소득은 모두가 똑같이 받는 것이기 때문에 소득격차 해소에도 도움이 되지 않습니다. 이런 식으로 기본소득은 불평등 문제는 그대로 내버려둔 채로 공공의 역할을 시장으로 넘기며 사회 연대의식을 약화시킬 수 있습니다. 좋은 의도와는 달리 악영향의 가능성이 높은 겁니다. 물론 찬성측의 주장대로 기본소득은 국민 모두가 더 안정되고 행복한 사회를 만들기 위한 하나의 재미있는 아이디어일 수는 있습니다. 그러나 매우 위험한 아이디어일 가능성도 큽니다. 따라서 그냥 하나의 아이디어로 남겨두기를 바랍니다.

✱✱ 생각 정리 ✱✱

분명히 현재 기본소득을 전면적으로 실시하고 있는 국가는 한 곳도 없습니다. 일부 지역에서만, 일부 계층에게만 시행하고 있지요. 이는 기본소득이 좋은 정책일지는 몰라도 실현하기가 아주 힘들다는 걸 말해줍니다. 기본소득의 가장 큰 매력이자 장점은 묻지도 따지지도 않고 모든 사람에게 일정한 돈을 준다는 것입니다. 하지만 기본소득에 대한 가장 큰 거부감도 여기에서 나옵니다. 노인과 장애인 등 생활에 지장이 있는 사람에게만 주는 게 아니라, 능력과 조건에 상관없이 모두에게 준다는 생각이 많은 사람들에게서 받아들여지지 않는 겁니다. 사실 오래전부터 여러 사상가들이 기본소득을 제안해왔다 하더라도 역사상 실제로 실현된 적은 한 번도 없습니다. 그러니 보통 사람들에게 아주 낯설고 새로운 아이디어일 수밖에요.

하지만 기본소득에 대한 요구는 갈수록 커질 전망입니다. 기존의 복지제도가 사람들의 복지에 대한 요구를 충분히 담아내지 못하고 있기 때문입니다. 경제적 환경의 변화가 기본소득의 필요성을 더해주고 있기도 합니다. 그래서 기본소득이 다음 단계의 복지가 되어야 한다고 하는 목소리가 높습니다.

기본소득은 과연 꿈 같은 아이디어일 뿐일까요, 아니면 정말로 실현 가능하고 필요한 정책일까요? 내가 기본소득을 받는다는 상상을 해보면서, 동시에 그러기 위해 또 내가 감당해야 할 몫이 무얼까도 생각해볼 수 있길 바랍니다.

〈참고문헌 및 자료〉

1부 이런 생각, 저런 생각

이주민 정책, 동화주의 VS 다문화주의
「다문화 정책: 동화에서 융화로」(2012), 김정근 외, 삼성경제연구소

CC-TV, 보호의 시선 vs 감시의 시선
「CCTV 설치로 인한 인권침해 및 설치선호 인식에 관한 연구」, 박종수·박상진(2011), 『법정리뷰』, 동의 대학교 지방자치연구소
「CCTV의 범죄억제효과 분석 및 효율적인 활용방안 연구」, 황영선(2009), 연세대학교 행정대학원
『감시와 처벌』, 미셸 푸코, 나남출판

'일베' 현상, 표현의 자유 VS 반사회적 행동
「인터넷 커뮤니티 '일베저장소'에서 나타나는 혐오와 열광의 감정동학」, 김학준(2014), 서울대학교 대학원
『거리로 나온 넷우익』, 야스다 고이치, 후마니타스
『인터넷 표현의 자유』, 박아란, 커뮤니케이션북스
『일베의 사상』, 박가분, 오월의 봄

카피레프트, 저작권 침해 VS 창조적 정보공유
『미디어콘텐츠와 저작권』(2009), 최영묵 외, 논형 출판사

사교육, 더 나은 교육의 도구 vs 계층 상속의 도구
2012년 사교육비 조사결과, 통계청(2013)
2013년 사교육비·의식 조사 결과, 통계청(2014)
「'출생에서 사망까지' 사교육, 허리휘는 대한민국」, 『프레시안』((2012. 8. 30)
「17C 하멜도… 21C 오바마도… '높은 교육열이 한국의 힘」, 『세계일보』(2013. 11. 25.)
「대입도 경제력이 좌우한다」, 박주연, 『경향신문』((2012. 11. 6.)
「영어발음 교정위한 설소대 수술의 허와 실」, 『스포츠한국』(2013. 5. 10)

「학원가 '선행교육 규제, 사교육 포함 위헌' 촉각」, 『강원도민일보』(2013. 6. 14.)
「한국의 사교육: 정책 결정과 확산의 정치」, 황규성(2013), 한국정책학회 춘계학술대회
학교교육 실태 및 수준, 격차 현황(2003~2011년), 한국교육개발원(2012),

악법 준수, 안정 추구 vs 정의 훼손
「법과 도덕 논쟁의 현대적 의의」, 김지영(2004), 중앙대학교 대학원
『법철학 이론과 쟁점』, 김정오, 박영사
『소크라테스는 악법도 법이라고 말하지 않았다』, 권창은, 고려대학교출판부
『시민의 불복종』, 헨리 데이비드 소로, 은행나무

공기업 민영화, 효율성 향상 vs 공공성 저해
『민영화, 무엇이 문제이고 어떻게 막을 것인가?』, 강동훈, 노동자연대다함께
『민영화와 한국경제』, 삼성경제연구소, 삼성경제연구소
『아르헨티나 공기업 민영화와 시사점』, 한국금융연구원, 한국금융연구원
『영국 철도산업 민영화와 철도 노사관계 변화』, 오건호, 한국학술정보
『응답하라! 자유주의』, 안재욱, KFI미디어
『철도 민영화 재앙을 향한 탈선』, 박설 이정원 외 2명, 노동자연대다함께

2부 생각의 대립점

명품 소비, 과시 소비 vs 가치 소비
「명품에 꽂힌 대한민국 〈상〉 명품소비, 과시욕인가 가치소비인가」, 『서울경제』(2011. 8. 7.)
「명품에 꽂힌 대한민국 〈중〉 한국은 명품업계의 '봉'」, 『서울경제』(2011. 8. 8.)
「명품에 꽂힌 대한민국 〈하〉 한국 기업들 '명품 프로젝트' 시동」, 『서울경제』(2011. 8. 9.)
「명품에 대한 사회학적 해석」, 최항섭(2003), 『한국사회과학』 제25권 1·2호, 서울대학교 사회과학연구원

『해외 명품브랜드 구매행동 조사』, 대한상공회의소, 대한상공회의소(2013)

『2010 한국 명품 소비자 서베이』, 맥킨지, 『신동아』 통권 612호 pp. 244~251.(2010. 9. 1.)

『럭셔리: 그 사치와 유혹의 비밀』, 데이나 토마스, 문학수첩

『명품, 영원한 가치를 꿈꾸다: 삶의 품격을 추구하는 매혹의 세계』, 마크 턴게이트, 컬처그라퍼

『명품이란 무엇인가: 명품 브랜드의 탄생과 성공비결』, 남양호, 삼성경제연구소

『사치열병: 과잉 시대의 돈과 행복』, 로버트 H. 프랭크, 미지북스

『사치의 나라 럭셔리 코리아』, 김난도, 미래의 창

부자 증세, 정당한 과세 vs 재산권 침해

「다시 주목받는 '부유세'… 세법 논란의 대안 부각」, 『경향신문』(2013. 8. 18.)

「세계는 부자증세」, 『서울신문』(2013. 1. 26.)

「증세, 결국은 부가세 vs 부유세」, 『서울신문』(2013. 1. 26.)

「부유세와 소득 및 자산관련 조세개혁방안」, 노영훈(2012), 『재정포럼』 2012년 5월호, 한국조세연구원

「부자 증세(버핏세)에 대한 이해」, KB 금융지주경영연구소(2012), KB 금융지주경영연구소

「부유세와 종합부동산세: 부유세의 조세정책적 의미」, 노영훈, 한국조세연구원

『우리가 만나야 할 미래』, 최연혁, 쌤앤파커스

비정규직 양산, 기업경쟁력 향상 vs 고용불안 증대

『88만원세대』, 우석훈·박권일, 레디앙

『노동시장은 왜 유연해야 하는가』, 박동운, 한국경제연구원

『노동의 종말』, 제레미 리프킨, 민음사

『노동자의 변호사들』, 오준호, 민주노총 법률원

『비정규직 없는 세상』, 전국불안정노동철폐연대, 메이데이

청소년 선거권, 청소년 권리 보장 VS 책임 없는 권리

「독일 녹색당 세계 최연소 국회의원 안나 뤼어만

'그대, 변화의 꿈에 참여하세요'」, 한겨레 인터넷판, 2005. 12. 4.

「오스트리아에선 16살도 투표한다」, 한겨레 인터넷판, 2008. 9. 26.

「2010년 한국 아동청소년 인권실태 조사자료집: 발달권, 참여권(국제기준 대비 한국아동청소년 인권수준연구V」, 모상현·김영지(2010), 『한국청소년정책연구원 연구보고서』, 한국청소년정책연구원

「청소년 선거권 관련 문제의 원인 분석 및 실천방안 모색」, 김윤나·문성호(2007), 『청소년시설환경』, 한국청소년시설환경학회

「청소년 참여권 연령에 대한 부모-교사-청소년간 인식 차이 연구」, 김윤나(2010), 『민주주의와 인권』, 전남대학교 5.18연구소

「청소년의 시민권 증진 방안 연구」, 최원기·전명기·이주연(2003), 『한국청소년개발원 연구보고서』, 한국청소년정책연구원

「청소년의 정치참여 활성화 방안에 관한 연구: 선거참여를 중심으로」 허용(2011), 석사학위논문, 경기대학교 정치전문대학원

「학생인권실태조사 및 만 16세 교육감선거권 획득방안」, 연미림·김선경·이상현(2009), 국회사무처(민노당)

「한국 청소년의 시민역량 국제비교 연구: 국제시민교육연구(ICCS)」, 김태준 외(2010), 『한국교육개발원 연구보고서』, 한국청소년정책연구원

『인권법』, 이준일, 홍문사

『인권의 문법』, 조효제, 후마니타스.

피의자 얼굴공개, 알 권리 보장 VS 인권 침해

「강력범죄피의자의 얼굴(신상)공개의 정당성 여부」, 이무선(2010), 『법학연구』 제39집

「성범죄자 신상정보공개의 정당성에 관한 연구」, 최우선(2011), 대진대학교 대학원

『10대를 위한 재미있는 형법교과서』, 서윤호·오혜진·최저호, 다른

사법권의 국가 독점, 중립적 판결 VS 민주적 재판

「검사의 공소권에 대한 통제 방안」, 백선경(2008),

전북대학교 대학원

「검사의 부당한 공소제기를 방지하기 위한 미국 기소대배심제의 수정적 도입에 관한 연구」, 이성기 (2013),『강원법학』제38권 제2호, 강원대학교 비교법학연구소

「사인소추주의의 제도적 현황과 수용가능성」, 김성규(2010),『외법논집』제34권 제1호, 한국외국어대학교 법학연구소

『검사님의 속사정: 대한민국 검찰은 왜 이상한 기소를 일삼는가』, 이순혁, 씨네21북스

『검찰공화국 대한민국』, 김희수·서보학 외 2명, 삼인

『재미있는 법률여행 4』, 한기찬, 김영사

3부 생각 나누기

동성혼, 개인의 행복추구권 vs 사회질서 혼란

『동성애』, 공자그 드 라로크, 웅진지식하우스

『동성애에 대해 교회가 입을 열다』, 어윈 루처, 두란노

『동성애의 배려윤리적 고찰』, 김진, 울산대학교출판부

장기매매 금지, 인간의 존엄성 vs 자기결정권 침해

「장기매매의 도덕성 논쟁과 장기보상제도」, 정창록 (2013),『한국의료법학회지』, 제21권 제2호, 한국의료법학회

「장기매매의 정당화 가능성에 관한 연구」, 정화성 (2009), 중앙대학교 대학원

『레드마켓, 인체를 팝니다』, 스콧 카니, 골든타임

『생명윤리, 무엇이 쟁점인가』, 구인회, 아카넷

『정의란 무엇인가』, 마이클 샌델, 민음사

교사의 정치활동금지, 바른 교육 수호 vs 정치적 자유 억압

『교사로 산다는 것』, 조너선 코졸, 양철북

『노동자의 변호사들』, 오준호, 민주노총 법률원

『왜 나는 법을 공부하는가』, 조국, 다산북스

『표현의 자유를 구속하는 열 가지 판결』, 이승선, 커뮤니케이션북스

『하워드 진, 교육을 말하다』, 하워드 진·도날도 마세도, 궁리

낙태 금지, 자기 결정권 침해 VS 태아의 생명 보호

http://www.hendersonny.org/board/zboard. php?id=abortion&no=11, 임바울(2013. 7. 10.)

「낙태 범죄인가 권리인가」, 강은하, 서울대저널 98호

『찬성과 반대』, 트레버 새더, 굿인포메이션

『황남기, 김종수의 Legal-Mind For Law school』, 황남기·김종수, 법률저널

베이비박스가 버림받는 아이를 줄였을까?, 김도현, 프레시안(2014. 2. 28)

기본소득, 기본권 보장 VS 도덕적 해이

〈지식채널 이(e): '뜻밖의 선택'〉(2011. 3. 11.)

「모든 성인 월 300만원 보장법, 스위스 국민투표 부친다」,『한겨레』(2013. 10. 06)

「스위스 '기본소득' 발의… 진보진영 내에서도 논란」,『참세상』(2013. 10. 06.)

「평등한 사회 꿈꾸는 '기본소득제'」,『한겨레』 (2009. 4. 13.)

「기본소득 도입 모델과 경제적 효과」, 강남훈 (2010),『진보평론』제45호, 진보평론

「기본소득 연구」, 박홍규(2008),『민주법학』36권, 민주주의법학연구회

「기본소득, 선별적·시혜적 복지를 넘어 사회경제 대안으로」, 권문석(2010),『복지동향』제137호, 참여연대

「기본소득을 둘러싼 쟁점과 비판」, 박석삼(2010), 『노동사회과학』제3호, 노동사회과학연구소

「기본소득의 정치철학적 정당성」, 금민(2010),『진보평론』제45호, 진보평론

「모든 국민에게 기본소득을 보장할 수 있다」, 강남훈(2009),『복지동향』제127호, 참여연대

「보편적 복지제도로서의 기본소득」, 서정희·조광자(2010),『진보평론』제45호, 진보평론

「분배정의와 지속가능한 최대의 기본소득」, 곽노훈 (2013),『시대와 철학』제24권 제2호, 한국철학사상연구회

「스위스의 '기본소득을 위한 국민발의'」, 금민 (2013),『월간좌파』제7호(11월호), 월간좌파

『모두에게 기본소득을』, 최광은, 박종철출판사